U0829887

啸傲江山一笔箱

王学仲纪念文集（下编）

孙 列 主编

天津大学出版社
TIANJIN UNIVERSITY PRESS

内容提要

为纪念王学仲先生诞辰九十周年而出版的这本文集，是在王学仲未曾面世的海量手稿、图片、文献的基础上，结合黾学研究的发展脉络，以黾翁自述、学界评述、亲友怀思、口述实录、悼念纪实及王学仲年表为主旨编校而成的。作为黾学研究的最新史料和成果，读者可以通过书中客观记载的黾翁言行和诸家论调，身临其境地领受黾翁风范，感悟黾翁从艺之道。

图书在版编目(CIP)数据

啸傲江山一黾翁：王学仲纪念文集.下编/孙列主编.—天津：天津大学出版社，2016.1

ISBN 978-7-5618-5515-7

Ⅰ.①啸… Ⅱ.①孙… Ⅲ.①王学仲（1925~2013）—纪念文集 Ⅳ.①K825.7-53

中国版本图书馆CIP数据核字(2016)第016635号

出版发行	天津大学出版社
地　　址	天津市卫津路92号天津大学内(邮编:300072)
电　　话	发行部:022-27403647
网　　址	publish.tju.edu.cn
印　　刷	廊坊市海涛印刷有限公司
经　　销	全国各地新华书店
开　　本	210mm×260mm
印　　张	17.75
字　　数	581千
版　　次	2016年3月第1版
印　　次	2016年3月第1次
定　　价	108.00元

王學仲

1925—2013

本文集由天津大学出资刊行

谨此纪念王学仲教授九十周年诞辰

天津大学王学仲艺术研究所成立三十周年

目　　录

亲友怀思

口述实录

悼念纪实

啸傲江山一笔箱

亲友怀思

追忆恩师王学仲先生

孙伯翔

2013年10月8日上午,惊闻黾翁王(学仲)老仙逝之噩耗,椎心泣血,悲痛至极。整个白天,我都沉浸在哀思之中;入夜,更是辗转反侧,难以入眠。42年的师生情缘,其间的种种过往依稀如昨,先生对我的教诲、呵护,历历在目,一时间心绪纷呈,难以言表……

入室为弟子

与先生初见是在我38岁那年。当时,先生在天津大学建筑系任教。我到教学楼内找先生求教,慕名陌拜已是心中忐忑,兼之收入微薄,初具束脩拜谒求教之"礼"仅是大仿作业,羞怯之情可想而知。在教室外犹豫许久,既怕打扰先生,又难舍求教问道之心,最终还是留下。先生下课后看了我的大仿《张猛龙》,微微颔首,问了我的姓名,并令我十天后再拿此大仿作业找他。十天后,我再次带大仿作业求教先生,先生看似非常满意,并告诉我他的住址。第三次开始我便去先生家中求教,当时先生住在天津大学北楼宿舍家中(即现在的南开区鞍山西道北侧),学校分配的住房并不宽敞,先生的书籍画作堆积了半张床,给人最大的感觉就是书多,当时我就想,先生必是饱学之士。师母热情地问这问那,我一一作答,素常严肃的先生此时也显得格外高兴,当面向师母夸我,他说自己终于找到一个好苗子啦!并指示我今后临写魏碑书体,主要是《始平公造像记》,我听后高兴极了,立即叩头谢师,可能这就算"入室弟子"啦!我那时只是一名普通的工人,先生是大学讲师,地位相差悬殊。此外,我出身富农家庭,成分不好,先生肯教我书艺并收为弟子,使我备受感动。这一份于困境中的认可,较之风光时的追捧胜强百倍,这样的深情厚谊,至今仍让我铭感肺腑。

殷切爱徒心

拜师先生后,我的书艺不断提高,时隔一年,似乎是命中注定该我有一劫——我的老伴热心肠,好管闲事,自作主张,为亲戚代买家具,不想被骗子骗走800元钱。我当时每月工资才46元,这800元对我无异于天文数字,我终日苦闷,不知如何是好。很长一段时间,我精神颓废,少言寡语,懈怠浸墨,进境日趋缓慢。先生得知后,把我叫到家里,非但未责怪我功课上的倦怠,反而细细为我开解。师生促膝对坐,半个多小时的箴言规劝，使我豁然开朗，抑郁之气随之消散。我临走时，先生又从口袋拿出15元并说道：“这点钱不多，是为师对你的精神安慰吧！”我当时潸然泪下，这15元钱，重若千斤，师生之情，除了授业，更是关爱，我记一辈子。

过庭聆教训

从38岁拜师到60余岁，近30年间，我始终得先生亲授指航，只言片语，皆以为铭。写魏碑方始，先生即讲：“希望你将魏碑写成是钢打的、铁铸的，要将魏碑字气势显于纸上，它是健将之躯、将军之体，雄而不狰、威而不猛，方是魏碑的真谛。”

时光荏苒，我的字有了进步，该自我肯定自是当仁不让，但我没有“觉今是而昨非”的感觉。在这30年里，朝朝暮暮，岁岁年年，不时请教先生。其间的作业，不仅有大仿，更有我的书作。从写大仿到写作品又是一个漫长的由古化我、自有我在，学而思、思而进，推陈出新的重要历程。先生在陈与新之间、化古为我的过程中，尤其强调“法不备，而情不生，先形质，后性情，形质当孜孜矻矻积学长年，汲取经典之成果；性情则是学养阅历，广览多读，多方涉猎培育才情之结晶”。

先生不但教我书艺，对我的治学也有要求。在天命之年，我有幸担任中国书协评委，先生对这事当面示我：“此不是官，却实是责，长举目，慢点头，更莫乱摇头，须臾之错，影响后学一生，此为大憾。”在担任20年评委的过程中，我遵师训、履师行，战战兢兢，如履薄冰，自认做到了严肃公直地履行评审委员的职责，也算是对恩师有个交代。

艺术的变化，是多元素的。60岁以后，固守魏碑，广涉行草。既爱“白马秋风”，亦爱“杏花春雨”，既喜三晋的院中院，更喜江南的楼外楼，时代使然。而今，我的恩师溘然长逝，诸弟子同悲，书画界并哀。每位书画家秉承王老之遗志，为弘扬中华民族之文化，代代相传，扣紧文脉，节节闪光，以慰恩师生前之愿矣。

燕山苍苍，海水泱泱。先生之风，山高水长。

本文作者与恩师合影

艺术是在孤寂中酿成的

——怀念黾翁王学仲先生

侯　军

老式卡带录音机沙沙地响着,里面贮存着王学仲先生20多年前的一段郑重托付——

“侯军同志,我总结我这一生,其实是个悲剧人物。外界并不了解我心里的孤寂。我从来不惧怕孤寂,因为我坚持认为,艺术就是在孤寂中酿成的……我今天之所以跟你说说我的心里话,是因为你还年轻,我年纪比你长,今天说了也不一定现在就写出来,我是希望你在我百年之后,能说句公道话,告诉世人王学仲是个什么样的艺术家!……”

录音机中,声音是那么洪亮,笑声是那么爽朗,思路是那么清晰,语气是那么真挚,当时王学仲先生66岁。眨眼之间,22年如电光火石一闪而过,王老以88岁高龄驾鹤西游,我远在南粤未能亲至送别,只能在这个孤寂的日子里,重聆先生之雅教,追念黾园之芳馨,同时,将王学仲先生当年之所思所言,录之于文,公诸于世,以酬黾翁老人对我这个晚辈后生的百年重托!

一

我与王学仲先生相识于20世纪80年代中期,当时我在津报司政教之职,自然与高等院校往来密切。王学仲先生任教于天津大学,且在20世纪80年代早期就应日本筑波大学之邀东渡讲学,这在刚刚开放的中国还是一件新鲜事,由此,也就与他有了一些新闻报道方面的接触,但交往并不深。我与他的深度交往,缘于我在《天津日报》上刊发的一组《漫议书法的现代意识》系列文章。他对这组谈论书法艺术的12篇短论给予了超乎我意料的赞赏,亲自出席为研讨这组文章而召开的书法理论研讨会,在发言中语多警策,勖勉有加,令我十分感动。会后,他邀请我到天大的黾园做客深谈。而我家恰好就在天大的后门,距离很近,于是,我此后便成了黾园的常客。

1992年秋天,一次高规格的“王学仲艺术国际研讨会”即将在北京人民大会堂隆重举行。会前一个多月，王学仲先生就给我打来电话，希望我写篇文章参加这次学术盛会。这是无法推辞的盛邀，我立即答应下来。可是，写什么，怎么写，我心里没底。我必须与王学仲先生进行一次深入透彻的长谈，否则无法下笔——我把这个想法电告于他，他说："我早就想跟你好好聊一聊了，还怕你没时间来呢！欢迎你来，今晚就来吧！"那一天是1992年10月16日。

这是一次双方期待已久的对谈，我特意带着采访录音机，而王学仲先生则准备得更加充分，把自己的多种著作都备齐了，且一一题上我的名字，计有《中国画学谱》、《黾勉集》、《王学仲研究》（首辑）、《夜泊画集》、《书法举要》、《王学仲书法集》、《王学仲书画诗文集》（日文版）、《王学仲书画旧体诗文选》等，厚厚的一大摞。黾园的秋夜静谧而清冷，窗外竹影婆娑，园内一灯独明。王学仲先生与我没有一句寒暄，落座之后就开始侃侃而谈——他的身世他的家族他的成长环境他的文化背景，他少年时期的诗教渊源和书画启蒙，他青年时期得遇恩师徐悲鸿的求学经历，他的"三怪"之誉（这是徐悲鸿当年对他诗书画三艺的"一语定评"）的由来……

我当时拼命地记笔记，几乎顾不上提问，事实上也无须提问，王学仲先生滔滔不绝地讲述着他学艺之艰辛和从艺之甘苦，阐发着他独特的艺术观念与"不合时宜"的审美取向，毫不忌讳地坦言自己的得失成败，无所顾忌地直斥世风之污浊与书生之无奈……我绝对没有料到他会如此坦荡地向我陈述这一切，更没有料到在采访已近深夜时分，他忽然以一种异乎寻常的口吻，向我这个晚辈说出了前面引述的那段肺腑之言——请允许我依照当时的录音，将王学仲先生当时所言之要点笔录出来，以告慰西行不远的黾翁老人。

二

下面记录的就是王学仲先生彼时彼刻的一番"夫子自道"——

我总结我这一生，其实是个悲剧人物。回顾一下，至少有四个悲剧已经在我身上发生了：一个是早年因为艺术观念的不同，徐悲鸿先生与我由近而疏。我很敬佩徐悲鸿先生，尤其是他的那种大气磅礴的气势，震撼了我的心灵。在1947、1948年间，我还参与了徐先生领导的新旧国画之争，还写文章参加了论战，我赞成徐先生要改良中国画的主张，反对那种保守观念。当时徐悲鸿先生很欣赏我，给我题词，夸我是天才，是"三怪"。但是，在我接触到古代文人画艺术之后，我就感到徐先生的画过于拘泥于造型了，画外之趣太少，这就不能满足我的心灵了。我当时已经进入青年了，开始有了自己的追求，我就大步跨向了文人画。当时郭柏川先生组织了一个新京画会，传播一些西方的新派思潮，加上我接触了梁、八大的艺术，这对我震撼都比较大，使我得到很重要的艺术启示，这就跟徐先生的艺术主张产生了矛盾，他很反对文人画"逸笔草草"的东西，我却喜欢文人画；他很反对西方现代派，把马蒂斯、毕加索都骂个臭死，可是我却对印象派以后的西方新潮很有兴趣。而他作为一个艺术大师，自然就看不上我的画了。这完全是"主义的分歧"。我的第一个人生悲剧就这样形成了。

新中国成立以后，我进入中央美术学院绘画系，这是我最重要的学习阶段。可是，以我的叛逆性格和艺术观念，跟当时美院的风气还是格格不入。我画的油画、国画老是受到大家的讽刺，因为我重心性、重意象，不重造型，同代人都不能接受，我就成了另类，致使我在美术界一直是孤立的，知音稀少。因为新中国成立后培养的那一代人都是正统的学院派，直到现在，执掌实权、主宰画坛的还是这一派，其实都是我的同学，可是我恰恰被他们视为对立面，是个叛逆，这就决定了我一生的悲剧命运。

如果说在中央美院的遭遇是我的第二个人生悲剧，那么我的第三个悲剧就是毕业分配——我怎么也没想到，美院会把我分配到天津大学建筑系，也就是说，我被主流美术界给边缘化了，从此以后，美术界也没我什么事儿了。我本来就是学画画的，可是很长一段时间，人们根本不知道有我这么个画家存在——你说这是不是我的大悲剧！

当然，我并不抱怨命运。既然这条艺术道路是我自己选择的，我就要为此付出代价。这么些年，我已习惯了孤独和寂寞，我不卖画，也不炒作，也不希图让别人认可。我有两句诗："懒从痒处搔，故而知音稀"。别人都是千方百计去"搔到痒处"，我却"懒从痒处搔"，那就甭怪没人理解了。幸好，我赶上了改革开放，日本人把我请去讲学，他们倒是能欣赏文人画。我在日本那几年画了不少好画，社会上也有了一批知音，可是我的悲剧命运并没有改变，这就说到我的第四个人生悲剧了——我从日本讲学归来，大家都以为回归美术界是顺理成章的事情了。谁知在天津美术界却遇到了一些实力派人物的百般阻挠，硬是把我从美术界挤到了书法界，挤到书法界也同样不被认可，说我写得不好……

侯军同志啊，外界可能看着我现在也有自己的研究所了，社会上也有点知名度了，成天来来往往都是求画要字的人，挺热闹的。其实并不了解我内心的孤寂和悲凉。我的人生充满了悲剧，归纳起来就是八个字："以小掩大，以一掩十"。说透了吧，书法只是我的一个余事，现在反倒成了我的"主业"，人们一说起王学仲——不就是个写字儿的么？其实我的绘画、我的诗词、我的学术研究，哪一样不比写字分量重啊？……我的艺术也许不成熟，但是我在追求。我从来不惧怕孤寂，因为我坚持认为，艺术本来就是在孤寂中酿成的。我今天之所以要跟你说说我的心里话，是因为你还年轻，我年纪比你长，今天跟你说了也不一定现在就写出来，我不着急，我早有思想准备，可能有生之年我都看不到自己的艺术被社会认可，我只是希望你在我百年之后，能说句公道话，告诉世人王学仲是个什么样的艺术家！……

三

从王学仲先生的谈话中，我领悟到老人家对我的充分信任和郑重嘱托，这极大地激发了我的写作激情，开启了我的思维空间。经过几个昼夜殚精竭虑的精研细审，我把王学仲先生讲明当时还不可披露的内容小心"匿藏"起来，把他特别强调的内容重新归纳完善，终于列出了一份详尽的论文提纲，题目确定为《王学仲艺术思维特征论》，重点分析王学仲先生艺术思维的发散性、多维性、逆向性和求异性，还专门辟出一个章节分析他这种艺术思维所带来的得失利弊，这在当时的学术空气中称得上是"胆大妄为"之举了。

10月21日上午，我带着这份提纲再次造访黾园。这一次，主要是我向王学仲先生阐释自己的论文要点，而他大部分时间是在静听，只是偶尔插几句话，或延展我的思路或补充我的论点或纠正我的口误。我的阐释结束了，王学仲先生对我的构想非常满意，说以往还没有人从这个角度来解读他的艺术，而且我的解读还非常准确，有些论点甚至连他自己都没有想到。尤其令我钦敬的是，王学仲先生作为已经誉满中外的艺术大师，对我拟在文中批评他的艺术缺陷，表现出虚怀若谷的宽容大度，他说，你不必顾忌我的年纪、我的辈分、我的面子，该怎么写就怎么写，你的批评越中肯越尖锐，对我的帮助就越大，对别人理解我的艺术也越有好处。他甚至不让我在文中加称“先生”，他说，学术本来就是平等的，你就直呼王学仲其名，这不是我客气，这是对学术的尊重。时隔20年，如今的世风自然与当初不可同日而语，此时此际，重聆黾翁之雅教，不禁愈发感佩老一代学人的襟怀和品格。

大概是我方才的阐发激起了王学仲先生的兴致，他忽然起身出屋，不一会儿，不知从哪里搬来一个梯子，架在大厅一侧的一个二层阁楼上，我见他要登着梯子爬上阁楼，连忙劝阻，他朗声大笑道：“我的腿脚还顶戗（天津方言，意为顶得住），登梯爬高没问题！”说着，老人已经麻利地上去了——原来他是到阁楼上取画去了。

这是几幅八尺乃至丈二的大画，有山水也有人物。王先生在大厅里一边展开画作，一边说：“这是我最近画的几张东西，是给自己留着的，不想给外人看，所以藏在楼上。今天要拿出来给你看看，因为你是能懂我的，知音难得啊！”他俯身在地，一张张指点着这些大画：“这幅《墨子观染》是依照墨子的故事来画的，带着一丝苦涩。墨子是我的老乡，他的思想对我影响非常大，比如他的非攻、苦行、尚俭、摩顶、放踵等等观念，都直接影响了我的人生观；那张是表现庄子思想的，与我那幅《抱瓮灌园》是同样的主题，就是反对人类以机心来破坏环境，倡导一种回归自然回归田园的朴素精神；这张山水用了许多特殊的工具和技法，比较有探索性，瞧，这些线条就是用帚笔画的……”我问什么是“帚笔”，王学仲先生立即把我带回他的画室，从笔筒中取出一支疑似笔的东西，实际上那些笔锋都是用扫帚苗捆扎而成的。王学仲先生见我一脸迷惑不解的样子，就铺开一张小宣纸，用这支特殊的帚笔濡墨挥洒，示范给我看。很快，一抹山影映现于纸端，接着又用毛笔略作点染，一幅小品就完成了。他顺势就在这幅小品右上方题了两行小字：“帚笔写出破败山，付与白军横目看。”我登时就笑喷了：“您这是送给哪家‘白军’啊？”王先生一拍脑门：“哦，写错了，本来想写白春（我的笔名）的，一不留神，把你的真名给写上了。”我说，这倒也好，笔名的姓，再配上真名，堪称珠联璧合，独一无二！王先生闻言哈哈大笑，说：“我还从没送过帚笔画给人呢，这个纪念品够特殊的！”于是，这件带有演示性的帚笔小品，就成为我珍藏的王学仲先生的唯一画作。

四

10月底，我把写好的论文交给了王学仲先生。他显然十分满意，却没说感谢之类的客套话，只是郑重其事地建议我以后如有时间，再把这篇万字长文做一些充实和完善，写成一本十来万字的专著，纳入王学仲研究所的研究项目，他将承担此书出版发行的全部事宜。他说，我这本书不单是对他个人的艺术思维的专题研究，也是对整个艺术创作思维规律的独特探索，对那些希望从事艺术创作的青年人都有启迪作用。我深知,这是王学仲先生对这篇论文学术性的一种肯定,还有什么比这种肯定更值得珍视呢?我为此而深感欣慰。

但是,一个令人遗憾的偶然变故却使我与王学仲先生这段“互为知音”的文缘,并未画上圆满的句号——变故发生在那次研讨会的当天,即1992年11月26日清晨。本来王先生预先就通知我,当日的研讨会要乘车从天津直抵北京人民大会堂,不能迟到,我满口答应了;而且我也被告知,因车上座位有限,人数是经过严格计算的,我是特邀代表,且年龄最小,可见是受到了特殊关照。然而,天有不测风云,就在前一天的夜里,我突然发起高烧,打针吃药折腾到半夜,大概是药物中有镇静剂成分吧,我竟然没有听到闹钟的铃声,当我被急促的电话铃声惊醒的时候,已过了集合时间20多分钟。电话里,王先生焦急地问我:“走到哪里了?马上就要开车了!”我顿时惊慌失措,语无伦次地说:“我、我发烧了,睡过了,对不起——您先走吧,别等我了……”

我可以想象出那满车的乘客是何等焦虑和抱怨,更可以想象出王学仲先生是何等遗憾和失望,然而,时间是无法挽回的——在我的内心深处,这种愧疚和遗憾又何尝不是绵延多年,至今想起来依旧无法完全释怀。

不过,王学仲先生很快就不再提起这段插曲了。那天从北京回来后,他还周到地安排助手把我那份北京研讨会的纪念品(一个镌刻着王学仲先生题字的铜牌和一个印着会标的手提包)专程送到我家里,并捎话说,你虽然没能赴会,你的论文还是受到了与会者的一致肯定。我猜这当中绝对有安慰的成分。

几天以后,我的高烧退了,我带着负疚的心情来到黾园,向王学仲先生道歉。他却朗声大笑着说,吃五谷杂粮哪有不生病的?又不是你想生病,道什么歉呀!我从他脸上读出的感觉是,他确实没把这件事情放在心上。只是在笑过之后,他轻轻叹息了一声:“你没有去,是我的缺憾啊——我这辈子大概不会再开这么大的研讨会啦!”

五

人生聚散,原本无常。此刻近在咫尺,不知何时就会远隔天涯。我和王学仲先生都没有料到,就在几个月后,命运的幻合就驱使我踏上了南下深圳的远行之路。

定下行期之后,我去黾园向王学仲先生道别。冬天的黾园木叶尽脱,有些荒寒之象。听我讲明来意,王先生神情有些黯然,对我说,出去闯荡一下是好事,年轻人不能死守一地。古人讲究读万卷书行万里路,那是有道理的。只是,你这一走,我又少了一个可以聊天谈艺的朋友,有点舍不得。我说,我会常常来看望您的。他说,随时欢迎你来,多给我介绍一下南方的情况。因为临行前事情很多,我并无意久坐。王先生也看出了我的心思,就直截了当地对我说,你可能很忙,我们今天就不多聊了。有话我就直说,你要走了,我要给你写一件东西,你说吧,你想写什么?

这实在令我大为惊喜——要知道,王学仲先生的墨宝是千金难求的。今天,王学仲先生主动提出要题字相赠,我深知这当中饱含着王先生对我的一份深厚情谊。我想了想说,请您给我题一个斋名吧!

王学仲先生当即挥毫,为我题好了“寄荃斋”三字。写罢,似乎意犹未尽,又说:“这一张算是命题作文，我再写一张，是我的一首诗，算是我对你的赠别寄语吧！”

心美九霄兔，
目驰八极鹰，
清风为益友，
明月是良朋。

接过王学仲先生这份沉甸甸的临别寄语，我的眼眶有些湿润了。

我是1993年2月南下深圳的。两个月后，需要回津办理调动手续，同时也正好把妻女带到岭南。这一次真是举家南迁了。我特意与王学仲先生约了时间，要带着家人一起去拜访黾园。

当时小女乐乐只有7岁，正是伶俐乖巧的年龄。王学仲先生一见小女就很开心，似乎返老还童了，问这问那，有说有笑，逗得她咯咯直笑。他发现小女对糖果之类吃的东西兴趣不大，就跑去书架跟前翻书，找到一本《梁培龙水墨儿童画选》，连忙拿给小女看。乐乐翻了几页，立即被吸引住了。王先生说，好哇好哇，小娃娃爱看书，这本书就送给你啦！说着，就在书的封面上题了两行字：“悦斯小朋友，爷爷王学仲赠”，还加盖了自己的印章。小女乐乐接过书，高兴地给王爷爷鞠了一躬。

这次会面给我妻子李瑾留下的印象极为深刻，尤其是王学仲先生对她讲的一番话，使她对这位老人充满了感激——王先生问她，你是不是准备辞掉天津的工作，跟先生一起去南方啊？她回答，是啊，先去看看，再找工作。王先生说：“这就对了！深圳那个地方我去过，工作节奏快，生活压力大，一个人去奋斗很不容易，要是两个人一块奋斗就好一些。再说啦，一家人，和和美美、恩恩爱爱在一起过日子，就算开头艰苦点，那也好对付。要是让他一个人孤孤单单，清锅冷灶的，感觉就很难过。这个家也就不像个家了。”

妻子事后告诉我，那天，王先生还利用我带着乐乐去园子里看花的时机，单独对她叮嘱了几句，他说，我跟侯军已经很熟悉了，跟你是初次见面。你们还没来时，我就想，该不该嘱咐你几句？合适不合适？思来想去，还是觉得要跟你说一说。因为我在深圳听人家说，很多家庭本来好好的，就是因为分开时间太久了，就散掉了。你们家可不能啊……

我对妻子说，王先生这是真心实意为咱们着想啊，这老人家待人真是太实诚了！

六

一转眼，我南下鹏城已经20年了。在此期间，我虽说时常南来北往，但是，像当初那样与王学仲先生挑灯夜谈不知今夕何夕的情形，却如梦幻一般沉入记忆之海了。一是因为来去匆匆无暇他顾，二是因为我离津不久就得到消息，王学仲先生因患脑栓塞病倒了，我闻讯十分焦虑，曾于1995年，利用短暂的探亲之机，两次前往黾园探望，却被工作人员告知：王先生病体尚未复原，行动不便，还不能会客。

1996年，我应邀参与深圳龙岗区《百龙墨宝》一书的编辑工作。在列入名单的一百位当代书法大家中，王学仲先生是当然之选。我一看立即请缨，把约请王先生墨宝的任务揽在自己名下。就在那年的深秋时节,我专程回津办理此事。我把邀请函直接交到黾园,工作人员很客气,说一定转交,但是对我希望面见王先生的请求却未置可否。于是,我就在门房里借了纸笔,匆匆给王先生写了一封短笺,说明来意,问候安康。

转天中午,我接到黾园的电话,说王先生已经写好了"龙"字,约我下午四点钟在黾园见面。我按时来到那个熟悉的庭院,王先生已经在里面等候了。只见他手里拄着一根拐杖,缓缓地走过来。我吃惊地发现,王先生好像骤然间苍老了许多。坐定之后,我连忙探问病情,王先生似乎不愿多说,只是摇头叹息,显得很无奈。他也询问了我到南方后的情况,听我简单介绍之后,老人家只是说了一句:"唉,生命很脆弱,别依仗着年轻就拼命,悠着点儿!"

沉默。我一时找不到合适的言语来安慰老人家,王先生似乎也不愿意再像以往那样给我以鞭策和鼓励了。此时,天已昏暗,室内没有开灯,我望着暗影里的王学仲先生,有些朦胧有些黯然。他从办公桌上取过一个牛皮纸信封,说,这是你要的东西,我上午就写好了。唉,手还不跟劲,只能这么对付了!我连忙打开信封,展读那幅书法,那是一个规规矩矩的楷书"龙"字,笔酣墨浓,一笔不苟。这种中规中矩的写法,是我以往从未见过的。我把我的印象说给王先生,他却苦笑着说,我也想写个草书隶书什么的,可是现在没办法,实在是潇洒不起来啦!我感觉王先生有些消沉,就劝慰老人家好好调养,慢慢恢复,将来肯定能随心所欲地潇洒挥毫。王先生点点头说,我也有这个信心,还有好多事情没干成呢,不能就这么放弃呀!从他的语气中,我品味到了他所特有的那种坚毅和韧性。

这是我最后一次见到王学仲先生。不过,此后十多年间我与黾翁老人鱼雁往还从未间断,他还三次把自己的新书寄赠给我,一本是《墨海四记》,一本是《黾园丛书·王学仲散文选》,另一本是《三只眼睛看世界》。尤其是第三本,令我非常惊奇,里面收录的是王学仲先生在新世纪旅行欧洲所写的新诗和所画的速写。我读罢此书立即给他写了封信,一是看到他行踪遍及欧陆,说明身体状况大有好转,为此,表示衷心的祝福;二是看到他的新诗,感到格外新鲜,一个写了一辈子旧体诗的老诗人,古稀之后却能"转换频道"写出如此精彩的新诗,这说明黾翁宝刀不老,且创新进取之心依然如故,真是可喜可贺!

近年来,津门老友刘宗武先生担纲编纂了一系列王学仲先生的研究专著。每出版一部,他都依照王先生的嘱托给我寄来,让我先睹为快,陆续寄来的大部头著作有《王学仲的艺术世界》、《黾学大观——解读王学仲艺术》、十卷本《王学仲文集》等等。那年,刘宗武夫妇来深圳小住,更是向我详细介绍说黾翁的健康状况已明显改善,这令我倍感欣慰。随后,我看到王学仲先生的书画艺术正在为越来越多的人们所熟知、所推重、所喜爱,其艺术成就和学术地位,也逐渐得到了社会各界越来越高的评价。在他的家乡山东滕州,在孔夫子的家乡曲阜,在文化名城徐州,先后建起了"王学仲艺术馆""王学仲画馆""王学仲艺术展览馆"等永久性展馆……凡此这种,都是对这位在曲折坎坷的艺术之路上踽踽独行的老艺术家最好的心灵慰藉——

王学仲先生,您还感到孤寂吗?不必了吧,您以自己一生的孤寂,酿造出醇厚甘美的艺术琼浆,足以令无数后来者为之倾倒、为之仰慕、为之陶醉!

王学仲先生,您还需要我这个晚辈后生来告诉世人,您是怎样一个艺术家吗?也不必了吧,您已经以自己一生的锐意进取和苦行僧般的辛勤耕耘，构建起令世人瞩目的“黾学”大厦：中华文化，为其根基；欧风汉骨，为其筋脉；书法绘画，为其躯干；诗文学术，为其灵魂。如此辉煌的人生乐章，又何须我来置喙呢？

“任君肥瘦论头脚，只管高歌独唱人”——这是我当年所写论文中的一个小标题，引用的则是王学仲先生自己的诗句。如今，当我们送别王学仲先生的时候，我想告慰于黾翁老人：您当年的“独唱”如今已汇成了无数人的大合唱，在您一生走过的艺术之路上，早已是遍地知音——为此，您应该含笑九泉了！

朱文印　浊酒一杯家万里

高才不仕 写我怀抱

蔡树农

老一代渐走渐远。

10月8日凌晨,曾任中国书协副主席、天津书协主席、天津美协副主席等,现任天津大学研究生院艺术研究所所长、中华诗词学会顾问等职的王学仲先生,在天津武警总医院病逝,享年88岁。

当天晚上11点18分接中国书协展览部原主任吴震启悼念短信:"《长相思·送别王学仲先生》 怀黾翁,送黾翁,笑貌音容在梦中,词成祭碧空。诗境融,画境融,四我方臻四感同,香传大雅风。(霞启于癸巳深秋子夜寄津门向王老亲属深表慰问;同此致礼孙伯翔、唐云来、张建会、邵佩英良师益友)"。

第二天(9日)上午9点40分接原中国书协分党组书记、驻会副主席张飙悼念短信:"●深切怀念敬爱的王学仲先生!●天涯艺路苦攀登,探索一生,超越一生。诗文书画共巅峰,优美清风,壮美飓风。中华文化俱在胸,心中爱浓,笔底情浓。耕耘黾勉求未名,师乃巨星,生乃繁星。●先生为艺为人,均堪楷模。先生五岁学字,六岁学画,奉行"发现自我,认识自我,轶出自我,超越时代",成就蔚然大观。●愿先生在天国净土开辟出新的艺术天地。●张飙敬挽于10月8日夜。"上午10点3分接中国书协顾问、西泠印社副社长朱关田短信:"我有挽王学仲联,改好呈兄可否?"我一阵紧张愧悳,知道情况重要,立马从座位上站起来,回电请赐,同时向报社领导汇报王学仲逝世在书界产生的震惊效应。10点37分朱关田挽联拜悉:"津门初谒,坐听碑帖经三派不之悟高识;日本从游,纵览诗书画兼能何以追通才!黾翁千古,朱关田敬挽!"下午2点37分又接中国书协副主席、北京书协主席林岫悼念短信:"《减字木兰·惊悉王学仲先生逝世哀赋》:津门哀报,星殒书林声痛悼。泪奠素花,艺海赓酬放远槎。高才不仕,气骨标清希一世。驾鹤归来,不信东风唤不回。林岫2013年10月8日夜。"傍晚4点57分再接林岫短信:"王老生前说'书界有黑规则,是丑。不仗义不树正气搞霸道,是骄。不提倡以学养书,水平长期停滞不高,是差。没门槛谁都往里挤,挤进来自称大师大家也没人批评,搞成艺术界火箭速成大家的试验田,是乱。要我打分我给骄差乱亮黄牌!'所以拙最后说等王老驾鹤归来时,不相信书界还这么骄乱差!"晚上7点29分中国国家画院学术理论研究部副主任梅墨生发来悼念短信:"闻王学仲(笔名夜泊)先生辞世,因事不能往悼,诗以哀之:忽听天公收夜泊,高龄望九亦称夭。津门才气谁堪伍?艺苑声名海上嚣。拙以雄强书笔重,论因经派学思刁。当年谬赏京城展,惆怅清秋意未消。10月8日 梅。"

在不断接收悼念短信期间,我给相熟的天津书协常务副主席张建会打电话询问天津方面的吊唁情况，正在天津大学帮助处理王学仲后事的他告知：“8日上午，即由天津大学等单位成立了治丧小组，根据王老本人遗嘱，不设灵堂，不搞吊唁，不接受花圈，只在天津大学王学仲艺术研究所设立接待站供人追思。10日中国书协张海主席、陈洪武秘书长要专程从北京赶来天津向王老遗体作最后告别。因不开追悼会，遗体告别仪式上只宣读王老生平介绍和艺术概要。已经有全国众多地方书协机构、领导发唁电慰问致哀……”

欧阳修《秋声赋》：“嗟乎！草木无情，有时飘零。人为动物……奈何以非金石之质，欲与草木而争荣？”悲哉！

王学仲，1925年10月生于山东省滕州市，笔名夜泊，晚号黾翁。1942年考入北平京华美术学院国画系，曾师从吴镜汀、容庚，1945年毕业由北平国立艺专墨画科转入中央美术学院绘画系，学习年画及油画，同时也接受齐白石、黄宾虹、张伯英、徐悲鸿、李可染等人的指导，书法功底深厚，诸体皆善，尤长于行草书，豪放雄健，跌宕多姿，绘画则以山水为主，精于书画理论，著述甚丰。1953年在天津大学任美术课教师。1978年入文化部中国画创作组创作。1985年天津大学建成“王学仲艺术研究所”，任该所所长。1989年获天津市鲁迅文艺大奖，2006年获中国书法兰亭奖终身成就奖。出版有：《书法举要》《中国画学谱》《王学仲美术论》《王学仲书法论》《王学仲书画诗文集》《夜泊画集》等。

王学仲在长期的艺术实践中，总结出了三则治学主张，即：二言——欧风汉骨，东学西渐；四感——文化的厚重感，历史的沧桑感，诗人的苍凉感，艺术的高贵感；四我——扬我国风，励我民魂，求我时尚，写我怀抱。

高才不仕，写我怀抱——王学仲先生安息！

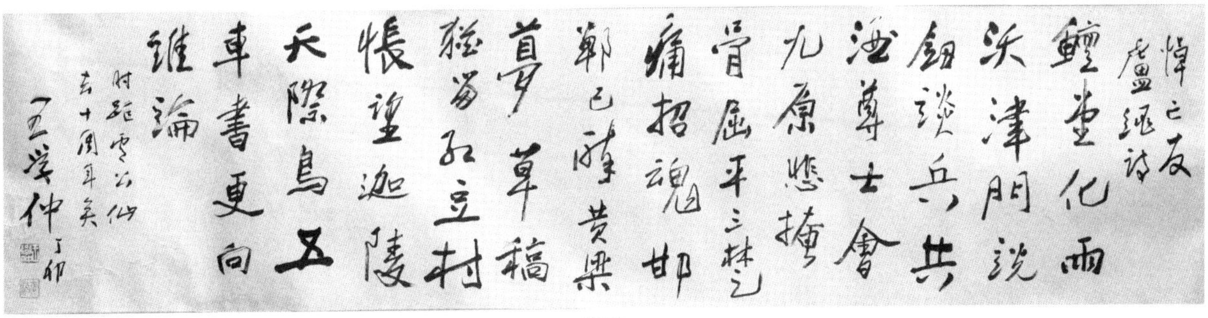

悼亡友

积聚零珠听玉声

——怀念王学仲先生

陈启智

王学仲先生乃我恩师启功先生好友，曾共同执掌中国书协之轮舵。20世纪80年代末，我自河北沧州调入天津后，承蒙王老多方关照，得以发展我的书法事业。

1999年，我出版了第一本个人书法作品集，集名是请恩师启功先生书写的。启老比王老大13岁，已是87岁高龄。序言之书写，我想到德高望重的王老。王老若能玉成，则为拙著增辉不少。当我将此意告诉王老时，老人满口答应。一周后我便拿到了序言。王老的序言多有溢美之词，特别说到我是“学者型书法家”时，实令我愧不敢当。王老说：“这也是对你的鼓励，是今后奋斗的目标。”

1999年，我在学生谭学增的赞助下，出版了第一本书法作品集，并筹备个人书法展。作品集序言即为王老所写。7月28日上午，在中山饭店举行作品集首发式，王老冒着酷暑亲率天津书协诸同人出席并作长篇发言，将我的书法特点概括为“帖气、文气、书卷气”。此评出自王老之口，对我是莫大鼓励。首发式结束时，王老握着我的手，说了一句让我至今感到温暖的话：“你的书法展开幕那天，启功先生如果来不了，我亲自到场！”

我的书法展于2000年4月5日在天津市艺术博物馆举行，同作品集一样，两位书法巨擘分别为我的书法展题词。启老书写的是四字成韵的诗体，王老则以《书谱》之句“不激不厉，风规自远”题赠，为庄重计，王老特意用楷体书写。书法展开幕式上，王老因家乡滕州有事不能出席，临行前特地以个人名义亲笔书写贺函，并请唐云来在开幕式上宣读。贺函用碳素笔书写，写满整张信纸，饱含王老对后学、老友弟子的关爱之情。

王学仲艺术馆成立十周年时，我写了一首诗：“扬州流韵鲁齐风，文墨并驱三绝功。华夏扶桑同庆日，斯人倚杖看苍穹。”这首诗发表在《书法报》上。当我拿着发表后的诗作给王老看时，老人家异常兴奋，他说最欣赏最后一句，这正是他追求的境界。

2010年，我的个人手书诗集《尘露诗稿》即将付梓。启老在世的时候已提前为我题写了书名，能否如十年前那样，再出现双璧交相辉映的景况？王老此时因身体原因，已不能站立，说话吃饭都很吃力。我犹豫再三，决定试试，请王老的儿媳徐小荣转述恳请之意。仅过了一周，即接到徐小荣女士的电话，说题词已写成，让我到艺术馆去取。我大喜过望。王老题词“唐风明韵，学富思巧”。这自然是对我诗作的过誉之评，令我汗颜，也是对我的激励。尤其令我感激涕零的是，王老自知力不从心，把题词写了三遍，让我挑选。王老病弱之躯，如此尽心尽力，让我感受到恩师在世的温暖，阳光雨露般沐浴周身。

2012 年正月初三上午，我带儿子、儿媳和刚刚两岁的孙子大观给王老拜年。王老坐在轮椅上，说话已很困难。我将新出版的手书诗集《尘露诗稿》递给王老，王老用已不灵活的手慢慢翻看，当看到扉页上印的王老半年前为我精心书写的题词时，王老露出笑容，但很快就抬头寻找大观，眼睛一直围着大观转。大观活泼好动，在王老面前跑来跑去，王老眼中流露出喜悦之光，脸上不时绽出笑容。大观乖巧懂事，不但亲了王老的脸颊，还给王老剥了块糖。王老又颤巍巍地将糖送回大观口中。

王老尽管已是垂暮之年、多病之身，却仍旧充满童心，充满对生命的企羡，对生活的挚爱。此时的王老，已不再是誉满天下、光环笼罩的大师级人物，只是一个慈祥温和的老人……

王老以 88 岁高龄辞世，虽是意料之中，但情感上仍然难以承受，回忆往事，点点滴滴，凝成小诗：“鹤驾艺魂犹未舍，銮宫一霎现空堂。扶桑华夏多胜迹，广艺双楫入莽苍。笔底云烟臻化境，思携情性拓新疆。春风坐我如师在，一去昏天恸晚伤。”

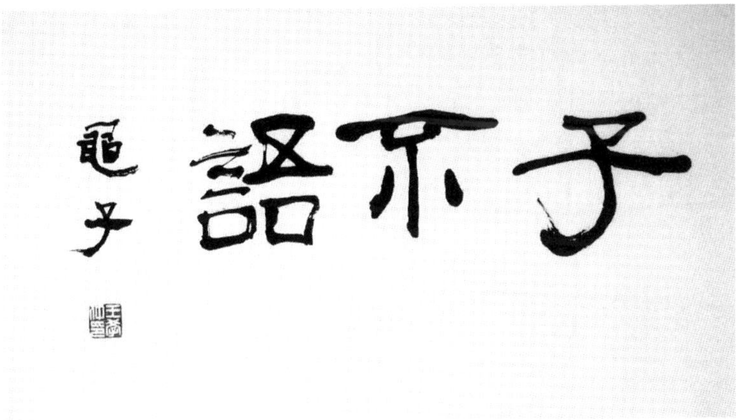

隶书 子不语

黾翁何在 黾子鼎存

——深切怀念卓越乡贤王学仲

贺茂之

自从2013年10月11日从当天的《光明日报》上,读到著名书画家、尊敬的乡贤王学仲仙逝的追记文章,迄今半年来时常怀念王老,也多次想(更应该做)撰写怀念王老的文章,但终因杂务缠绕、心难平静,搁置至今,常有愧疚不安、负债之感。记得2014年春节临近时,便照例规划看望离退休的长者、乡贤。自然想到了王老,也自然一阵怅然:岁月无情,黾翁何在?!

“三怪”王学仲为引

“黾翁”是学仲老赠我大作的署名谦称。“黾”,源自《诗经》“黾勉鞠瘁,不敢告劳”句,是王老一生遵循践行的信条。正是他的勤黾、赤诚、敬业、精业,不辞辛劳、鞠躬尽瘁,才创建了承古拓今、独成一家、成就卓然、闻名遐迩、价值无限的“黾学”。对于“黾学”的丰富和无价,是在与学仲老较长时间的交往并虚心向其学习的过程中逐步认识的。

认识王老是在20世纪90年代初。出自对他高尚品格、渊博学识、精湛艺术、卓越成就的钦佩,撰写了篇报告文学《“三怪”王学仲》。《光明日报》1992年4月25日副刊以四分之三的版面并作头题予以发表,第一次较全面地展示了他奇倔的风骨和非凡的艺术。因此反响较为热烈。王老当时在电话中就有些激动,说“这是我出道以来半个多世纪吧,在中央报刊发表写我篇幅最长的文章……”当问及他是否满意时,他迅即回答:“岂止满意?高兴!佩服!写得好!”我深知这是王老对后学的鼓励。不是本人写得好,而是王老做得好!一篇万余字的报告文学,对王老丰富的阅历、博大的情怀和宏伟的建树,仅只是九牛一毛、挂一漏万,聊以慰藉的是得到了王老这位大家的认可和满意。我素来认为:本人所敬重的长者给予的信赖和满意,是最高的奖赏。王老也不例外。没过几天,王老又电话告我,近期接到祝贺称赞的电话很多,上午收到大科学家钱学森的来信,他说:“看了《光明日报》上贺茂之同志写的《“三怪”王学仲》,很受教育,也很为感动,十分倾慕您的艺术作品,想求您幅大作。文章上说‘夜泊润笔只要纸,不然咄咄便书空’,可我连纸也没有啊!”王老说到这里哈哈大笑:“你看这影响多好!都惊动大科学家了!我马上给他寄幅作品去……”没想到不长时间，王老还亲自给我送来了他的书法、绘画大作。自此也开始了推心置腹、无话不谈、共信互助的亲密交往。

登堂求教入室

1992年11月26日，在人民大会堂召开了“王学仲艺术国际研讨会”。我有幸应王老的弟子段锦等相邀参与了零星会务，并作为原国务院副总理、国防部长张爱萍老将军的随从参加了研讨会开幕式。中外友人，群贤毕至，盛赞王老，受益弥深。《王学仲艺术国际研讨会论文集》还辑入了拙作《“三怪”王学仲》。在收到该文集的同时，还收到了王老及其友人、该文集主编刘宗武的共同署名来信：“……自京华别后，寒暑易节，倏忽一载，令人不胜思念。每当忆及先生热心参与研讨会，给予支持和鼓励，学仲衷心感篆，终生铭刻。”信中还告知：“五月初，学仲突罹中风，幸救治及时，未遗大患，然已过古稀，康复如初，殊非易之。”不胜震惊，遂电话问及段锦，方知王老尚未痊愈，殃及腿脚，行走不便，但王老仍笔耕不辍，夙夜在公，为其画展作准备。同时在创作一部长篇小说。在深为感动的同时，钦敬又增添几分。这年正月初四，特去天津给他拜年。他特别高兴，予以盛情接待，并十分知心地告诉我：正把多年来的艺术实践总结一下，创造一个独立的学派，即“黾学”，黾学就是勤黾的学问。他说，一个人在一个领域里有所成就并非难事，能推动这个领域的发展才有价值。我不禁想到国学大师陈寅恪的一段名言：“自昔大师巨子，其关系于民族盛衰、学术兴废者，不仅在能承续先哲将坠之业，为其托命之人，而尤在能开拓学术之区宇，补前修所未逮，故其著作可以转移一时之风气，而示来者以轨则也。”

王老该是名副其实的大师。他在诗词、书法、绘画、作文等诸多方面，不仅成就斐然，而且均有自己独特的理论，形成了思、理交融，理、行统一，情、理并茂，相映生辉的绝美景象和理论体系，“开拓学术之区宇……转移一时之风气，而示来者以轨则”。如“生遇人民纪，凯歌唱未休。灵魂若有在，死去亦高讴”，是佳诗又是佳理；“都姓俗时我姓雅，画书妙者少逢迎。天心不负人心苦，孤诣崛奇有大成”，既是书法之诗更是书法之道；“我画即我姓，我写即所爱。牙慧不欲拾，凭人说好坏。酌古也量今，会中复融外……”，是画、文之志，亦是画、文之法，更有他诗、书、画、文的专题理论，加之他宏观性、战略性极强的文艺思想，构成一家“黾学学派”是水到渠成、顺理成章、理所当然而又毋庸置疑的。当时不禁为这位乡贤而骄傲，同时自身也感到几分自豪和荣光。自此，也就特别注意王老的“黾学”体系了。

慷慨馈赠识宝

1995年1月9日，是张爱萍老将军85岁诞辰。作为他的秘书，很想为这位儒将过一个高雅而又丰实的生日。于是便约请对张老有特殊感情的书画家，为其寿辰赋诗作画，学仲老当属首选。王老毫无迟疑，行动迅速，在接我电话的第二天便书写他自撰的巨幅隶书贺辞：“诗书艺士，长寿将军”。老将军及其全家乃至所有观赏者无不称赞。

2000年1月，《张爱萍传》由人民出版社出版，人民日报、光明日报、中央电视台等新闻媒体予以报道。学仲老竟在第一时间来电话祝贺，给予了热情鼓励。作为作者当然敬呈他指教。未想到，他在当年的春节前夕,寄来了幅兰花丛中灵芝秀的素描,左上右下均题写了诗句,兰、芝灵动,生机盎然,诗、书得体,浑然天成,是幅典型的中国画小品,左上题诗曰:“兰草春葳蕤,写诗付茂之。喜读英雄传,军旅一支笔。”右下题辞曰:“兰中杂植灵芝,盖茂之天赋灵芝气乎!”特别署名“黾翁又及”。无疑这是莫大的褒奖和鼓励。悬挂宅壁,是永久的力量和激励!

给我以力量的还有王老馈赠的大作。2004年春天,他赠送了长篇小说《吼哈》上下集。这很令包括我在内的大批读者和乡人惊异:一位著名书画家竟创作出版了地方特色异常鲜明的长篇巨著,这在书画界也是绝无仅有的。一位诗书画大家怎么创作起长篇小说了呢?2012年春,我又收到他在作家出版社出版的“随笔诗”诗集《三只眼睛看世界》。那是2000年秋天,已过古稀之年的他不顾尚未康复的身体之痛苦,带着一架照相机、一个速写本、一个记录诗情的小本子(他戏称为“三只眼”),拄着手杖去欧洲各国旅游,把相机所摄、速写所绘、笔记本之诗汇成一集,并对诗作自赋“随笔诗”诗体。该诗体,看似既没有工正的格律诗,也没有新诗的押韵或艰涩,还没有散文诗的分片成段,而是都似信手拈来、不拘长短的随意句,但实则是大画家之独特视角与大诗人之睿智哲思的高度融合,突显强烈的时代感、高雅的审美感和鲜明的节奏感,从形式到内容,又是一大创新。我当即写了篇名为《内外皆新 与时俱进》的读后感,为多家报刊所发表。

此时,掩卷细思,似有所悟:王老的长篇小说及这本自创的“随笔诗”诗集是不是在为他的“黾学”体系增加内容、树立佐证呢?此前,他“诗文书画,四美俱臻”已有口皆碑,画集、书法集、散文集、论文集、诗词选皆有多部出版;还有一线四馆——即在京沪线上建立了天津、曲阜、滕州、徐州以他名字命名的四个艺术馆,另有六次大的展览;在文学题材上唯缺小说和新诗,《吼哈》与《三只眼看世界》的问世,无疑填补了空白,同时也证明王老的黾学理念在文学艺术的各个领域都卓有成效而且成就斐然。

那么,王老的黾学理念包括哪些内容呢?从与王老的交谈中、文论里,可以看出他的黾学概括为一画、二合、三怪、四我、五象、六学、七艺。“一画”即文人画,则以诗书画印为主体;“二合”是指意象合一,创造境界;“三怪”即诗书画一体而出新;“四我”是王老终生信念,即“扬我国风,励我民魂,求我时尚,写我怀抱”,此乃黾学之灵魂;“五象”即表象、意象、气象、空象、色象,把墨、儒、道、佛四家哲学观去粗取精,融为一体;“六学”包括文学、美学、文艺学、宗教学、哲学、历史学;“七艺”即指绘画、书法、诗词、治印、雕塑、散文、小说。对上述各条其内涵和外延,王老均有评论,形成体系,自成一家,传延一派。

先秦时期百家之著作称子集,而对子集之著作者亦称之为“子”。“子”又是古代对有思想、有作为、有著作之男子的美称和尊称,如孔子、孟子、荀子、墨子等。王老创建“黾学”,有没有想到要赢得“子”字之称呢?遗憾交往中尚未谈及,现在不得而知。但从王老思想、作为、境界上看,皆有可能。愚以为,故乡古有墨子,今天怎么不能有黾子呢?更何况,以王老的理论、成就、贡献而论,称之为当代之“子”、之佳子,毋庸置疑,无可厚非。王老生前的1992年,著名红学家周汝昌就撰文盛赞王学仲为“王子”。愚以为,王老精心、苦心创建黾学,其渊于名黾、爱黾、敬黾,自命名其研究所为黾园,晚年常自喻“黾翁”,而黾学已成体系,并将继续乃至永远发挥其威力,故称黾子当为名副其实、当之无愧的。

写到此,不禁想到黾翁生前曾送我一“百福鼎”。据说是应著名楚辞大家文怀沙邀请,为百福鼎厂家书赠了墨宝。厂家便送此宝鼎以作酬谢。王老始在电话中、后又当面告我:“想来想去,这个宝鼎送给茂之最合适。”当我愧难承享、再三谢辞时,他笑容可掬、满腔真诚地说:“你是享有宝鼎的最佳人选。在适当时机，我们举行个授鼎仪式吧！”遗憾！又是莫大的、难以弥补的遗憾！而今，这尊百福鼎雅居我家客厅最显著位置，无时无刻地不释放着王老的盛情、师情、才情和真情，也无时无刻地不彰显出黾子的黾学、黾容、黾道和黾风。鼎乃权威、坚固之象征，亦蕴含福荫、永恒之寓意。我期待、祈愿并努力更坚信：黾翁在心，黾子鼎存，黾学鼎盛！

2014年5月25日10时
于清河正艺楼

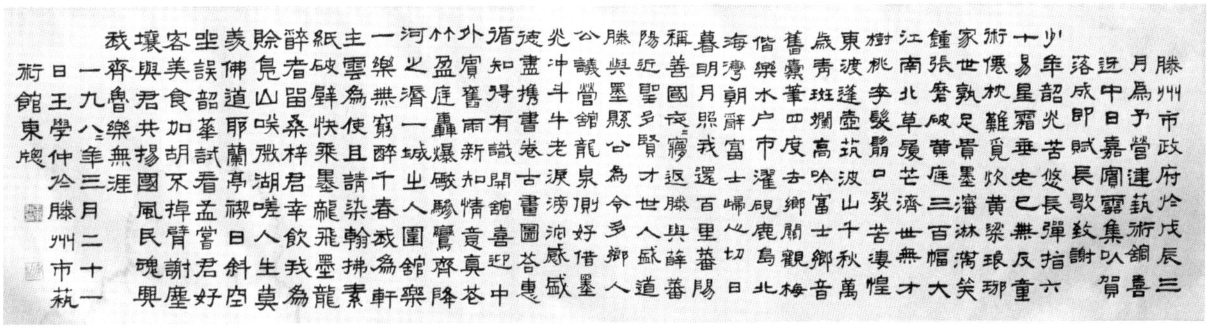

滕州馆落成隶书长歌

从“己出楼”到“黾园”

姜维群

本人专项收藏是扇骨，当然也要收藏扇面，之所以首篇写王学仲先生，因为不久前先生溘然仙逝，此文权作悼念之文吧。

王学仲画扇，但扇画和他的书画比起来比例不大，也不多。然而他擅画扇面，而且很老到。记得他曾说过，扇子不好画，其形状怪异，但作为文人、书画家应该会画，而且要画好，这也是一门功课。

从王学仲的学养上说，能诗能赋，更能写现代散文，这是现代一般书画家难以做到的，至今笔者手中还有几篇他用稿纸写的散文手稿，那行云流水样的文思与流利的钢笔字，能看到他的文字思路并嗅出“王字”硬笔书法的味道。其书斋初曰“己出楼”，后又“四我轩”，再是“黾园”。这个过程也可以读出这位书画家的心理路径。

王学仲一生没离开过天津，曾问过先生，说凡从天津走出去到北京，立刻能全国知名，为什么不去？他说不是没有机会，但不想去。因为从20世纪50年代来天津，感情太深了，“陷”在这儿，拔不出脚来。他历数了一些事，谈到在天津只是一个北宁公园，一个致远塔，就倾注了那么多的心血。确实，多年来他有那么多的师长前辈，有那么多的文坛艺坛好友让他难以割舍。记得在回忆文学大师孙犁的文章中有人提到，王学仲当年写了一副对联，专赞这位“隐居”津门的文学大师。王学仲出于一种崇敬，一种惺惺相惜之情，没有任何功利色彩，从而可以看到他崇贤敬能的胸怀和文人雅士的襟抱。他曾推心置腹地对笔者讲，你们写文章的评论家，别在文中总是先生、老师地在那儿叫，显得学术的不平等。这样的评论不对等，让人读起来像是跪在那里说。我不喜欢那样的文章、那样的笔调。王学仲确实指出一种弊端，本人敢于克服这弊端的勇气的确来自王学仲，本人的书画评论文字对书画家都是直呼其名。

20世纪90年代，天津大学内“黾园”建成，这是国内第一座在大学内建起来的个人艺术馆舍，加上白墙黛瓦，青竹明窗，让人耳目一新，由此各方面的应酬蜂拥而至。王学仲不止一次谈起这方面的困扰。他说，咱又不会应酬，更不善推诿，这真叫进不能退不能，我夹在中间受罪不说，净得罪人了。

在创作过程之外王学仲需要应付各方的求字求画者，对于“白取”书画的他有几种“策略”，一是不用宣纸题写，用白报纸、复印纸写，很多次看到他为画展、画集题签都是很小的纸条；二是题写上款，一律用“某某同志”的称呼。

在诗书画上王学仲先生受过徐悲鸿赞扬，而且有文字为证，这在当代画家中是难得的殊荣。他作诗，而且数量很多，许多一挥而就，富于天分。在画给笔者的扇面上，题写兰草诗："根植悬崖上，叶叶却倒垂。香心生自有，不借暖风吹。"其画面上的山石、兰草、兰花和苔点安排得倚让有度，文气十足。

他的诗配上他的字和画，的确不一般。他有一画，画一草笔的不倒翁，其题诗童趣天趣共存："不倒翁，翁不倒，眠汝汝即起，推汝汝不倒。脚力好，精神好，真是人间寿星老。"读之让人忍俊不禁。

1987年夏天和王学仲先生一番畅谈后，为他对天津的深厚感情和他的深厚学养感动，回来赋诗一首：浮沉丹墨坐书城，楼曰己出听纵横。天后烟弥盈画殿，水西园殁空流莺。宦程兼善途多蹇，艺海独舟命岂亨。莫叹春前一粟少，远山大野待君耕。

而今先生远去了。次韵一首以追念之，祝祷之：

艺海围城谁破城，敢将才艺弄强横。
东学西渐融融雨，汉骨欧风恰恰莺。
四我轩中我独立，黾园竹下园径亨。
指看夕霭遥遥去，广辟桃源来者耕。

鱼跃沧海

感受王学仲先生的骨格

黎明中

由于工作和地缘的原因，我与王学仲先生相识较晚，接触不多。但先生的深厚学养、大师地位、在艺术界的贡献和影响，却早已是如雷贯耳，为我所深深敬仰。

与先生相见恨晚，是一大憾事，但毕竟拜识、请教过先生，这又是我人生的一大幸事。通过有限的几次拜见，尤其是读了他的《文集》(即《王学仲文集》——编辑注)之后，我初步认识到了先生的大家风格、高尚品格、浩然人格，更直接感受到先生的铮铮骨格。在我的心目中，先生永远是一座令人仰止、耸立不倒的高山！

我怀着仰慕之情，专程拜访过先生三次，除一次因先生身体原因礼节性见面外，两次相谈时间都较长。一次是 2007 年 1 月 9 日，《中华国粹》杂志社社长李浪木开车领我来到王学仲艺术研究所。雪后放晴，阳光柔和，黾园幽静。我们首先欣赏了先生一幅幅熠熠生辉的精品之作。一会儿，先生在夫人陪伴下，笑吟吟地来到黾园。先生虽然因两次脑血栓而行动不便，但精神矍铄，笑容可掬，思维清晰，话语顺畅。落座后，我们交谈甚愉。我首先请教了几个书法方面的问题，先生如数家珍，应答如流，深入浅出，言简意赅，令我茅塞顿开。当谈及有些领导向他索要字画之事时，他并不在意地笑笑："我对他们说已经写不动画不动了，得罪了人啊。"当谈到他的艺术成就、在学界的影响以及所受到的某些不公正待遇时，我有点为他抱不平，他虽有难言之隐，可仍是淡淡一笑而了之。面对先生，我第一次就读到了先生的人格骨格。在我的脑海里当即浮现出王羲之愤然弃官从书、蔡襄婉拒皇上作书旨令、八大山人不送权贵字画的故事，心中油然升起了一股钦佩之情："先生是个有骨格的人。"

2008 年 9 月 12 日，我和浪木又一次来到黾园拜访先生。先生仍然坐着轮椅，但气色很好，十分高兴，一见面就微笑着问我们："你们去看过张海主席吗？"我们答："还没有呢。"他叮嘱："应该去看看张海。"接着便海阔天空地聊了起来。当聊及当下书画界的一些歪风邪气时，先生一会儿不以为然，一会儿又很生气："现今有些书画家不懂得做人的重要，没有人格没有骨气。"话语不长，但一针见血。40 多分钟后，怕先生累着，我们起身告辞。先生亲手将他的 10 卷《文集》送我，又兴致盎然地让人搀扶着站好，与我们合影留念。

拜见先生的情景至今历历在目，先生的话语谈吐依然回响耳际，先生的音容笑貌栩栩如生地活在我的心里。我的一个最突出最直接的感受是，先生是一位正义感异常强烈之人，言行之间总透出一股凛然正气，显现出一种铮铮铁骨。

我们都读过一点历史，都会从历史中得出一个结论：大凡真正的文人书画家，一般都具有折服人心的人格力量。文格、书格、画格皆取决于人格，而人格又取决于骨格即心格。心正骨硬，骨硬品高。只有骨格，才能支撑起一个堂堂正正的人，才能使艺术家具有完整的生命意义。骨气都没有了，就无法去谈人格、文格、书格、画格。所以，柳公权强调“心正则笔正”，赵孟坚讲：“骨格者，书法之祖也。”王学仲先生就是一个堂堂正正的人，就是一个具有完整生命意义的艺术家。这点从他的著作中亦可找到许许多多令人信服的佐证。

先生送我的《文集》，我只能说是粗略地拜读过。我不仅为他的“甘露滂沱，洒遍世界”的博大襟怀所震撼，不仅为他的“艺术与道德”的精辟论述所诚服，不仅为他的“炎黄后裔的艺术典型”的爱国激情所感染，不仅为他的“无求无私于社会”的高尚情操和卓越境界所感化，不仅为他的眷恋艺术抛家不顾的牺牲精神所感动，不仅为他的书画“五象说”“立体空象说”“意象统一观”以及东方温雅型美学体系的创立所惊异，不仅为先生开创当代书画艺术新风的一代宗师地位所敬仰，而从中所体现出来的先生的人格骨格，更令我终生崇拜，终生受益。

我认为，人格骨格是构筑先生高大形象和不朽精神的内核和根基。他是“欧风汉骨”的首倡者，汉骨这一中华民族的骨气已经融入了他的骨髓。他说：“国有国格，人有人格，艺有艺格，屈己以就人，降格以媚人，只会惹人鄙视。”“一个热爱中华民族的人，要有几根骨头把自己撑起来。鲁迅的脊骨是最硬的。”国格人格始终支撑着先生的做人尊严。他强调“艺术贵创造”，主张“写我怀抱，悲也无悔无怨”，“我画即我姓”，“牙慧不欲拾”，在他的诗文书画作品中见不到丝毫的趋谀逢迎，等等等等，以至于从他的“已出楼”的斋名，都无不彰显出他鲜明的个性、独立的人格、钢铁般的骨格。我敢说，先生的过人之处、伟大之处、不朽之处，正在于此。我想，凡是与先生相识相知的人，凡是读过先生《文集》的人，恐怕都会有这种深切感受。

我无力对先生作出全面的解读和评价，但我却深知，我是一个受先生恩惠不薄的人。先生曾两次著文对我进行评价、鼓励、鞭策。师表难忘，教恩永记。此时此刻，更使我为失去一位好先生好导师而痛彻心扉。先生虽然已经化羽仙去，但先生的艺术风格、高尚品格、伟大人格、铮铮骨格将永存于世。先生这颗不落的巨星，将永远照亮着我的人生之路；先生这座不倒的高山，将永远成为我攀登的坐标；先生的高风亮节，将永远校正着我的人生步履。

感恩之情，无以言形，谨作拙文，聊表寸心。

王学仲先生永垂不朽！

编者按：本文作者于2014年3月8日凌晨2点40分乘坐的马航MH370，与管制中心失去联系；2015年1月29日，马来西亚民航局宣布，马航370航班失事，并推定机上所有239名乘客和机组人员已遇难。选刊此文，以志纪念。

沉痛悼念恩师王学仲先生

路怀中

10月8日晚,惊悉恩师王先生与世长辞,我长时间沉浸在非常悲痛的情绪之中,回想起先生对我的大恩大德和他的为人师表,以及他的治学严谨和他的处事风格,特对先生作如下的小结。

一、先生识高。自1985年后,在国人狂热追捧西方文化的大背景下,先生提出了今后整个文化界的发展趋势是:西学东渐。在部分人鄙视我东方艺术、追捧西方艺术的大背景下,先生又作出了欧风汉骨之论断。转眼间近30年过去了,整个文化界发展趋势证明了先生英明的论断。

二、先生学博。应该说当代艺术大家之中先生学识渊博。在我一年多与先生朝暮相处的日子里,先生总是勤奋地书画泼墨,翻读经史诸子,作词吟赋,点拨时弊等等。先生时刻思考不辍。出版有《王学仲诗词歌赋》《王学仲书画选集》《王学仲选集》等十几本大部头的书籍。别人评先生著作颇丰,我说先生一生著作等身。先生为鞭策自己和教诲后人,还把自己的创作学习场所命名为“黾园”。

三、先生气正骨硬,刚直不阿,从不做媚骨违心之事。在先生身边那些日子里时常听先生讲:文人要有气节有骨气,文人只有具备了气节和骨气,其文学艺术作品才会有正气骨气,他说李白醉酒——“天子呼来不上船”,陶渊明弃官隐居南山,等等,先生看不惯在学术和艺术上投机取巧的那些人,经常跟我讲要老老实实做人,认认真真做学问。他常常对我说:中国艺术家首先是学问和修养,第二才是写字画画,否则字写不好,画也没格调。前几年去给先生拜年,先生问我:怀中,某某又买了个官,你怎么不去买官干干?我说我的个性是老师传给我的,徒弟只求学术和艺术,不求权术和魔术,先生听了开心一笑。

总之,先生的一生是勤奋的一生,孜孜不倦探究学问的一生,刻苦努力创造书画艺术的一生,刚直不阿、正气浩然的一生,然而,先生的一生是不可能用我短短的文章写就的一生,是永远值得徒弟及后人学习效仿的。

先生的优秀品格与山河共存,与日月同在!

先生的教诲永在心中!

2013年10月9日 于北京

王学仲先生与我的父亲慕凌飞

慕　琪

翻开旧相册，找出我的父亲和王学仲先生曾经的合影照片，回想起两位艺术家的深厚情谊，和他们那些朝夕相处谈古论今、吟诗作画的情景，难以忘怀。可以说他们是因为艺术境界上的相知和人品道德境界的互相敬重而建立起了数十年的深厚友谊。

先父长学仲先生整整一旬，又都是祖籍山东，故常以兄弟相称。

王学仲与慕凌飞采风途中

改革开放使得他们的艺术重新绽放了青春，记得当时天津新兴的书画会活动，他们都是主要的参加者。之后的很多公益事业又都是积极的参加响应者，共同为社会奉献了很多很多。

回想起学仲先生每每来到家中看望我的父亲，都是欢声笑语一片，他们共同谈古论今，切磋书画艺术，感慨人生经历。那一美好的场景至今令人难以忘怀，也是二老最真实的生活写照。

慕凌飞造访黾园主人

先父多次赞誉王学仲先生的艺术才华，认为先生学富五车，不但诗文书画造诣精深，而且他胸怀广阔，他所提出的“扬我国风、励我民魂、求我时尚、写我怀抱”的艺术主张令人钦佩，鼓舞人心，是当代诗文书画创作的方向。先父不但自己到学仲先生府上亲自拜访，同时多次命我前去看望。我记得有一次先父正在绘画时突然放下手中的画笔对我说：“近来没有见到你学仲伯伯，不知近况如何，你去代我看望一下吧。”看得出先父的惦念。于是我买上一只正阳春烤鸭直奔先生在南开大学的住所。先生和夫人见到我非常高兴，与我热情交谈，视我如同家人一般。另有一次先生因病住院，先父很是担心，立即命我前去探望，因为不是探视时间被门卫阻挡，经过我再三努力说服门卫后走进病房，躺在病床上的先生见到我时失声痛哭，拉住我的手说：“闺女啊，你来了，你的父亲还好吧……”

本文作者与王学仲

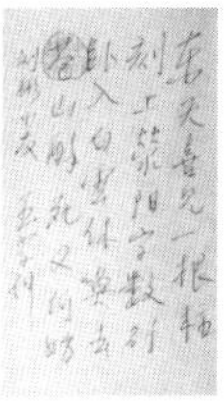
王学仲手稿

我安慰他:“王伯伯,我爸爸非常惦念您,是他派我来的,放心吧,您会很快好起来的。”他欣慰地点点头。待先生康复出院后,立刻给我父亲打来电话,表示感谢。无论在先父生前或身后,先生每次见到我,谈及先父的绘画艺术和人品时都称赞有加。他常说:“慕老的艺术是大师级的,可惜人生经历了太多的磨难,但是依然在晚年创造了艺术人生的辉煌,了不起啊!”因此,在先父去世三周年,由天津市文物公司举办“慕凌飞书画展”之际,王学仲先生还专门接受电视台采访,高度评价了我父亲的艺术成就和对社会作出的巨大贡献。由此可见两位艺术家的惺惺相惜、互相敬重的那一份情义。

时光荏苒,那是1991年先父和学仲先生应邀参加青岛的文化艺术交流活动之时,其间二老相商同游坐落于山东省平度县内的天柱山观摩石刻,去参看在中国书法史上占有重要地位的《郑文公碑》。那时候山崖间还没有修好的路,山坡陡峭而且脚下就是碎石。由于我父亲已年近八旬无法登顶,便在山腰处浏览碑林,我的儿子刘彬搀扶着学仲先生往崖顶攀爬,一路很是艰辛。在快接近崖顶时先生由于体力消耗很大心脏一时难受至极,幸好我父亲随身带有速效救心丸,很快取来为先生服下,终于得以缓解。而先生平卧崖间碎石道上时仍然是谈笑风生,调侃道:“此地如此仙境,又有千年名碑石刻相伴,我若此时不行了,就把我埋在这里吧。”然后手指一处石头堆:“哪里来的我还回到哪里去。”爽朗的笑声传遍山间。经过不懈的努力,老少终于攀到崖顶,并在碑前留下了珍贵的合影。下山时我父亲拉着先生的手生怕再出意外,其关切的心情难于言表。后来先生在我孩子随身携带的笔记本中写下了一首诗:“东天喜见一根柱,刻上荥阳字数行。卧入白云休唤去,苍山醉死又何妨。”

时至今日,每每回忆起当年的情境,先生对于艺术的执着追求和豪放的胸襟令人敬仰之至。那样豪迈的诗句也是永远地珍藏于心。

先父去世很多年后,我有一次去探望先生,先生拉着我的手,犹如见到了久未相见的我的父亲,感慨之情千万重。临告别时,他送给我一幅书法作品,写的是:静观自得。每每品读时,我的心境豁然开朗,都有万物重生之感慨,视之为最珍贵的纪念。

如今回忆起王学仲先生和先父几十年交往的深情厚谊,不禁潸然泪下。我多想对他们说,你们都是为中华文化艺术而生,为中华文化的传承而笔耕不辍的艺术大师,你们为中华文化献出了自己的一生。艺术家无论生前生后都是永远活在我们心中乃至人民大众心中的,他们的艺术作品也是流传于千秋万代、永远不会遗失的宝贵财富。

永远的黾翁

董成柯

10月8日，黾翁王学仲先生在天津逝世。噩耗传来，我立即给王老的儿媳徐小荣打电话，她说，王老生前有遗嘱，丧事从简，不设灵堂，不搞吊唁，不接受花篮。我听后心里十分悲痛。这些天来，件件往事，缕缕情思，涌在心头。尤其在夜里，翻来覆去难以入眠。

王老称我们俩是“忘年交”。1996年春节前，我受中国书协书法培训中心委托到天津大学王学仲艺术研究所给他拜年、采访，并邀请他为全国第三届书法研修班、创作班授课。自那时起，我们在这十多年时间里没有断了联系。因我没有手机，我们常用电话交流。有一年春节前，他来电话，是我夫人接的，说像是一位“老者”的电话，称你“老师”，我接过电话后一听是王老，诚惶诚恐说道，王老以后这样打电话称呼，我就不敢接您的电话啦！他说，我们学校不管年龄大小都称“老师”，年龄大的称年龄小的也叫“老师”。我说，放在我们俩之间就不合适了，您是前辈，我是后学，您当然是老师。这使我想起启功先生在首届启功书法国际学术研讨会上所说的“希望在座的不管年龄大小，都是我的老师”一样（当时在座的除了领导、专家、学者外，还有他的研究生，北师大的学生代表），使我更对王老产生一种敬慕之情。这正是孔子“敏而好学，不耻下问”的儒家思想的具体表现。后来我们交往时间长了，感到距离也近了，他用“成柯”称呼我，我感到很亲切。

2004年春，黾学书院落成暨王学仲艺术展览馆成立仪式在徐州举行，国内外专家、学者相聚于此，他的一段开场白很感人，他说：“我20岁时就在彭城吟诗作赋，我留恋这个地方……现在欣逢国家提倡民族文化大复兴，而我又是以诗词书画为终身事业的一个学徒，学仲无德无才，能为这个院馆做点服务性工作实为幸事、快事。”他语重心长地希望：在当前，从事文化艺术，搞学问更应该求真务实，书学院应该以“黾勉为学，专一明修”为宗旨。这些话于平淡中寓意深刻，催人奋进，扣人心弦，切中时弊。在这里，我提起我们常谈到的时下话题，一些有权、有地位的人和一些名人，从工作岗位退下来后，走近书法。会写汉字的，拿起笔就是“书法家”。当然，崇尚书法是件好事，但动辄就以“著名书法家”“大师”等相称，对此他说：“悲哀！”在“夜泊书屋”里，他有一副自出的对联：“翠鸟鸣山谷，扁舟逐水流”，我看他当时兴致很高，就让他以此为背景照一张相，于是他拄着拐杖，身着他常穿的蓝色中山服，戴一副白框眼镜，侧面摆放一盆兰草，我想，这应该是一位文化学者的真实写照。这也是我第一次为他拍照。

人们还清楚地记得2003年春天那场突如其来的“非典”，全国上下都处在危急之中。5月的一天晚上，王老突然来电话说，我写了一张“大字报”，是战“非典”的现代诗，是投给书法学报的稿件，过几天你就会收到。我接到函件一看，果然是在一张硬报纸上用粗签字笔横写的诗，题目是《全民奋战非典》，并用括号注明“墙报诗和字”，下方落款“王学仲”，右面钤一方“八旬黾子”朱文印。此诗共32句，王老用笔墨当武器，像是用颗颗炮弹射向敌人，我在发稿时配了一段“编辑手记”，此诗6月6日在《中国艺术报·中国书法学报》头版报眼位置发表后，引起读者强烈反响。

王老向来关心国家大事，关注民生，奉献社会，有强烈的忧国忧民情怀。我从培训中心退下来那年，以王老的诗句“生遇人民纪，凯歌唱未休”为题目在《和平艺丛》刊物上介绍他爱国爱民的艺术精神后(《中国书画家》《中国书画报》在刊发时改为以《扬我国风，励我民魂》为题)。一天，我接到他从天津发来的信，打开一看，是王老用隶书题写的“厚於人”三个字，我电话问他是否投稿，王老答道是送给你的。我知道王老这三个字的用意。我说，这是当编辑记者应该做的，也是微不足录的。

王老身上的孝义之道是难能可贵的。百事孝为先。王老只要身体条件许可，每年清明时节总要回老家滕州祖坟祭祀。相反，他对自己的事看得很平淡。他八十大寿了也不以为然。他离津到北京“京黾画寓”，打电话让我过去，他对我说，中国有句古话，七十不留宿，八十不留饭，我是不祝寿的。祝寿本来是件喜事，但结果让人不如意。他说，我已老朽了，没有那么多讲究，注意健康就是了！说罢，他拿出一副已装裱好了的，一位称是王老学生作的祝寿联送给我，我说，千万使不得！这是为您祝八十大寿呀！他还是那句话：“我不祝寿！”我知道王老的性格，他只要考虑成熟的事是不会改变的。因为在来京前他打电话说过此事。我只有从命。

“都姓俗时我姓雅”，“孤灯明月伴清贫”。王老一生以德自守，正直不阿，淡泊名利。

在山东滕州王学仲艺术馆成立20周年之际，李广兰馆长约我为该馆提供一幅作品以示祝贺，因我驽钝不才，于是用一、二、三、四为首字作了一首《品读黾翁》五言绝句：

“一越”现珍品，
双双寄黾心。
“三分”非鼎立，
“四我”见真情。

“一越”，王老有“三自一越”创作思想，即“发现自我，认识自我，轶出自我，超越时代”；双双，王老以“诗文以济世，书画以明志”对联自勉；“三分”，王老著有《碑、帖、经书分三派论》；“四我”，即王老的“四我庭”——“扬我国风，励我民魂，求我时尚，写我怀抱”。我虽不能用数字总结出王老的艺术生涯之全部，但我感到这是他艺术思想和实践的真情所在。在我眼里，王老是一位仁厚的师长，是一面旗帜，是学习的楷模。

甲申暮冬，结束对他的采访后，我与他在“京黾画寓”匾额下合影，他说：“我们俩是第一次合影。”就在这次合影后不多日子，王老的夫人曹凤珍老师告诉我王老住进了309医院，他这是又一次因脑溢血住院，我于是骑自行车10余公里来到医院探望，由于这次发现及时，他恢复得比较好，后来他转到天津医院继续治疗。打那以后，我与王老的通话机会就不多了，我答应以后到天津看他，没有想到，这竟成了永诀。

如今黾翁走了，我双手捧读着他生前出版的《王学仲文集》（10卷本），心里十分沉重，思绪万千……

黾翁没有走，他留下的是思想，留下的是精神，留下的是作品。

黾翁的艺术，正像《书谱》中所言："籍甚不渝，人亡业显"！

"灵魂若有在，死去也高讴"。黾翁走了，他还活着！

2013年12月28日于繁露堂

黾翁属相常用肖形印

我与王学仲大师的几次交往

刘纯华

王学仲的族谱可以追溯到琅琊王，琅琊王在现在的临沂。王家出过许多文人，如王羲之、王献之、王祥；出过典故，如王祥卧冰求鲤，出过显官，如王与马共天下等典故。20 世纪 80 年代的时候，临沂的书画艺术家以王学仲先生为荣，每次休假，艺术界的人常常和我谈起王学仲的治学、造诣以及王学仲的求学传说等等。大概是在 20 世纪 80 年代末期的时候，日本书画界访问王羲之故居，日本书画界的团体叫日本雪心会，会长叫今井凌雪，临沂方面邀请王学仲出面，王学仲专门从天津赶赴临沂，与日本人会谈。那次，我也被王羲之颜真卿书法研究会请去了，得以和王学仲先生见面。日本人对王羲之顶礼膜拜，离王羲之故居很远，就下跪，跪拜前进。他们对王学仲也极为尊重，视王学仲为中国当代大家，视王学仲为王羲之后裔。

那次，我便与王学仲相识了。他回到天津后，我们经常通信，当时我在人民海军报当记者，有时候我在信中请王先生题写报栏，王先生也不推辞。记得，我请王先生题写过“人与海洋”，很快就邮寄来了。他去新疆写生，还给我邮寄来抬头写着“纯华同志雅正”的一幅中堂。

后来我写了一本书，叫《羲之传人》，大概是在 1990 年初，书中介绍了临沂在继承、弘扬传统文化方面的人和事，王学仲先生欣然命笔，为我这本报告文学写了序言。

香港回归前，香港的一位朋友钟耀松先生来北京，说是慕名讨教，希望我给他写写他在香港的创业历史，钟先生住在北京饭店，我连续采访了他五六天。回到香港后，钟先生又将一些材料邮寄给我，我便写了一本叫《热血从少年沸腾》的书，王学仲先生正好来北京，听说后，对我大加赞扬，我请王先生写序，王学仲先生不仅写了序言，还给题了词。那本书，我专门请何海霞老先生题写了书名。

后来，我在多次首都重大文化活动中与王先生见面，见面我们称：“老乡，琅琊老乡！”这期间听了有关先生的不少传闻，如面对物欲横流，面对许多人挤破脑袋想当中国书协副主席，中国美协副主席、顾问、名誉主席等职务，王学仲拍案而起，痛斥文人轻浮现象，痛斥文人的商人气息，痛斥从艺不严、唯名利是图的行为。还听说，王先生一气之下，拂袖而去，凳子都摔倒了，他不做中国书协副主席，也不做中国美协顾问，回到天津大学，只保留了天津美术家协会副主席的职位。王先生具有山东人的坦诚与直率。

真正的艺术家不用靠虚名，在天津，人们为王学仲先生建造了“王学仲艺术纪念馆”，山东滕州也为他建造了纪念馆，日本有几个地方为他建立了艺术馆。这期间，我去天津看望过先生三次，每次，他都带着我去他的“王学仲艺术研究所”，我们交谈的大都是世风不古、文人轻浮等问题，也谈论传统文化的弘扬、创新问题。我后来承担起北京时代金城书画院院长的担子，强调弘扬、传承、师古等理念，与王先生的思想不无关系。

得到王先生去世的消息后，我很悲痛。中国失去了一位优秀的艺术家，世界画坛失去了一位优秀的艺术家，他治学严谨、为人谦和、性格直率的形象，经常在我的眼前出现。

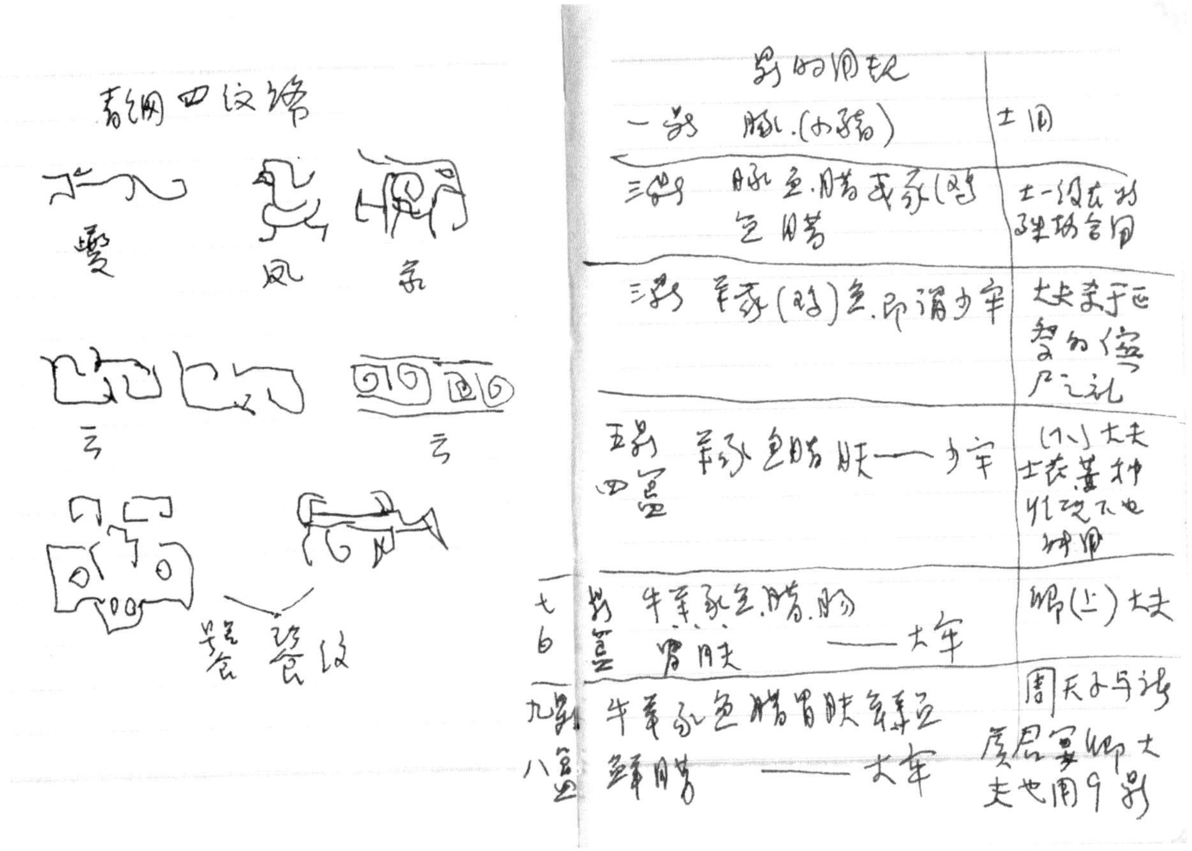

青铜器考察手稿

黾翁琐忆

刘运峰

1981年夏天，我在二宫书法班学习。一天晚上，老师孙伯翔先生拿着几瓶托人弄来的黑色油漆说，这是给王学仲先生买的，王先生正尝试用油漆在宣纸上写字。从此，我记住了王学仲先生的名字。

到南开大学读书后，我加入了书法社，和王先生有了直接的接触。一个冬天的星期日下午，他来到主楼的一间大教室，给我们讲书法创作体会，随身带来了徐悲鸿给他的题词，是一个横幅，王先生很仔细地装在布袋子里。那一天，他还带来了刚创作的一副隶书对联，写得是黄庭坚的诗句“落木千山天远大，澄江一道月分明”，那件作品写得很精到，给我们留下了深刻的印象。

在南开大学众多的学生社团中，书法社是比较红火的一个，每年都有不少同学加入进来。一天，社长魏立刚学兄突发奇想，要把书法社“升格”为“南开书苑”，并提议请王学仲先生题写匾额，我们几个骨干极力赞同。一天晚上，我和魏立刚来到王学仲先生的家。王先生在书房里接待了我们，书房不大，却非常整洁，一对小沙发的背后挂着郑诵先的章草对联，中间是李苦禅画的一幅雄鹰图。除此之外，墙壁全部被书架占满，给我印象最深的是一整套中华书局的校点本《二十四史》，这是我第一次在家庭中见到这部书。我们说明来意，王先生很高兴地答应了我们的要求。过了几天，魏立刚就取来了王先生的题字，在一张四尺对开的宣纸上，“南开书苑”四个大字端庄凝重而又不乏灵动，堪称王先生书作中的精品。魏立刚跑到学校的建筑工地上找来红松木板，从木工组借来工具和油漆，把王先生的题字刻成了木匾，学生会给我们找了一间简易的板房，我们把牌子挂上去，分外醒目。从此，“南开书苑”的名声就越来越响亮。这其中，就包含着王先生的许多心血。

大学毕业后，与王先生见面的机会就很少了。十几年前，在美国哥伦比亚大学攻读艺术学博士的张以国学兄，组织当代中国著名书法家作品展，我陪他去黾园拜访王先生。在交谈中，王先生说：“我从来不闲着，每天都在写字、画画、读书、作诗。”他的桌子上放着个线装的宣纸本子，上面都是王先生的诗作。那天，他刚刚完成了一首给同乡贺敬之的诗。张以国请王先生写一篇自述性的文字。王先生说，好的，我现在就写。我们俩到旁边的一家小店印了点材料，前后不到半个小时，王先生的稿子就写完了，大约有400字，而且清楚工整，不加改动。那时，王先生已经七十开外了，文思依然敏捷，真令人佩服。

河北省书法家协会办了一份《书法家》刊物，艾树池兄来天津组稿。同样是一个夏日，我陪他来到了黾园。王先生边翻阅《书法家》的创刊号，边和我们谈他的一些创作体会，他说，艺术就是寂寞之道，追求热闹搞不出真东西。他很反感一位艺术家提出的中国画“笔墨等于零”的主张，他很激动地说：“中国画没有笔墨才等于零！”他还说：“别人都爱热闹，我偏爱枯燥。”这句话给我留下了很深的印象，后来，我就以“人爱热闹，我爱枯燥”为题，写了一篇访谈，发在了《天津青年报》上。

2001 年秋，我在一个展览上看到红学家周汝昌先生默临的《兰亭序》长卷，后面有一段王学仲先生的长跋，两位名家的作品裱在一起，真是珠联璧合，相得益彰。我把王先生的跋语抄录下来，写了一篇《王学仲先生跋〈周汝昌默临兰亭序〉》的小文。在《书法报》刊出后，我给王先生寄了一份样报，王先生回了一封短信：“运峰君：大文运思甚佳，已复印留存，并致谢忱。即颂文祺！”信是用毛笔写在一张印有兰草和钤盖“江湖意冷”“八旬黾翁”的笺纸上。而今，这封信已成为珍贵的纪念了。

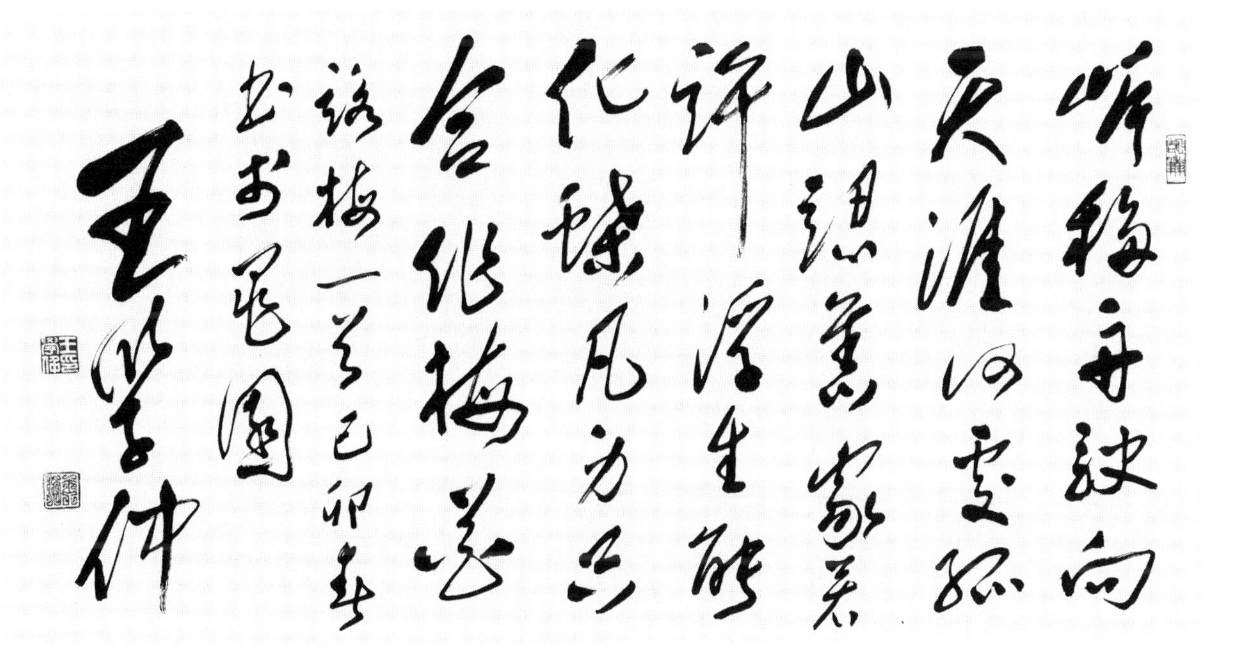

咏梅一首

痛悼王学仲

孙福海

一代国学大师王学仲于2013年10月8日清晨7点17分离我们而去,这个噩耗使我们难以自持。

周汝昌先生曾评论说:“中华传统之论才,首举诗、书、画。此三者之独为人重,是由于它们在群艺中品格最高,成就最难。能擅其一,已足名家传艺,何况三乎!而王子学仲,以兼三闻名于海内外,所以我首先申明鄙意,王子是当代中华之才人。”文怀沙先生评论说:“吾友黾园王公学仲,诗文书画粹然一身,为当代之荦荦大者。”当代著名作家、诗人、书法家如周而复、贺敬之、沈鹏等均对王学仲先生的艺术生涯给予了很高的评价。

这是墙内开花墙外红吗?文怀沙给我讲了一个故事:有一年,津门一年轻记者赴京请他,提出在元宵节录制一海外也能收看的节目。要求现场以旧体诗即兴而赋,词牌、内容由观众现场出题,并请文老在全国范围内推荐能与其共同吟诵唱和的诗人。文老听后哈哈大笑,说:“能与我现场应和旧体诗者,唯津门黾翁也。”黾翁?黾翁是谁?记者竟没听说过。这也难怪,在我们的高等学校,许多学子竟把王学仲艺术研究所门额上的“黾园”读成“蝇园”,还有的读成“龟园”,并煞有介事地解释:“你们知道为什么叫龟园吗?这是日本人盖的,他们视龟为长寿、吉祥的象征,所以叫龟园。”可笑也可悲!

王学仲一生,著作等身。他在传统的哲理基础上,提出“扬我国风,励我民魂,求我时尚,写我怀抱”的四我主张。治学上追求“欧风汉骨,东学西渐”。在对哲学、诗歌、小说、书法、绘画等诸多门类的思考中,在《黾子》《美学笃论》《吼哈》《碑、帖、经书分三派论》和《现代文人画论》等诸多著作的基础上,以蔽明论、归衡说、“经派”书论和书画“五象”说等为主体思想,创立了一个立体综合的学说体系——黾学。他创立的黾学学派可谓另辟蹊径,对当今学术界“有家无派,有派无学”的现状起到催化启迪作用。

而王学仲却称自己“三心二意”。他说:“垂垂老朽,盖‘三心二意也’!童心、诗心、佛心和人意、天意。童心入诗心,天地还本真;诗心契佛心,艺境得化境。”

由于工作关系,我与他有着近二十年的交往。他有着比一般艺术家都敏锐的社会洞察力和奉献意识。天津市的各种公益事业,扶困赈灾,助残支教,自掏腰包普奖在全国书法评比中获得名次的中青年书法家,这些义举,他不但都做在前面,而且从不宣传,也不接受媒体采访。尤其是几年前,他做了一惊人之举,把自己一生中珍贵的旧藏无偿捐给家乡。有琅琊王氏祖藏宋本《右军后裔将相名家画像敕牒宋谱》长卷、徐悲鸿的《奔马图》、王仁堪的《小楷团扇》、唐寅的《丹青仙会图》、郑燮的书法等书画作品,还有春秋时期的鲁国驿站砖、战国时期的青铜剑、秦朝瓦当、汉代陶俑、唐代陶马等文物。这些捐赠品，若从市场价值估算，起码值两亿元人民币。滕州市政府根据国家关于对无偿捐赠文物者可给予适当奖励的规定，拨出200万元奖励王学仲，但王学仲却分文不收。他说：“艺术不是钱，应该把艺术看作是一个人生最高的灵魂，我不能出卖灵魂！”

王学仲从不考虑自己作品的市场价值，而是将自己的700余幅精品，先后无偿捐给有关博物馆、艺术馆。

我曾看过电视台拍摄的王学仲专题片，他们用了一个很长的镜头来拍他坐三轮车，画面慢慢拉开，三轮车越走越远，而脸朝后坐在车上的王学仲，向大家招手微笑，且富有雅趣地说：“我这辆专车是‘绿色环保车’。”

这就是津门当之无愧的国学大师王学仲，他永远活在我们心中！

米癫拜石

王学仲扫描

王成纲

王学仲,号呼延夜泊,晚号黾子,自称黾翁,1925年10月23日生于山东滕县鲍沟镇宁家村。天津大学教授。曾任中国书协顾问。当代书画大师,黾学学派创始人,斋号“己出楼”。

我结识学仲先生,缘于诗词文章,至少有三十年了。我流浪北京,学仲传薪天津。天津有我的父辈和兄弟以及诸多师友,几乎每月于京津之间来往,常年不断。每次赴津,几乎都去天津大学四季村拜访学仲先生,从而成为王宅的常客。先生的夫人曹师母、儿子黄山、儿媳徐小荣、孙子王腾、门童张正春,皆与我熟稔。

学仲先生在天大辟有艺术研究所,匾额为“黾园”。黾园是天大西头,马蹄湖北岸的一处庭院。庭院的景池中屹立着一块巨石,上刊学仲先生手书的“扬我国风,励我民魂,求我时尚,写我怀抱”,号称“四我碑”,四个“我”字令人过目不忘,充分显示了学仲先生的自家本色,即最普遍最永久的人性。

黾园于1988年3月落成。黾园之北是教学、展览区,之南是馆舍、贵宾室,之西是学仲先生的卧室、书房和会客室。

在神州大地上,还有三处展览学仲先生作品的堂馆。1982年冬落成的占地2 000余平方米的山东滕县(今滕州)王学仲艺术馆,收藏学仲所赠字画及历代文物近千件。现馆长李广岚。2003年6月江苏徐州建成的王学仲艺术展览馆。占地2 000多平方米,环境优美。馆长孙世华。2003年7月,山东曲阜建成的王学仲画馆,现正迁至孔府中。馆长彭庆涛。

1981年学仲先生赴日本筑波大学任教。不久,该校建了王学仲美术馆,现况不详。

学仲先生多才多艺,所涉猎领域包罗万象。无论是文、诗、词、赋,还是对联绘画,皆大有光亮之作。学仲作画,中西合璧,欧风东渐。西画色彩夺人,印象派也;中国画以大写意为并刀,锦绣连绵。散文之作,精悍隽永,寓意深刻。更有长篇小说《吼哈》于2003年问世。如此广泛之艺术成就,国中之书画界,其谁出其右哉!

这里,全方位地展示学仲先生艺术成果的微痕,供读者领略其艺术风采。

(1)《放歌》(五绝):

自辟龙蛇径,放情山水歌。风流挥霍尽,酝藉尚余多。

点评:与太白并辔。

（2）《题柳村》（杂诗）：

山水苍茫，柳浪难绿。此中有人，呼之欲出。

点评：“此”是说“中不知何人所语”。

（3）《临江仙•漓江》（词）：

近水人家深树住，画山倒影青青。岸边两湿浪潮平。渔歌声远，归艇波烟汀。断续微风峰对镜，漓江宜看宜听。鸬鹚引颈望秋晴。鱼虾吞罢，展羽自修翎。

点评：诗欤画欤？画欤诗欤？不见丹青，满幅丹青。

（4）《洞庭湖》（对联）：

八百里洞庭，醉入风月何须酒；三千顷碧玉，宴尔烟波不用钱。

点评：我想起了黾翁书房的横幅：笑傲江山一黾翁！

（5）《闵鲸文》（韵赋节选）：

吾闻，好生者天地之德，哺育者造化之功，繁殖者自然之理，爱物者圣贤之风。远公驯虎，董父豢龙；犬能投简，鸡解防虫。麒麟游于园圃，凤凰栖于梧桐。胁之以威，则恐惧懔懔；怀之以惠，则温和融融。尧仁如天，感而遂遍；汤开三面，网获常丰。闻名世界，百灵效忠。鲸也何辜，遭此鞠凶！儒笔为文，冀达慈衷。

点评：讨捕鲸者之锐利檄文，张悯鲸者之沁烂文章！以人性护鲸，大哉黾翁！

（6）《说象篇》（古文）：

二客对辩象，持竟日不决而质于余。其一曰，象之性善；其一曰，象之性恶。善者言其温顺；恶者言其威猛。余曰：“泛言之，难于言；具言之，如何？”客问何则。余曰：“象之为性也，应之似则善；忤之似则恶。不应不忤，象之性无以明矣。人不犯我，我何故犯人？人若犯我，我必犯人。此人象之共责也。儒者谓人之初，性本善。荀子斥之人性恶，其善者伪也。此千古聚讼之端也。余则曰，人之初有善恶，教之善，纵之恶也。因为说象篇喻于客，二客怿然去。

点评：置之韩柳集中可乱真。

以上六则皆从1991年天津大学出版之《王学仲书画旧体诗文选》中便宜择出，而没有涉及名作《狂草赋》《己出楼赋》等。

我以为，这种拾遗性的玩闹，更能够展示学仲先生的大家风范，倘若披沙拣金，像编《唐诗三百首》《古文观止》那样，一来我没那能力，二是我没那工夫；但是，我相信，即使我漫不经心地遴选学仲先生古诗文的片羽吉光，也可以充分领略黾翁的六朝风韵、隋唐雄威、宋金哲理、明清闲逸！

黾翁古诗文骈散并重，其骈者奇思妙想、鬼斧神工；其散者不让桐城、比肩韩柳。这种自甘的苦行文艺，其知音仅小众而已。然而，这种苦行文艺的存在，却可以显示中华民族文化的兼容性和多样性。

1990年末，黾翁唤我去津，命我撰写说赋的文章，以备来年在京举办王学仲艺术国际研讨会用。

我用了半年多的时间，通读了黾翁的几十篇韵赋，撰长文《王学仲韵赋初探》，黾翁以为知言，收入《王学仲艺术国际研讨会论文集》。

我激赏黾翁的个性、悟性、灵性和呆性。几次在己出楼欲拜学仲为师。黾翁不许，曰：“忘年交吧，彼此方便些。你确是得了我的真传了,像我一样抠门儿,到我家来你从不带礼。”

我打趣说:“夫子厌俗,吾不能为夫子添俗。徒手扣门,夫子谅之。”

“我送你一幅联吧:

任凭他万般机巧;

且看我一世纵横。”

我略一寻思,答道:“这哪里是给我写的,您这是夫子自道!”

“夫子自道?——夫子自道!哈哈哈……”

黾翁自己先大笑起来,以至笑出了眼泪。

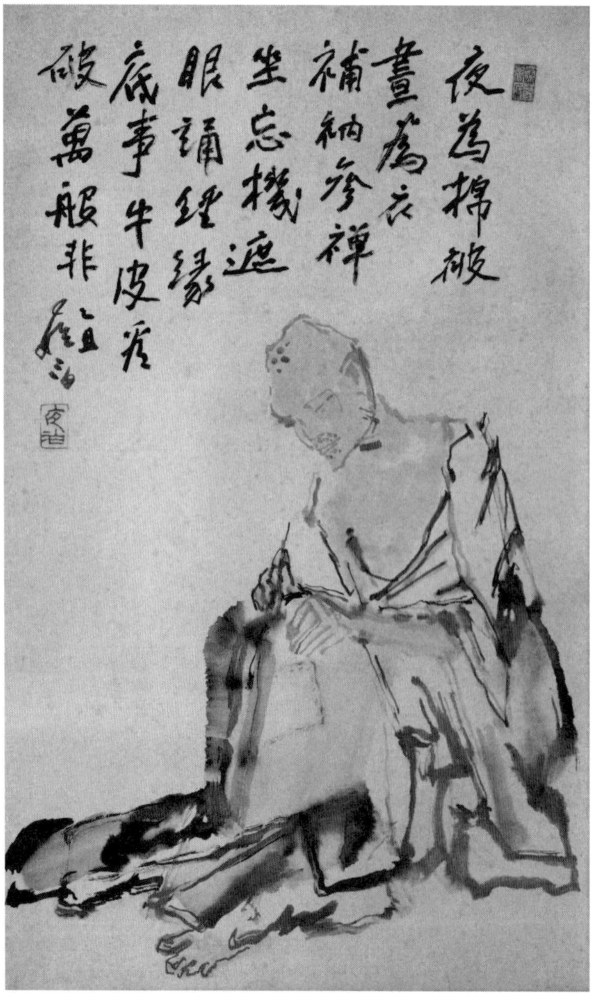

老僧补衲

活在人们心中的书画泰斗

谢景田

2013年10月8日7时17分，享年88岁的“黾学学派”创始人、中国书画泰斗王学仲先生驾鹤仙去，然而他的思想和艺术深深铭刻在人们心中。

王学仲，号夜泊，字黾子，1925年10月23日出生于山东省滕县鲍沟镇宁家村。祖籍山东临沂市，与东晋王羲之同属琅琊支脉。他的曾祖父和祖父同为清末秀才，能诗善书。祖母是剪纸巧手。外祖父为县衙师爷，一手好画。父亲王长祥先后任教中小学，擅魏碑墓志并著有《履安诗集》。王学仲五岁随父读书习字。八岁得王羲之《黄庭经》精本临摹。十岁随表兄苗逢春学文习画。十二岁严练小楷并汉隶魏碑。十三岁跟书家边秋水学习篆隶。十四岁重点习临《草诀百韵歌》。十五岁拜书法奠基老师黄必元。十六岁到泰山等地访碑。十七岁考入北平京华美术学院国画系。深得校长邱石冥、著名山水画家吴镜汀、金石学家容庚教诲和赏识，并为容师助手，整理资料，抄写过许慎的《说文解字》。特别受齐白石、黄宾虹两位恩师的严教和厚爱，打牢国学根底和书画传统功基。1949年王学仲又入北平国立艺专深造，入学第一天就赢得宗师徐悲鸿“诗书画三怪”赞誉。徐师还在王学仲1945年年仅20岁创作的书法册页上题词：

“呼延生方在少年，其书得有如是造诣。秉赋不凡，盖由天授。方之古人，在唐则近于北海，宋则山谷，明则倪文正、王觉斯，而非赵、董辈世俗之姿可相并论也。”这时就核准了王学仲在书法史上的成就和地位。

此后更得到徐悲鸿等的炙教和熏陶，还受到张伯英、李可染等人指导，使他在诗书画等方面有了突破性的提高。王学仲1953年自中央美术学院毕业后，一直在天津大学任教。曾与古文字学家王襄研究古文字学并为南开大学客座教授。以后又师法自然，走遍名山大川。1956年完成《中国山水学》初稿。1973年和1976年两次参加中日书法作品展。1978年开始在文化部进行了两年的书法创作。1981年参加中日20人书法展，7月出版《书法举要》，9月应日本国立筑波大学聘为客座教授，近三年间教学相长，结交名流。1982年《中国书法杂志》创刊号发表《碑贴经书分三派论》，在书法史上第一个提出经派论。1983年7月在日本东京举办书画展并出版《王学仲书画诗文集》。1985年象征中日友谊的壁画《四季繁荣图》在日本上野火车站落成，王学仲同年被补选为中国书协副主席。1986年任天津大学王学仲艺术研究所所长。1987年应聘为中华诗词学会顾问兼现代书画学会名誉主席。1988山东滕州市王学仲艺术馆落成并展出他捐献的艺术品和文物，他当年被选为天津市书协主席。1991年8月由茅盾题签，廖静文、沈鹏作序,贺成撰文的《夜泊画集》出版。12月连任中国书协副主席。1992年元月在深圳博物馆和广州美术学院展览馆举办个人画展并应聘客座教授。1992年9月著名物理学家钱学森看到《"三怪"王学仲》中徐悲鸿评价的有关报道写信"敬求""墨宝"。王先生自赋书《狂草赋》相赠。钱学森回信:"读先生《狂草赋》,使我神思飞扬,如火箭升空,'巡天遥看一千河'矣!"1993年2月在北京人民大会堂举办由三位国家副总理、三位政协副主席、中外近两百名专家学者参加的王学仲艺术国际研讨会并出版了论文集。1994年发表《中国画体论》。1995年发表《墨海四记》一书。1997年作为艺术代表成员访问台湾,10月赴日讲学。1998年应邀以书法代表团团长身份访问日本。1999年7月主持广州康有为学术研讨会并率团赴日出席中国20世纪书法展,9月出席第六次全国文代会并为主席团成员,还出席了新中国成立50周年书法大展。2001年8月在中国美术馆举办王学仲画展,12月出席全国第七次文代会并为大会主席团成员。2002年3月曲阜王学仲画馆碑落成。5月作为天津书法篆刻代表团团长出访日本。2003年1月《王学仲画集》出版,4月江苏徐州王学仲艺术馆建成,8月赴莫斯科、圣彼得堡进行书画交流,11月长篇小说《吼哈》出版。2007年5月《王学仲书艺》出版。当年还在俄罗斯举办书画展。2009年6月《中国近现代名家王学仲画集》出版。他也先后在上海和北京荣宝斋等办展。还相继出版哲学著作《黾子》和《黾勉集》《王学仲散文集》《三只眼睛看世界》《王学仲短诗选》《王学仲书画旧体诗文选》《王学仲诗词选》《王学仲书法、美术、文艺论文集》等书。

王学仲,提出了"欧风汉骨,东学西渐"的艺术思想。

王学仲,是"黾学学派"创始人。黾学概括为:"一画"。就是文人画。文人画要以诗书画印为基础,倡导野逸美,表现其古朴自然和人文精神。"二合"指意象合一。书法是笔墨艺术,意象非常重要。它应渗透着书家哲思。"三怪"指黾学的美学基础是诗书画三位一体。"四我"是王老的终生信念,即"扬我国风,励我民魂,求我时尚,写我怀抱"。"五象"为表象、意象、气象、空象、色象。把佛、道、儒的哲学观融合为一体。"六学"是文学、美学、文艺学、宗教学(经学)、哲学、历史学等。其理论基础是国学。"七艺"即绘画、书法、诗词、治印、雕塑、散文、小说等。他又是"黾学"最好的践行者,一生创作了大量的国画、油画、书法、篆刻和哲学、文学、美学、伦理学等方面的作品,并培养出大批享誉文学艺术和教育界的精英。同时他克己奉公,义举难计,德艺双馨。曾获鲁迅文艺奖、世界文化和平大奖、中国兰亭奖终身成就奖、中国文联第七届造型艺术成就奖、俄罗斯美术研究院荣誉院士奖等。

光明正大的经历和资力就是水准、成就和贡献。徐悲鸿纪念馆馆长廖静文评价:"王学仲是一个了不起的人。他的一生遭遇过很多的困难和挫折,他都走过来了。他在艺术的成就上,悲鸿说他的书法是了不起的。他后来的文人画,我觉得也很有成就,很有意境。他在生病的晚年,还一直从事文化艺术活动,这种精神很了不起。"

还有贺敬之、沈鹏、欧旭中石、文怀沙、臧克家、周而复、张海、王光英等对王学仲先生给予了中肯评价。

人生自古谁无死,留取丹青载史册。黾子大师继往开来,夜泊泰斗光照千秋。王学仲先生世世代代活在人们心中。

(作者系河南人民广播电台高级记者、王老受拜弟子)

立志高远 自成黾学

徐明祥

王学仲先生是集诗文书画于一身的艺术大家。他早年即不畏艰难，立志追求文人画的境界，而中国文人画诗书画一体，创作者必须是集诗人、书法家、画家于一身的全才。

王学仲博览群书，古典诗词、书法、绘画造诣极高。画坛巨子陈衡恪说，文人画家必须具备四大要素："第一是人品，第二是学问，第三是才情，第四是思想。"（《文人画的价值》）王学仲认为重点是"人品"与"学问"，他本人也正是如此做的。据其世交山东大学张知寒教授介绍："他确是一位清而不激，和而不流，生而不有，为而不恃，不言人之恶，乐道人之善，胸怀坦荡，豁达乐观之人。他平生遇人无贵、贱、贤、不肖，一接以诚；长者事之，少者友之，弱者扶之，善者与之，不善者忠告而善导之。"（《略说王学仲及其诗书画》）王学仲《润酬要纸》抒怀曰："画家几个爱清风，除爱礼来还爱铜。夜泊润笔只要纸，不然咄咄便书空。"他还主张："做一个现代文人画画家就须具有现代人类思想的高度，美化陶冶众生之心灵的使命感，以及以人民的忧乐为忧乐的情感意识，在此基础上才能产生具有时代气息的新的灵感和新的机趣。"他的艺术追求是"扬我国风，励我民魂，求我时尚，写我怀抱"。王学仲成为大家，不是偶然的，他的人品、学问、思想等，均值得学习和研究。

王学仲在北平国立艺术专科学校求学时，徐悲鸿校长就称赞他说："夜泊的字、画、诗都有些怪，诗、书、画合称'三怪'如何！"几十年后，王学仲《自述》诗曰："卅年绛账老书生，久与丹青种感情。身外算来无长物，世间赢得是狂名。"所谓"怪"，即有独特的个性，不同流俗；而"狂"，即精猛进取，无所畏惧。对于艺术家来说，没有"怪"就泯然众人矣；没有"狂"，就会满足现状，不思进取。"怪"与"狂"的核心是创新，是自出机杼，自成一家。

王学仲有一首《我画我画歌》，可以吟诵：

"我画不求佳，但求是我画。既非元四家，又非扬州派，异地本殊腔，相逢难通话。千人有千面，一面吁可怪，摄影能逼真，何必人描绘？前人若已有，何必要我在？姓氏越百种，一姓乌能代，我画即我姓，我写我所爱。牙慧不欲拾，凭人说好坏。酌古也量今，会中复融外，调侃笑世态，设喻讽世界……我仅似前人，如负前人债，我欲胜前人，今人又不耐。人言我似某，我闻惭自悔，人或有似我，我劝弃之快。此意既已决，难免人诟谇，画为悦己容，谁复见真率。我爱掬诚心，凭君剖肝肺，日久甘寂寞，虚名轻如芥。不谙书画诀，此为余三昧。"

这首通俗易懂的长歌不仅是强调创新的艺术格言，我觉得也可以当作人生格言来读。

王学仲几十年“勤勉好学,专一多修”,在砚田学苑顽强探索创新,终于构建起宏大的黾学体系。黾学乾坤大,墨缘日月长。王先生德高望重,他却自称“是个‘五不像’人物:非诗人,非画家,非小说家,非哲学家,非旅行家,然又处处插上一脚。动物有个‘四不像’,我是个‘五不像’家,友人已为我治‘五不像翁’印文,倒是贴切”。笔者赞曰:

诗文书画,四艺俱臻,滕州之子性情恬淡啸傲山水;
夜泊墨海,佳作迭出,五不像翁创意无限自成黾学。

竹溪六逸

书法家王学仲给我的信

杨　栋

王学仲先生号黾翁，是著名的书画大家，他担任中国书法家协会副主席，天津大学为他创办了“王学仲艺术研究所”。

他不仅是书画全能，文章也写得好，出版了《王学仲散文选》《吼哈》《黾园书简》等书。他还出版过一本新体诗集，叫《三只眼睛看世界》，写他出国的感受，写得很有韵味。

他是山东人，自牧兄与他交往甚多，为他出过好几本书，自牧兄多次推荐让我和王老联系，说：“他是个很好的老人”。我于是去信，并寄他几本书，他不久就来了信。

杨栋君：

获三月十九日，二十三日各一函，诗二首，以第一首为佳，情与景，意与文字融洽得好。前后得赠书《杨栋散文选》《荫园书话》《梨花村随笔》《荫园小品》共四种，有时披览，知你写作得力于山村生活，所记人物呼之欲出，文章又得益于博览，书话能量移得体。社会上虽对我亦有诗、文、书画家之誉，但我勉强只称得上是个美术工作者，或艺术学徒而已。因我幼习诗赋，故多受格律困扰，承赠两诗，今答上《赠杨栋》一首：

不着新潮时样装，长吟拥鼻好文章。

每逢少友接春气，辄搭诗书邀夏凉。

后来，我自制了几枚藏书票，也送他一套，并在信中求他题一诗笺。他二次来信并附了一首《咏梨花书屋》的诗笺，楷体小字，妩媚清秀，婉约小词，韵味超凡。老人心细，有一个字用得不恰当，他又补写一字专封寄来让粘贴修补好。他还推荐我请京中张中行、季羡林等老学者同题，信上说：

杨栋君：

谢谢来笺，诗二首以后者愈佳。书选题其一，一人题便觉单调，可请京中张中行、季羡林等学者题写，可以丰富多样。

此致，好!　　　黾翁　2.7日

杨栋君：

很高兴读到你的来信，自制书签，也曾片断地在杂志上看过你的文章，写得颇有文采。遵嘱寄上我为梨花书屋写就的一副对联，联句是早年写村居之所见。

另寄上我的散文集两册，我为之写序的《汪国真诗集》一册，均是书上现代的，如果在翻我的书堆时有所发现，我会再寄给你些。问

新年好！

黾翁笔　12.23

同时喜出望外地收到他为我书屋题的一副对联：

“雪软黄鸡书竹字；

沙柔野犬画梅花。”

意境清新，书法遒劲，真是大家手笔，名师墨宝，我从心里感念先生对我的厚爱。

之后，我多次收到他的赠书，他患病住院，我曾去函慰问，他虽不能亲笔复函，但还是托人代函向我致意。孙犁先生逝世后，我才在天津见了他一面，他给孙犁送了一副对联：

“荷风荷雨荷花淀；

文伯文师文曲星。”

这是他自己创作的。他的国学深厚，精通古文，所以，他的艺术受到人们的喜爱。他在日本讲过学，他的艺术已经走向世界了。他还为我画过一幅墨梅，高标逸韵，超凡脱俗——这是黾园的梅花，它将永远在我的荫园飘发清香。

朱文印　滕县黾翁

我和王学仲先生

一 帆

一直想写一篇关于王学仲先生的文章，却迟迟不敢落笔。一来有"傍大师"的嫌疑，恐怕一不小心变成照片控之流；二来是先生如此成就，我等小辈仰视不及，何敢赘语；三来才疏学浅，不知从何入手。如今，先生已经仙逝两年，每每忆起，总还是抑制不住内心的激动，今略写一二，恐有违先生在天之灵。

一

1996年，我有幸参与了"百童榜书颂齐鲁"展演活动，活动要求一百位有书法特长的学生，每人写一个大字，连起来可以组成一个内容完整的篇章。由于活动是赴济南参演，代表滕州形象，所以市委、市政府非常重视，调集了市文化、教育系统的精英协助，刘繁昌先生总导演，张桑先生和我具体实施，活动取得圆满成功，轰动了济南。活动结束，由济南返回，市委书记、市长率领导班子亲自到北环迎接，可谓风光无限。

随后，我又顺势举办了第一次师生书法展，轰动效果那是自然的！不过，翻一翻那次展览的作品集，不禁让我一阵阵脸红心悸，可当时却觉得自己了不得了，冒出了许多想法。其中第一个想法，就是去找王学仲先生。没和任何人商量，也没有犹豫，怀揣作品，背上十斤煎饼、十斤红枣，买上火车票直奔天津。

那时火车速度比较慢，晚上十点坐车，第二天早晨六点多到。在此之前，我从没到过天津，也从没见过王学仲先生，当我从火车站一路问到天津大学王学仲艺术研究所的时候，已是上午九点多了。王先生不在，看门的大爷接待了我，当得知我是王先生家乡来的人时，显得格外客气，并给王先生打了电话。王先生回话说在外参加活动，再三安排说不能让我走。

上午11：30左右，先生回来了。彼时他第一次脑溢血康复不久，虽腿脚有些不便，拄着手杖，但精神矍铄、思维敏捷。简单寒暄之后，随王先生到了他的家里。

说实话，进王先生的家我有点失落感，房子很小，二室一厅，在一楼。王夫人说这很好，两个副校长也同样住在楼上，只有院士稍大一点。先生生活简单、穿着朴素，平时喜欢吃煎饼、小鱼、辣椒和大葱，不吸烟不喝酒；一件在日本讲学时买的防寒服一直穿着，舍不得扔。上班时，每日到研究所，一工作就是一上午，有时不喝一口水。

对我的作品,先生一件一件认真看完。现在想来,先生能忍受着我当时的那种水平认真地看完,该是多么不容易啊!真是大师胸怀。坐下来,先生又和我说了一会话,谈话的具体内容已经记不清了,只记得先生勉励我好好练字,好好教学,好好读书,不要过多参与什么活动……

临走的时候,先生笑着说,"煎饼我留下,红枣很贵的!我留一捧!",说着,先生从我的包里捧出一捧红枣,其余的让我带回。

先生把我送出门外,拍着我的肩膀说:"别人来我这,都是索画、要字、拍合影,我都快成道具了,这些你都没做,小伙子前途无量啊!"其实,我当时光顾着激动了,索要字画的事根本没想起来!

我和先生挥手道别,先生又说:"老家来这里路远,以后可以写信!"

那时没有手机,电话资费昂贵而且不好打,所以,才留下了这些和先生之间的通信,现在看来,真是太宝贵了。

二

虽然能和王先生通信,但是我也没有多写,一是担心王先生太忙,不忍打扰;二是也没有什么建树,这种通信不对等,多了会留下笑柄;三是王先生正在构建"黾学学派",常到滕州来,有时可以见见面。再后来,电话方便了,写信也就省去了。

"黾"为王学仲先生的名,据先生介绍,当初父亲为他取号"黾",典自《诗经》,意为"黾勉鞠瘁,不敢告劳",这也成为他一生所遵循的信条,贯穿于他的工作、生活和艺术创作中。对于这个"名",王先生经常自嘲:"有人叫我'蝇翁',我也答应,我讲课声音小,就像蝇子一样'嗡嗡嗡'……"

"黾学"可以概括为一画、二合、三怪、四我、五象、六学、七艺。"一画"就是文人画,文人画要以诗书画印为基础。"二合"是指意象合一。"三怪"是"黾学"的美学基础,即诗书画三位一体。"四我"是"黾学"的精神支柱,即扬我国风,励我民魂,求我时尚,写我怀抱。"五象"即表象、意象、气象、空象、色象,把佛、道、儒三家的哲学观融合为一体。"六学"包括文学、美学、文艺学、宗教学(经学)、哲学、历史学等。"七艺"即绘画、书法、诗词、治印、雕塑、散文、小说等。"黾学"学术体系,为现代学术体系的构建作出了突出的贡献。

先生著作等身,诗、文、书、画四美俱臻。从他的言行、著作、艺术创作上,处处体现着对中华民族传统文化发展的特殊使命感和崇高责任感。他曾说:"一个热爱中华民族的有识之士,要有几根硬骨头把自己撑起来。我们有责任在海内外大力传播、弘扬推广中华民族优秀文化,以励民魂,这是中国人的责任。"

在王学仲艺术馆——"黾园"的一块巨石上,镌刻着"四我庭"三个大字,何为"四我"?即先生的十六字治学箴言:"扬我国风,励我民魂,求我时尚,写我怀抱。"

先生胸怀博大,治学严谨,对待后学也有勉励、有鞭策、有奖掖。

"静下心来,潜心做学问,切忌浮躁。"这是先生经常对我说的一句话。我铭记在心,时刻提醒自己,不要为虚名所累。

1999年,我举办第二次师生书法展,先生闻之,欣然给我寄来展标,我觉得这是对我最大的认可。

三

王学仲先生早年曾受业于徐悲鸿、齐白石、黄宾虹、蒋兆和、叶浅予等前辈大家。他一生没有什么特别的嗜好，只是一心教书育人，一心吟诗作画。

当很多艺术家在市场经济的大潮中迷失方向时，先生却固守着他心中的一块纯净的艺术圣地。对于金钱，先生相当淡漠，多年来，他向各大艺术馆、博物馆捐赠了珍藏的名人字画700余件。滕州王学仲艺术馆开馆时，他捐献了家藏的石器青铜器、古陶等文物和唐伯虎、郑板桥、徐悲鸿等名人字画。

1995年，他又说服家人把祖传画像《敕牒家谱》和一套十二件的唐代陶俑这些价值连城的文物捐献给了滕州艺术馆，滕州市拿出200万元人民币对他表示酬谢——那时的200万元是个什么概念？换个说法，1995年我买第一套房，70多平米，花了3万元，而面对200万元巨资先生分文未取。王先生说：“我搞艺术不是为了钱，我觉得应该把艺术看作是一个人生最高的灵魂！”

先生关心国家大事，凡关乎国家、社会、民生的事件都会牵动王学仲先生悲天悯人的真善之心。新闻中每每有慈善活动，他便会站出来捐款、捐画。捐助“非典”、汶川地震，扶助下岗工人、贫困学生，几乎都能看到王先生的身影。直至病逝，他的义举不为家人、门生所知者，难以计数与计量。他自身则秉承一贯的勤俭之风，自足于极低的生活消费。患脑血栓后，先生辞退一切公职，不给单位和社会增加负担。在他的遗嘱中要求家人不设灵堂，不接受吊唁、花圈等繁文缛节，为的是节省友朋、门人的时间和物资。与之相映，对待学术，他则表现出啸傲江山、江湖意冷的孤傲与清高，“爱吾师更爱真理”“言必己出”“我自清风过耳边”等逸事把他的光泽体现得淋漓尽致。

王学仲先生曾获鲁迅文艺奖、世界文化和平大奖、中国书法兰亭奖终身成就奖、中国文联第七届造型艺术成就奖。

九泉之下，王先生应该欣慰，一个无名小老乡，正在谨记先生教诲，孜孜不倦，默默追求。

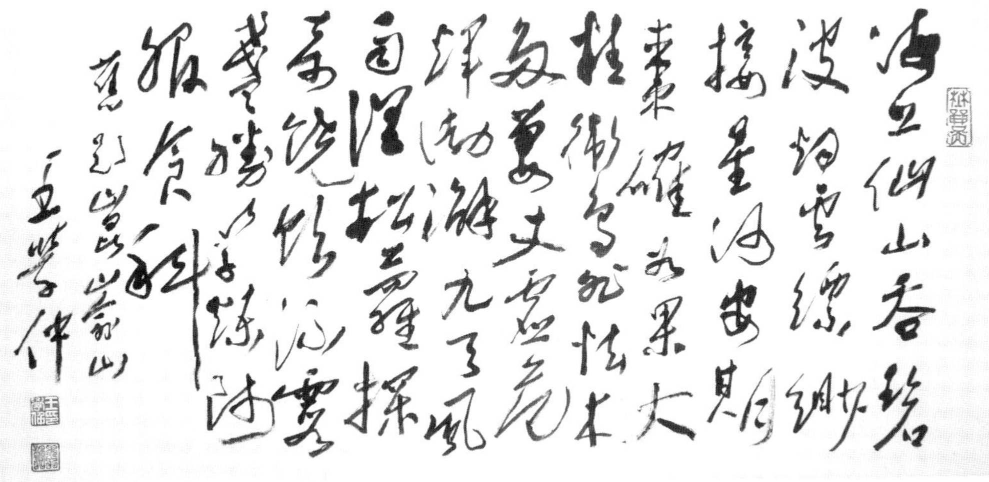

旧题昆嵛山诗

在天津,有个老翁叫黾子

张阿泉

小序

王学仲,字黾子,笔名“夜泊”,1925年生于山东省滕县,毕业于中央美术学院,曾受教于徐悲鸿、李可染等,毕业后分配到天津大学工作,现为天津大学王学仲艺术研究所所长、教授,世界教科文卫组织专家组成员。

作为中国当代复合型艺术家,他在书法、绘画、文学、哲学等领域,多有建树。“黾学”,即是根据王学仲的理论与艺术创作实践集萃而成的一门学问。

2004年11月25日至27日,在山东作家徐明祥兄多次联络下,内蒙古卫视“蔚蓝的故乡·顶级探访”节目组赴天津大学专访了王学仲先生。另一位山东作家袁滨兄特地从淄博坐长途客车冒雪赶到天津,与节目组汇合,一起参加了采访。我们住在天津大学校内的四十二斋招待所,距王学仲艺术研究所很近。

因我的祖籍也在齐鲁(山东省登州府文登县),所以这次拜晤还是“乡情聚会”。

以下文字,系根据此次电视专访的主要内容与幕后花絮整理延展而成,并加进了笔者对王学仲先生的直接接触感受与著述细节研读心得,是一组“组群式”的“读人笔记”。

“黾”字里面包涵着“勤学补拙”“屡挫屡干”的文化精神

王先生说:百花齐放嘛,谁都可以亮亮家底,我自己学无所成,博杂泛览,什么都扯到一些,还构不成如何大的学术体系,但看到金庸的学术构成(金学)、钱钟书的学术构成(钱学),反而增加了信心;我现在有书法,有绘画,有哲学,有文学,难道我就不能够立“一家之言”吗?我说:这完全可以。

“黾学”这个概念,是山东省社科院研究员王欣荣首先提出来的。《诗经》中有“黾勉从事,不敢告劳”句,说的是“相互勉励”的意思。“黾”字里面,包含着“勤学补拙”“屡挫屡干”的文化精神,还有“求真务实”“专一多修”的治学理念。

天津大学王学仲艺术研究所,是一处富于日本建筑风格的庭院,安静幽雅,门额悬有一匾,曰“黾园”,这里应该就是“黾学”的大本营了。

王先生感叹："黾"字本是很古典的、勉励我们学习上进的活字啊，可现在几乎连这个字都快泯灭了。什么人走道，过我这个门前，常会说，这是个"蝇"字吧，"苍蝇"的"蝇"，是"蝇园"；也有人说，看着像个乌龟的"龟"，是"龟园"吧。

黾学的核心是现代文人画

在长期的艺术实践中，王先生总结出了"以画言志，我画我画"的治学主张，在文人画、写意中国画方面，进行了可贵的创新与探索。

黾学的核心是现代文人画，画里头有书法、文学、诗词、易经等等，其崇尚的最高审美境界是济世明心的"野逸之美"，主张"东学西渐""欧风汉骨"，发扬中国风格。

王先生温雅的性格中有"桀骜不驯"的一面，无论是对艺术还是对读书，都善怀疑、不盲从，有自己的过滤、筛选和独立想法。对传统艺术，他既不盲目膜拜，也不妄自菲薄。

王先生说："我对名利无争，但对艺术有争。"

从艺与治学，提倡"四我""五不像"

早在20世纪70年代，王先生就提出了从艺与治学的四种主张，即"扬我国风""励我民魂""求我时尚""写我怀抱"，每一种主张都有一个"我"字。

黾园内，有一个小庭园，立青石一方，上刻"四我庭"三字。王先生经常拄着拐杖，在这个庭园里闲坐、看书或与客人负曝闲谈。

王先生做了一生教育工作，在天津大学"枯居"了半个多世纪，在教书育人方面投入了大量精力。

在谈到文化自强、树立民族精神的话题时，老人感触颇多。譬如针对目前国人很严重的"诺贝尔情结"，王先生认为，一要承认差距，要慢慢争取，不能奢望一蹴而就；二要换个角度看，即要用"高于诺贝尔奖的精神境界"来处理问题，这绝非"酸葡萄心理"，我们没得这个奖，中国照样发展，照样创造出了巨大的物质与精神财富。为此，王先生还专作打油诗一首："功名求异域，笑煞老书生；粪土诺贝尔，能成自有成。"

王先生以兴趣多元、涉猎广泛著称。在1999年12月致山东作家自牧信中，他说：

……虽然我所学博、杂、泛、滥，不过我的专业终归只是画家，诗词文赋、写字皆是余事而已！

在2003年10月致山东作家自牧信中，他进一步形象地总结：

……我是个"五不像人物"，非诗人，非画家，非小说家，非哲学家，非旅行家，然又处处插上一脚。动物有个"四不像"，我是个"五不像"，友人已为我治"五不像翁"印，倒是贴切。

思维鲜活,不拘门户,纵横无忌,越界参与,是王先生“五不像理论”的核心内涵。

观察世界的“三只眼睛”

在体察生活方面,王先生有独特的方法。

他写过一本以游历为题材的随笔体诗集,内配旅途速写,叫《三只眼睛看世界》。谈到该诗集时,王先生说:

……不敢言“佳”,总算创造了一种“随笔诗体”。从来没有想往新诗坛里挤,也未曾设想过获得诗评家的青睐,只是为了完成一个老年的心愿。

我问:“三只眼睛”都包括哪三只?王先生告诉我:一只是“肉体的眼”,一只是“照相机的眼”,还有一只是“速写的眼”。

比如游到了卢森堡大峡谷,王先生没有坐电梯下去,而是认真观察,现场画了两幅传神的速写,不少欧洲美女还坐在他的旁边看着他画,眼里充满了崇拜。

“官气犹如病毒,要治好,只有让他一跌到底”

王先生说自己平生不愿吃宴请,也不愿交接官场,除却读书运笔外,“更无一事扰公卿”。他痛感文人学者“不宜为官”,因诸病皆可医治,唯沾染了官气便不可救药。这就像什么都可忍耐,唯“俗不可耐”一样。

在1992年12月致山东枣庄老友张寒朗(《王学仲评传》作者)信中,王先生表示:

……剩余的年华计划再画点儿画,集中一下火力,攻破重点,故我已辞去天津市书协主席及中国书协副主席职务……我是个学人,不是官材料,“还我初服,了我夙愿”,贵在激流勇退,敢为人之不愿为,人都笑我痴气。

2003年5月,“非典”病毒肆虐全国,王先生在致山东作家自牧信中更是有感而发:

……这是一种顽疾,即使清官郑板桥也是纳小妾置房产,保皇党康有为妻妾成群、甘为清奴。我所接触者虽还到不了这一层面,但只要混上一点儿小官,那官气便立即染上,哼哈装腔迭肚,见面就让人生厌。

文人学者当官的,我也见过许多,好端端的一个普通人,一下子变了味儿。

官气犹如病毒，要治好，只有让他一跌到底，再当几年贫民百姓，否则顽疾是很难治愈的。

王先生的感叹与评议，如“刀锋剖处，脓血出焉”，有晚年巴金“说真话”的意味，也有晚年孙犁“面向文学，背对文坛”的醒悟。

一部《吼哈》断断续续写了几十年

王先生晚年思念故里山东滕县，写了一首《滕县思》的怀乡诗，有点儿像李白的《静夜思》，诗云：“日日梦乡关，锦河绕郭湾；风光何处好，还是旧家山。”

2003年11月，王先生忽然在百花文艺出版社出版了一部20余万字的长篇小说《吼哈》，以书画大家身份写小说，讲鲁中南地区的清末民间故事，在文坛引起不小的轰动。

《吼哈》分第一部《碾盘曲》、第二部《铁鏊曲》、第三部《安魂曲》，塑造了“嘎嗒嘴”“吼哈”“水烟袋”“假女人”“大满”“小满”“山嚎”“八奶”“没毛”“独眼龙”等几十个五行八作的人物形象，大都有生活原型，有些人物的名字都是真实的。

在早年，王先生曾用了很大精力来看小说，譬如看罗曼·罗兰的《约翰克利斯朵夫》，五大本，从头到尾写一个人的悲欢离合，受到感染。王先生觉得自己经历了那么多事，应该用笔记录下家乡的苦难史，于是从青年时代起就开始构思创作，但时断时续。陷于其他事业后，此书就被搁置起来。

2002年，王先生在搬往新居时，清理旧物，猛然又见到了《吼哈》的手稿，便又集中精力把它续写完。在津门名编辑于明夫的整理编校下，很快就出版了。可以说，一部《吼哈》断断续续写了几十年。

小说主人公吼哈，名字是象声词，因为乡民“天天坐不上火车，可是天天听着它吼吼哈哈乱叫”，所以新生的这个孩子就叫了“吼哈”，意思是“火车的叫声”。

在2004年1月和2月致山东作家自牧两函中，王先生两次提到这部长篇小说：

……《吼哈》因衰目委人校排，错乱百出，已经出书，无法改变了。我想以后叫出版社弄个勘误表，又想人已速衰如此，便一切无所谓了。

……明祥君坦言，新书出版上市，即是打折的开始。我真怕自己的心血，很快变成一堆文字垃圾。我的书画及出版物，也只作为敝帚自珍，《吼哈》与出版社签约时，我提出印二百册，作为珍藏本，出版社坚持出一千册，也就难以成为“珍藏本”了。

《吼哈》主要是王先生的乡恋及故乡诸多人物的回忆之作，他本想学刘鹗《老残游记》的做法，只印数百册存世，但未能如愿。该书编校质量，也让他很遗憾。

《吼哈》插在我的书架上，来访的客人中，十有八九都会错读成《吼啥》。

对天津大学的感情“既敬且畏”

天津大学是中国近代第一所大学，前身是“国立北洋大学”，始创于中日甲午海战之后。王先生从1952年来到这里，已经工作了50多年。

对天津大学，王先生一直怀着“既敬且畏”的感情。天津大学的前身北洋大学是中国最古老的大学，由光绪皇帝御笔钦准建立，盛宣怀担任第一任督办，历史悠久，经历了“天津北洋西学学堂”“北洋大学堂”“北洋大学校”和“国立北洋大学”四个阶段，1928年曾更名为“国立北平大学第二工学院”，1946年又恢复了“国立北洋大学”，1951年与河北工学院合并成“天津大学”。

曾在国立北洋大学就读和任教过的卓越校友可列出一大串儿，譬如经济学家马寅初、外交家王正廷、数学家秦汾、矿冶学家王宠佑、法学家王宠惠、诗人徐志摩、革命先驱张太雷、桥梁专家茅以升、法学家赵天麟、教育家张含英、机械专家石志仁、化工专家侯德榜……他们都和“国立北洋大学”的历史记忆连在一起。

“北洋大学”是一个著名品牌，含有丰富的历史信息和传统承传，有巨大的认同感，本不应轻废，可惜现在恢复不了“北洋大学”的老校名，而“天津大学”的名称远不如“北洋大学”厚重沧桑。

天津大学是理工科大学，以“研究高深学术，培养专门人才”为宗旨，教学方针是“决不忽视穷究学理，同时注重科学应用，使理工有机结合起来”，被誉为“科学建国的堡垒”。

110多年的老校天津大学，校内多湖，景致美妙。王先生欣慰地表示：

这所学府一年四季给了我自然的、生活的美感，这是一座具有学术气氛的水上公园。

……黾园是个方寸之地，我在这里每日接待中外来客，进行心灵上的沟通，这使我每日处于一种精神上的青春亢进状态。

把心灵倾泻在稿纸上、宣笺上，我的寸心是写不完、画不完的。

“黾园”位于天津大学教学区主干风景线上，邻敬业湖，粉墙青瓦，绿树环绕。在黾园的画室里，悬着一轴王学仲的自勉书法“啸傲江湖一黾翁”。

年纪愈长，名气愈盛，其经受的疾病与书画索讨之折磨愈甚

王先生一直苦于“疾病”与“索求书画”的双重折磨，而且随着时间推移，折磨不断加剧。

进入60岁以后，王先生虽无大病，但“潜伏的隐患”颇多，如高血压、前列腺引起的尿频、牙龈肿痛等，后来又出现了白内障，右眼视力近于模糊，全仗左眼支撑。

在1984年3月致张寒朗信中，王先生感言：

……因老年疾患丛生，肠胃不健反而处于第二位了。现在看来，等到人的事业还未成熟，而老迈

降临，回头看，奋斗一生，未有什么建树，如今想做一点什么，又惮于应酬，不管旅行坐车、骑马出门，已都有畏怯之感，最怕的是老想“如厕”。

在王先生1992年4月致青岛友人何宝真信中，有这样一句：

……至于我的健康状况，已觉大不如前，总是年纪大了，思想亦趋于淡泊。

1993年5月，王先生因疲劳突发脑溢血，昏倒在研究所里，在医院抢救后安养了两个月才得以恢复，与死神擦肩而过。

人们与书画大家交接，最难控制的欲望，就是厚着脸索求书画，以为珍藏、炫耀或居奇兜售。殊不知，写字绘画不能“批量印刷”，无形中要耗掉大量心力，加之人人均想“吃唐僧肉”，索求者日众，对年事已高的书画大家本身便形成“大灾难”和“长期困扰”。

在王先生1984年至1996年间致张寒朗的多封信中，随处可见他对此类俗务的幽怨痛恨，兼有对人生苦短、人情纸薄的感叹。这些只言片语都是信手写下，寄给友人，是“独白”或“牢骚”，不曾公开发表或根本没准备公开发表，却无疑成了最真情的“老年散文”，成了最可采信的第一手背景研究材料，其悲凉、无助、深思、忧患，弥漫在字里行间，读来几乎让人揪心扯肺：

……如果逼人的书画债少一点儿，晚年或者稍可轻松些，考虑一下晚年的创作。如今有一股不正之风，即人人要画，处处要画，把正常的创作与思考全给冲掉了。

人稍有名气，附庸风雅者即一拥而上，影响我的正常研究，推脱苦难，是一大苦恼事。

最近冒暑去徐州，又热且累，结果晕倒在电梯里。唉！老年如此处境，人们想到我的只是使用，但真正同情者有几？一旦死去，也就树倒猢狲散了！回津后感冒又兼拉肚发烧，至今未恢复，一切事都懒做，书画债如山积，一提写画，不但少兴趣，倒成了苦差事。

……来函来访一个题目，不用问，就是要字要画，可见人情之薄，似乎除此之外，便无话可谈了。在日本二年，日人无索字之习。

……到处邀请，我都不敢去，去了活活把人累死，还是有应酬不到而得罪了的人，不如一切不应酬……你想我们的有效年龄已不超过二十年，多么短暂，还能随便虚掷吗？

现在方知成名是一大苦事，有谁得知？看了反映溥仪的电影，知做皇帝也是苦事，可见平民乐趣大，但人还是愿追名逐利。下届选举，当争取息肩以事笔墨。

……我的困扰你都知道，血压、前列腺、心脏、关节（腿上有些静脉炎），表面看挺强壮，实际暗疾不知何时窥伺，待机袭我也。现在看老年应以身体为第一了，你说是吗？虽对故乡穷于应酬，但我不是“印刷机”，仍有不满处，奈何！

……榴花节的热情邀请，我不能去，一是有事，二是从你的角度不会想到我的处境。我还未去枣庄，段书记便亲自送来两本册页要画，我去枣庄，累不死也得扒层皮下来。年纪大了，实在不能适应这样多的勒索了。

到医院做CT复查，脑部原出血处已愈合，但又发现新的问题——小脑萎缩，难免引来痴呆病，现在脑力不足，忘事很厉害，不知发展如何。如果成了植物人，那可真是悲剧一场。

……唯现在走路一条腿很沉，且难掌握平衡，东倒西歪，来了自行车、汽车之类，老早停在一旁，毫无应变之能力，迈小步更难，倒是迈大步还可以，不知这是一种什么样的偏瘫病。左手麻木，大小指最不听话，所以解衣扣困难，老病交迫，奈何奈何，故已于今冬自号“黾翁”了。

……如今是树大招风，到处题词写文，已没有余力画东西，所以一件新作也没有。有的违心应酬，自己也都看不上，加之肩部不灵活，又减去许多兴致。

进入21世纪后，王先生的白内障愈加严重，并出现了眼底黄斑出血，举笔为艰，只能凭感觉下笔。在2001年9月致老友张寒朗信中，王先生再一次谈到疾病对他造成的忧烦：

近来白内障导致目昏神倦，因技艺荒疏，又加“叩门恐慌病”，不能持续于作画，故为台湾画鱼连作三张均告失败，最后换纸勉强成幅，也不见佳，可见我现在创作之难了。

在2002年10月致友人田双信中，王先生说：

……老朽目翳，查为白内障，倘使成熟，方可手术。人老是最大的人生悲剧，最后一个悲剧便是死亡了。

我年迈之后，不仅目翳严重，且忘事严重，拿着放大镜写信，很不方便。中青年往往意气太盛，伟人尚不能免，何况凡俗之辈。

在2003年5月致友人王欣荣信中，王先生说：

自牧为人厚道持重，可以与之交……目前，青年作者大多数对我看作是“一张卫生纸”，一次性使用，我多不与他们周旋了。

在2003年7月致友人田双信中，王先生流露出了更为悲观厌倦的情绪：

……自眼病后，读书写信极少，望八之年没有多少乐趣。孙犁晚年凡接来信既不拆封，也不阅读，人老就是悲剧……最好老人罹心脏猝死症，便可快速了断，同时也无畏无惧了。

老学者文怀沙翁来访书斋，进来些杂乱人等，顺手将黾翁哲学书稿窃去，近时心情殊多不快，更不愿多接近闲人杂人。

摘引到此处，我已有心力交瘁之感。反复翻阅《王学仲评传》(张寒朗著，中国文联出版社1999年5月版)和《黾园书简》(王学仲著，徐明祥、自牧编，青海人民出版社2004年3月版)，寻觅到的痛苦和忧郁远多于喜悦和矜傲，尽管这痛苦是“高贵的”，这忧郁是“明朗的”。

王先生的书信，特别是晚年手札，其寂寥心境、被索讨遭遇、事态洞悉和病痛体察，与同在津门寂居了几十年的文学大家孙犁极似。

生活简朴低调，坐着一辆人力三轮车来来去去

王先生年纪大了，身体又多病，本该彻底颐养，但他闲不住，仍每天专注工作，指导研究生、写字、画画，往返忙碌于居所与黾园之间，用实际行动诠释着“不敢告劳”的“黾学精神”。

王先生平时坐的椅子比较高，有些像酒吧里吧台旁的高椅。概因黾翁有腿疾，伸缩不便，故特制以就之。

在日常中，王先生奉行古风，性近简朴，饮食粗糙清淡。他为山东作家自牧写过一幅字：“佳肴常吃豆腐渣，好友多交齐鲁人。”

他这样描述自己的状态：

> 我一生很尊重墨子，重实践而不尚空谈。为了追求艺术的上进，我不讲吃、不讲穿，什么苦都可以受，重国之大家而忘记小家……

天津学者金梅在接受我们的链接采访时说：王先生是谦虚低调的人，做到了“淡泊名利”“大隐于市”，在天津各种媒体上长期见不到有关王先生的个人报道，这确实是只有大家才具备的风度。

王学仲艺术研究所在读硕士生崔之进来自安徽马鞍山，她告诉了我许多鲜为人知的逸闻：王先生平时省吃俭用，每天从家里到研究所的交通工具仅是一辆破旧三轮车，天气好时就步行走到所里；外套总是一件发灰的中山装；八十高龄还坚持每周给研究生上两节课，即使是寒冷的冬天也不例外；老师常劝导学生们要静心做学问，多看书，多练习，少享受，不要向家里多要钱，不要被物欲淹没；王先生常说的一句话是“人爱热闹，我爱枯燥”……

2004 年 11 月 26 日，全天日程安排得相当紧凑：上午，内蒙古卫视“蔚蓝的故乡•顶级探访”节目组到王先生寓所拍他读书、打电话镜头和一些老照片，还到研究所二楼拍书库；中午，王先生在校内的留园餐厅请大家吃饭，参加午宴的有节目组编导孙鑫、温馨，摄像范有涛、郑荣，灯光师张昊，山东作家袁滨，学者金梅，编辑于明夫；下午 4 时许，在黾园客厅内专访王先生两小时；晚 6 时后，在黾园大画室内拍王先生上课、辅导情景，崔之进、富斌、虎口信一等 6 个中日研究生到场听课，一直拍到 8 点多才结束。

次日上午，我们在天津大学校园内拍摄王先生湖畔散步、闲坐的花絮，继到黾园大画室内拍王先生作画。赶上王先生身体、心情都好，格外配合，在大画案上神态怡然地泼墨，画了一幅兰花小品，大约只用了 20 多分钟，兰花的清逸毕现于宣纸。画毕，王先生题跋其上：

> 幽兰长僻谷，阵阵芬芳溢；移植出山来，香风应勿失。为内蒙古电视台顶级探访栏目而作，八旬

黾翁王学仲诗画，甲申冬小雪节。

一切妥当后，王先生把画作赠予我收藏。黾翁小诗，韵味堪比胡适的《兰花草》，平白而深永。这真是一份难得的大礼。厚道的黾翁，用这种兼得方式，非常含蓄地答谢了我们对他的专访。

黾翁中午回家时，依然坐他的三轮车，由两位健壮细心的后生护送。他把这辆每天来来去去接送他的人力三轮车，戏称"我的绿色环保专车"。

从黾翁走出黾园大门开始，我就叫摄像师范有涛、郑荣进行跟拍。车子动起来，镜头也跟着摇移、拉开，最后形成一个电影一样的长镜头：三轮车越走越远，面朝后坐着的王先生向我们微笑，并缓慢地招手告别……

可爱可敬的黾翁，再见了。希望以后有机会还能与您相晤。

2005年11月1日至10日，根据电视采访素材和相关著述，断续研读整理写就。

编者按：作者系内蒙古电视台记者、首席编导、作家

移苗图

啸傲江山一黾翁

赵建忠

王学仲先生逝世快一年了,但先生的音容笑貌总是挥之不去。

去年中秋后,我赴大连参加古代小说研讨会,一位来自扬州画派书画院的代表黯然地告诉我:“刚得到王学仲去世的消息,请您转达我们同人的悼念心情。”他还赠送我一份先生题写报头的《中华书画报》。学仲先生恰好米寿,他因病住进医院我也知道,但听到噩耗还是觉得有些突然,直到当晚拨通先生高足赵士英老师的电话求证,才不得不相信这个事实。

与学仲先生的结缘始于1992年,那时我还在中国艺术研究院读红学研究生,一位美术专业的师姐论文答辩时,院领导、美术史论家王朝闻请了学仲先生作答辩委员会主席。那次先生听说我来自天津,就聊了很久,还邀请我去他的寓所,但因隔行如隔山,怕难找到共同话题,我很久都没有去。直到有一次,周汝昌先生委托我带给学仲先生一本书画合璧的红楼新书,我才第一次叩开了坐落在天津大学的“黾园”大门。以后去的缘由,主要还是充当汝昌先生与学仲先生间的“信使”。交办完正事后,学仲先生有时也留我聊会儿天,谈得最多的是红楼诗词,记得有次还送我一本《王学仲旧体诗文选》作纪念。人们皆知学仲先生以书法名世,然其绘画有相当造诣,旧体诗词功夫亦属一流,惜为其书画之名所掩。学仲先生的题画诗如清代郑板桥一样,并非对画的简单注解而是生发,拓展内容的同时也深化了意境。正是这种大胆革新,学仲先生成功地开创了中国新文人画派。

艺贵创新,学仲先生创立“黾学”,初衷正是通过“去陈务新,黾勉进步”来实现其学术文化的追求。他告诉我,若要创新,在“外师造化,中得心源”的同时还应该“师古”,十几岁时,学仲先生常到曲阜、泰山等地访碑问古,搜奇览胜,眼界大开,为其后来的书法创作奠定了坚实的根基。考入中央美术学院后,徐悲鸿先生认为他将来必成大才,挥笔称赞:“呼延生方在少年,其书得有如是造诣,秉赋不凡,盖由天授,方之古人,在唐则近北海,宋则山谷,明则倪文正、王觉斯,而非赵、董世俗之姿可相并论也。”他没有辜负恩师的期望,终于成为艺术大家。学仲先生古稀之年后书写的“啸傲江山一黾翁”行草横幅,格调高古,苍劲老辣,字如其人,一位饱学鸿儒的脱俗老人形象跃然纸上,令人悟出“黾学”的真谛。

最后一次见到学仲先生,是陪天津电视台新闻主播王晖去采访。近年来,有客来师大,也曾捎过先生口信,要我去“黾园”坐坐。因他年高多病,听说还坐了轮椅,行动诸多不便,我就没再去打扰。想不到,那次见面竟成了永诀。

一份《弟子录》 师生数段情

诸 彪

接到张闯打来的电话:天津大学将在 2014 年 1 月王学仲老师逝世 100 日举行纪念活动并出版纪念文章专集。得知后,作为王学仲老师的弟子的我,第一个念头想到的是那份《弟子录》。

我于 1993 年初在深圳拜王学仲老师为师,收到老师亲自寄来的《弟子录》是当年的 12 月。这份《弟子录》我很少打开它,为写此文再次打开也是仅有的几次之一,更未向任何人展示过,所以很少有人知道我是王学仲老师的弟子。因为我深知,诚如王学仲老师的教诲,当好好习艺做人是要事。我深知,老师为人师不易,我为人弟子,亦不能飘飘然,更不能乱来。师之训,弟子知。

《弟子录》为一张 A4 纸大小的白纸,铅字印刷,而不是打印后复印的,单从这一点上看,足可看出王学仲老师对此事的重视。《弟子录》全文如下:

黾翁于大学一般授课外,业余授徒,为正视听,特辑弟子录,所录均双方认可,其自视甚高,不复认师者不录。

孙伯翔	习书	1970 年秋经胡月介绍拜师于教学楼
贺　成	习人物	1983 年经张之仁介绍师于徐州
顾志新	习书	1973 年经霍春阳介绍拜师于己出楼
闫秉会	习书画	1979 年经霍春阳介绍拜师于己出楼
连增新	习诗词	1978 年经鲁绳介绍拜师于己出楼
诸　彪	习书画	1992 年经孙征介绍拜师于深圳
佘惠文	习书	1988 年自荐信中拜师
林仲伟	习书画	1993 年 11 月 16 日拜师于黾园

黾翁王学仲订　1993 年 12 月(天津大学 王学仲艺术研究所 印)

看着这份再一次打开的发黄的《弟子录》,右下角的"1993 年 12 月"映入眼帘时,深感光阴似箭,此时,师徒已各隔一边。1993 年 12 月至今年 12 月一晃就是整整 20 年, 20 年中,老师的教诲仍萦绕耳边,老师的音容笑貌仍在脑海中盘旋。

与老师在一起的日子总是快乐的,作为入门弟子,我一直有个心愿——想请老师吃顿饭,却始终未实现,这是我今生之遗憾,因为我是位有收入的工作者,非一个在校学生。记得从拜王老师为师后至

2010年间，老师数度南下深圳，都叫张闯通知我见见面。师生相见是个机会，我想，拜师时都未请老师吃顿饭，故而一直想请老师吃顿饭，但是，饭是吃了，老师总是争着掏钱。我仅有的一次带着家人到天津拜访王老师，受到的又是老师热情的款待。此时，我再度感慨，我怀念与慈祥和蔼的王老师在一起的温馨时光，回味老师的谆谆教诲。在天之灵的王学仲老师，学生向你鞠躬。

《弟子录》字数不多，录的是弟子们及其拜师时间地点，但其录下了王学仲老师与弟子间的深厚浓情。

记得在我收到《弟子录》，看着老师亲笔写着我单位地址和我名字的牛皮纸信封时，我想的是，老师真不愧是位对自己对学生对社会负责的一位良师，一股敬意油然而生。我当时猜想着，老师之所以出示《弟子录》，这是否与我拜师后与老师的一段交往漫谈有关？在今天看来，这些都不要紧了。

值得回忆的是为人师的王学仲老师崇高的人格魅力。

话回1993年元宵节刚过不久，王学仲老师在深圳蛇口海上世界（“海上世界”是邓小平为原“明华轮”船改造的旅游景点的题词）“王学仲艺术展厅”举行画展，这是王学仲老师的第一次个人画展。“王学仲艺术展厅”是天津大学王学仲艺术研究所和蛇口海上世界艺术中心联合建立的，亦与展览同时开幕。我所在单位蛇口工业区党委宣传部负责协调此展。我当时在宣传部文化科工作，单位里唯一舞文弄墨的是我，主持操办过不少展览和活动，自然，宣传部部长刁铁军指定我协调这次王老师的展览了。展前的日子里我常跑海上世界，与承办单位的黄天来先生处理展览事务。接洽前来布展的是天津大学的中国画画家孙征老师，他带来了王学仲老师的近40幅中国画作品，看着这些作品，只知道老师是中国书法家协会副主席的我当时诧异一时。

与孙老师在一起，我更多地了解到王学仲老师了。第一次知道老师是徐悲鸿的学生；第一次知道老师原是画家，因种种原因被推上中国书坛；第一次知道王学仲老师是位精于画、长于书、工于诗、擅于文的杰出艺术家。我当时是位自幼酷爱习书画画直至工作的小青年，苦而无师，王老师诗书画文样样精通，令我敬佩之至，慢慢地我对老师的崇敬转由要拜王学仲老师为师的渴望，我向孙征老师表达了我的意思。

画展开幕前，王学仲老师来到深圳蛇口，这是我第二次见到老师，第一次是1992年在深圳博物馆举行的“王学仲书画展”上，只在人山人海中远眺老师容颜。这次的见面给我留下深深的印象，王老师不愧是山东汉子，身躯高大且慈爱随和可亲，言谈面带笑容，论艺深邃精到。无泛泛夸词，尽深深道理。

这次与王老师在深圳的见面，令我的艺术履历中多了值得永远纪念的一笔，那就是拜师。

展览开幕过后的一天，孙老师带我去了王学仲老师下榻的蛇口水湾头招待所。我带了几件彩墨山水小品面见王老师。孙老师向王学仲老师正式提起拜师一事，王学仲老师面带笑容地答应。我从小看过不少小说、电影，拜师均有仪式，于是问王学仲老师：“王老师，需要举行什么仪式吗？”王老师说：“什么都不需要。”他深情地对我说：“既然是我的学生了，好好学艺就是。”我连连点头，表示不辜负老师希望。我对老师说：“很有意思的是，我20世纪80年代初调到深圳蛇口工作时买的第一本书法专著就是您的那本影响中国书坛的重要著述《书法举要》，其中的隶书偏旁例举对我帮助很大。”老师说：“这些年学书的多，《书法举要》销量很大，已经再版了，我乘此再版修正了瑕疵处，不知你买的哪个版本？”老师还说：“其实我是画画的，只因这些年在其位，故而出了此书；我还有1987年出版的《中国画学谱》绘画专著，你可找来参考。”以此为话题他还谈起平生从艺事，从自幼读书、习字、画画到大学，他深情款款地谈起，他在中央美院上学时一次病重，徐悲鸿老师亲书信给他，让他病好快来上学的事时，从老师的神情看到的是：老师无丝毫炫耀意，唯露耿耿感恩情。谈到时任中国书法家协会任副主席又是天津分会副主席时，他说很是忙，又是书坛鼎盛期，应酬多，绘画少，心挂绘事啊，等到从书协完全退位后，将全身心致力中国画创作。此次拜师，我还得到王学仲老师亲笔签字的《夜泊画集》和《王学仲书画旧体诗选》这两本厚厚的精装画册。那次的拜师，我捧着厚重的画册，给我留下深深的印象：从艺不简单，简单非艺事。

好像事隔一天后，我收到老师亲书款“诸彪门人参之”的书法作品一幅：望崦嵫而勿迫 恐鹈鴂之先鸣　王学仲(印两枚)。老师书的这一幅对联，均出自屈原的《离骚》。原来老师不只以书为证认我为弟子，还提醒我艺途遥遥，要乘着年轻抓紧学习，认真学习而勿急躁啊。此后王老师每次到深圳，均带一幅字给我，上面均题“门人或弟子诸彪“款。老师惦记着他的学生。

老师在蛇口展览的日子里，粤、港、澳三地不断有人前来参观画展，拜访王老师的也很多。展览期间，时任招商局蛇口总经理乔胜利等领导热情接待了王学仲老师，尔后由我带着老师和师母在蛇口微波山、赤湾左炮台、宋少帝墓等游玩，留下了老师在蛇口的不少照片，过后，我冲洗了照片寄给了王老师。

在蛇口的日子里，还有不少弟子前来拜见王学仲老师，出于好奇我问王老师在深圳还有谁是你的弟子？老师说：没有，就你一个。但是我们听到不少人自称是老师的弟子、学生，还听到以王老师弟子名号招生办班什么的。老师说：出于对我的尊重，称自己为学生、弟子确实很多的，学生是教学时的学生，在社会上招认的弟子是不多的，比如贺敬之之子贺成，近处的海南也有一个。

是年的12月，我收到了这份《弟子录》。

一份《弟子录》，
师生数段情。
为徒当努力，
告慰老师灵。

癸巳年冬月(2013年12月)初诸彪于深圳湾畔一稿

癸巳年冬月廿三(2013年12月25日)诸彪于深圳湾畔二稿

学生印拙作 老师细点评

——小记王学仲老师在《诸彪画集》的批语

诸 彪

1999年10月，深圳市美术家协会挑选了一批会员出版统一书号的画库个人专集，由海天出版社出版发行，其中有我一本。

深圳美术家画库——《诸彪画集》是一本16开本连封面20页的小集，画册收录我从油画转中国画后1993年至1999年间业余创作的18幅中国画作品。出版该画集时是我拜王学仲老师为师后的第七个年头了，画册印出来当是2000年元月了，我首先想到的是寄给天津的王学仲老师。我一共通过邮局邮寄了两本，算是我拜师后的一次交的作业。

不久我收到了老师的回邮，令我万万没想到的是，收到的是一本满是批语的《诸彪画集》和一本老师作品明信片。拆封一看，从封面到内页，从内页到封底，均布满王老师的点评，令我一介学生既感动又感激。在我2000年2月给老师的回信中我写道，“王老师：你好！收到你寄来我的画集“加评集”了，十分感激。收到后常展页品读，细心领悟，为求尽快修正自己的画路。……老师年事已高又有病在身，但仍为一本不起眼的小集花时细读，提笔对幅幅作品加评、论艺，如此之事，在当今的大家、名家中唯恐不多了。我真有幅。”

以下为老师王学仲在《诸彪画集》上的批语录：

●《诸彪画集》封面《冬日晨炊》一图的批语：首页很富农村生活情趣，可以发展此画风。

●封二批语：诸彪：此册加评寄上，并赠送我的画页小辑以供参考。我在深闭门谢客，从我的内心说，你没请我比请我更高兴，我最怕的是陪吃饭一项，你爱人义（裕）聪帮了老伴的一点忙，是比什么都好的。黾翁附言。

时间长了，你才能知道我的个性，不喜应酬。

●第1页《通什黎族村寨一角》一图的批语：这幅因为棕树（椰树）及房子都有实际写生为依据，故结构立体感均很生动，表现力也比较丰富。创作以此为基础，便可画一些南方山水别具一格的山水画了。

●第2页《先涂三棵树》一图的批语：以后注意树枝干与叶子的交互穿插，树干太粗笨，缺乏真实的结构感。

●第 3 页《森森然万杆林木》一图的批语：此幅黄叶及云气画得很好，从而营造出一点意境来。

●第 4 页《屋前一丛竹》一图的批语：此幅墨气较好，有农家小景的真实感，左角树要有所穿插，宜并列。

●第 5 页《春风拂坡过》一图的批语：颇有南方田野荒坡之景色，空间感也营造得很不错，远山略感凌乱。

●第 6 页《春水萦绕千山碧》一图的批语：现有河南一画家以点法组合山水，虽有新意，但不易发挥中国笔墨，偶然用此法尚可，但不宜长期为目标。

●第 7 页《峡中烟云》：南京张文俊多用此法，注意勿太分散，近处山石应略见皴法结构。

●第 8-9 页《椰林晨曲》一图的批语：此页之房舍分散，结构不如首页之民居。

●第 10 页《静静的山屋凉凉的秋》：此幅颇成笔致，具疏落之趣。

●第 11 页《雨沐青山》一图的批语：此景厚重处颇有黄宾虹之妙，溪流与树干之表现手法区分不大，影响到表现力。

●第 12 页《山中夜雨》一图的批语：此幅用笔颇苍劲。

●第 13 页《椰林炊烟》《山村小景》一图的批语：可以多画些农村山色小景。

●第 14 页《山乡春早》一图的批语：开山裸露，颇（具）写生的真实感，近树树叶缺少组织的真实感。

●第 15 页《客家山村》一图的批语：远景偏实，近、中、远三景最好拉开，方有深度。

●第 16 页《蛇口有荷池》一图的批语：此似没骨法，可多参考恽南田、任伯年色法与墨法，参用写生的真实花与叶。这种画法近代人比较少用了。

●封三《矮矮茅舍 高高椰林》一图的批语：左方棕树（椰树）生根兀实，布置景观不够集中，题字用印亦有分散之感。

●封底《碧山帆影》一图的批语：此幅受新派画法的影响，不容易发挥笔墨的效果。

王学仲老师对画册中的 18 幅中国画作品全部进行了批语。可以看到，老师王学仲在中国画的立意、取材、构图、用笔、用墨、设色等均作了简而精到的论述和点评，给予我一位初涉中国画的学生莫大的启发。也从流利从容毫无修改的笔迹中，体现出老师渊博的学识和中国画艺术观。

老师要我遵从传统，从传统中求，在生活中索：“可多参考恽南田、任伯年色法与墨法，参用写生的真实花与叶”“实际写生为依据……创作以此为基础，便可画一些南方山水别具一格的山水画了。

王老师对于我画中的不足明确地指出：“溪流与树干之表现手法区分不大，影响到表现力”“远山略感凌乱”等。我册中有《春水萦绕千山碧》《碧山帆影》两画，均是写片树叶来表现山中一树的，虽简洁，看似清爽，但王学仲老师给我指出：此幅受新派画法的影响……虽有新意，但不易发挥中国笔墨，偶然用此法尚可，但不宜长期为目标。当时我是不太理解“发挥中国笔墨”，后来我慢慢明白，中国画的精粹处正是笔和墨互动而产生千变万化的画面，而我用之法于山水画而言，却无从发挥笔墨之秒，削弱了其对山水的表现力。

老师在评语中，对我稚嫩的作品更多的是给予鼓励：“很富农村生活情趣，可以发展此画风”“厚重处颇有黄宾虹之妙”“颇成笔致，具疏落之趣”等等。

让我一位初涉足中国画领域的年轻人更有信心地画下去。

可以说，王老师的评语，为我今后的中国画创作指明了方向。随着时间的流逝，自己按着老师画册中的点评指引，不断地在中国画领域学习探索，同时也向王学仲老师学习，对传统中的诗书画印作广泛的涉猎，提升自身修养，在艺途上扎实前行。

这本经王学仲老师批语的画册，陪伴我已经13个年头。随着自己不断的学习，认识的提高，对自己作品也越发严苛，在销毁早期作品的同时也销毁了留存的《诸彪画集》。我曾经有段时间不敢去碰那本《诸彪画集》，心里总觉得后悔急躁出了那本尽是稚嫩的作业性画册。然而，复细细想想，又庆幸出了这本画集，因为有了这本画册，我得到老师耐心细致、毫不保留的批评和鼓励；老师不管在画集中或见面的言谈中都没要我向他学习，而是引导我博学众家；也因这本画集所留下的笔迹，留下了王学仲老师超凡的艺术思想和教学观点，为研究王学仲老师的学者们，为当今文艺批评的评论家们提供了一手好资料。

这本经由王学仲老师点评的画册伴我从20世纪的90年代一直走来，使我稳步成长。可以告慰老师的是，就在我接到王学仲老师逝世百日纪念研讨会的通知后不久，我的个人画展“中原遗风——诸彪客家风情中国画展”于12月8日在深圳博物馆开幕，作品得到了画界专家的好评和观众的注目。这些年来，我多次举办个人画展，作品参加过百次的各级展览和收入画册，出版了个人专集3本。如果个人有所成就或说有那么点成功的话，当感谢王学仲老师一路来的关心和教诲，感谢那本王学仲老师批语点评过而伴我成长的画集。我还要告诉老师的是：学生诸彪仍须努力！

学生印拙作，
老师细点评。
幅幅画旁注，
句句爱徒情。

癸巳年冬月（2013年12月）初诸彪于深圳湾畔一稿
癸巳年冬月廿三（2013年12月25日）诸彪于深圳湾畔二稿

飞天金碧

五艺奇才犹再生

——悼念王学仲先生

周光成

乇翁归西驾鹤去
文曲迎来人间星
欧风汉骨丹青魂
五艺奇才犹再生

2013年10月8日,惊悉一代宗师王学仲先生不幸病逝,甚感悲痛。顿时,学仲先生的音容笑貌,我和王先生长达20余年的交往、友情不禁涌上心头。

那是1986年8月,我受滕州市委、市政府的委派到天津大学拜会王学仲教授。那一年初,从滕州一中老校友、青岛四方机车厂工程师何宝真先生处得知,滕州一位著名的书画家王学仲先生在天津大学当教授。曾在日本筑波大学任教,在日本很有名望和影响。日本友人准备捐资在天津大学为王学仲教授建一所"王学仲艺术研究所",这是对王教授的褒奖、赞扬和肯定。作为王教授家乡的滕州百万人民感到光荣和自豪。滕州市委、市政府领导同志审时度势,计划在家乡也为王教授建一处艺术馆。我赴津的主要任务就是与天津大学领导和王教授、日本友人商谈建馆事项的。当时,我只是感到接受了一项重要任务,但没有想到的是,这是一项将对滕州有着深远影响,为滕州增光添彩的特殊使命。

经过一夜的颠簸,我和何宝真先生、滕州画院院长、广告公司经理刘繁昌先生三人于第二天早晨抵达天津,立即赶往天津大学拜访王学仲教授。叩开门,一位和蔼可亲的老者迎了出来,只见这位老者面容白里透红,闪光的双眸充满智慧,高高的个子挺拔伟岸。当何工向我们介绍后,我和繁昌先生赶快向王教授问好,并转达滕州市委、市政府对王教授的祝福和问候。王教授握着我的手,向我们问好。听着他那几十年不变的乡音,我们倍感亲切,心中不由涌起了一股崇敬之情。落座后,我打量这间虽不大但充满文气的客厅,正面墙上,挂着一幅精致的中堂,两边的书架上摆满了各种书籍,还有启功先生、关山月先生为王教授题赠的诗词条幅及王教授与友人的合影。桌上摆着文房四宝,整个房间既整洁明亮又书香气十足,这真是一间修身养性的雅室呀!身在其中,心清气轻,我也好像沾到了一些文气、雅气。

当我们说明来意后，王教授十分动情，一再感谢家乡领导和父老乡亲对他的关爱。他说："我一介书生，离家四十余载，如今已花甲之年，学术上虽小有成就，但无以报答故乡的养育之恩。今天，我这远方的游子见到家乡的亲人，真是百感交集，家乡政府还准备为我建艺术馆，这是我莫大的荣幸，我将用有生之年，为家乡人民服务，鞠躬尽瘁。"王先生的真情流露，使我们十分感动，三个多小时过去了，我们谈兴正浓，何宝真先生趁机为我们留下多张合影。王教授当场给我们写下一幅墨宝"薛北滕南屡问津，远看山色黛痕新"，字里行间，都留下王先生浓浓的思乡之意，深深的爱乡之情。

第二天，我们拜见了天津大学领导，代表市委、市政府对天大领导多年来对王学仲教授的关怀、支持表示谢意，并探讨了双方建馆的可行性和有关问题。我们还会见了正在天津的日本友人安田薰先生，向他热心支持建设王学仲艺术研究所的义举表示感谢。

返回滕州后，我们向市领导汇报了有关情况和在滕州建设王学仲艺术馆的建议和设想。市领导非常重视，认为在家乡为王教授建立艺术馆是为了褒扬滕州的精英，弘扬他们的精神，激励我们的子孙，这将是一笔巨大的精神财富，是惠及后人的百年大计。于是，市领导果断决定筹建"王学仲艺术馆"建馆小组，由市委副书记王裕安同志全面负责建馆工作，我和刘繁昌先生做建馆的实际工作。王裕安同志跑遍全城，亲自为艺术馆选址，审核图纸，经常深入工地指导，繁昌先生从立项、设计、定址、开工到竣工，一直都在工地上，为艺术馆的建设立下了汗马功劳。天津大学建筑设计院的设计师邹德农先生和孙国玺先生多次到滕州现场考察，很快拿出了比较满意的图纸和模型。王先生的亲传弟子、画家路怀中、安旭先生专程到滕赋诗作画，并为滕州画院人员辅导，使大家受益匪浅。

1987 年 8 月 10 日上午 8 点，王学仲艺术馆在滕州风景如画的龙泉塔下、荆河岸边正式开工奠基，枣庄、滕州市领导、天津大学领导、天津警备区周白为副司令员及各界代表为艺术馆奠基。王教授激情致词，表达他对家乡政府、人民的感激之情，他的真情，赢得了全场经久不息的掌声。王先生即席吟七律两首，其中一首为"生平自号滕乡民，梦效公卿四十春。梓里布衣何必绣，天涯逐食难忘贫。老来喜作归巢燕，醉后同簪离菊新。画馆建成期有日，满城花映荆河滨。"他的诗作，大气磅礴，既表达了他对故乡的眷恋，又展现了他对乡亲的深情。

第二天，我陪王学仲先生、周自为司令员到峄城石榴园参观浏览。在千年石榴王大树前、在贾三近（《金瓶梅》作者兰陵笑笑生）书屋前、在榴花仙子的塑像前，王先生诗兴大发，唱吟出多首脍炙人口的绝妙词句，使我大受裨益，真正体会到大师的风采。

建馆期间，我和繁昌同志又多次赴天津，和王教授协商建馆中的一些问题，王教授也多次给我来信，提出他的一些意见和设想，提醒一些应注意的事项，对馆的建设都起到了很好的指导作用。

经过半年的紧张施工，一座乳白色调的庄园式建筑展现在龙泉塔下。只见青瓦白墙，青竹夹道，小巧而不失典雅，大方而尽领风骚。人们驻足观看，都不禁赞叹她的艺术美，古典美，协调美，风光美。

1988 年 3 月 15 日，在欢快的锣鼓和震天的鞭炮声中，"王学仲艺术馆"建成开馆，各级领导，省内外艺术界知名人士，以及日本东京翠青会会长本田耕堂先生和奈良雪心会会长今井凌雪先生为团长的日本代表团欢聚一堂，共庆这一盛典。

天津大学"王学仲艺术研究所"和滕州"王学仲艺术馆"的建成，是对王学仲先生艺术成就的肯定和褒奖,是对王教授献身艺术事业的生动体现。南馆北所,遥相生辉。而且,王学仲艺术馆是全国唯一为在世的艺术家建立的艺术馆,开了全国的先河。

艺术馆建成后,举办了几十次全国性的书画展览,迎接数十万中外宾客前来参观,在全国引起强烈反响。王学仲先生多次回乡,都盛情邀请我相聚。王先生的渊博学识,淡泊名利,王先生的热情、谦恭、高尚品德,王先生的勤奋忘我、勤勉敬业都使我感动。

1987 年 10 月,由天津大学、广州美术学院、中国美协广东分会、中国书协广东分会联合主办的“王学仲书画展”在广州展出,关山月先生亲书展幅。王学仲先生给市政府和我发来请柬。热情邀请我们观展。但由于当时事务缠身,没能赴会,只能发去一份贺电,至今想起,还感到十分遗憾。

1992 年 11 月,“王学仲艺术国际研讨会”在北京人民大会堂广西厅隆重举行。我有幸参加了这次研讨会。时任全国人大常委会副主任王光英等领导同志莅临大会。与会艺术家一致赞扬王学仲先生的高风亮节,肯定王先生的艺术成就。认为王先生“东学西渐,欧风汉骨”的学术思想是书画界的一大创举,形成了黾学的学术体系,而且他提出的“扬我国风,励我民魂”的豪言壮语,更代表了我国艺术家爱国爱民的伟大情怀。大家一致认为,王学仲教授是现代当之无愧的艺术家、教育家、社会活动家。通过参加这次国际研讨会,使我更进一步加深了对王先生的了解,王先生的“大我”形象,永远铭记在我的心中。

2002 年,我得知王学仲先生获俄罗斯美术研究院院士称号,即向王先生发出贺电,不久,王先生即给我回信,并寄赠条幅墨宝。字里行间都抒发了王教授对家乡、对友人的关爱,令我感慨万分。

王学仲先生是滕州人民的骄傲,是我学习的榜样,是我的良师益友,我为结识王先生而高兴,更为与王先生的友谊而自豪。现在,王先生走了,但他的精神长存,他的艺术长存。所以在得悉王先生逝世的噩耗后,悲痛之时我写了一首不像诗的诗,以寄托我的哀思。需要说明的是,人们都称王先生为“诗文书画”四艺俱臻的艺术家,而我却认为王先生的制印篆刻艺术也堪为一绝,所以我称其为“五艺奇才”。

愿黾翁走好,黾学流芳,请曹老师和家人节哀。

蓝衣飞天

恭送黾园主人 怀念王学仲先生

左 森

王学仲走了。我们悲痛，我们怀念，他求知不懈的精神和书画诗文，是永远活在我们心里的宝藏。

王学仲先生，号夜泊，是我多年的邻居。夜泊的画，号称奇画、怪画，起初似乎有人不赏识，后来却渐渐被他画中深厚的艺术境界陶醉。王先生经常在楼前，晾晒他的奇画怪画，我经常在他的画前流连忘返。王先生只是看看我，并不作任何解说，意思就是让我去欣赏评价。为了读懂王先生的画，我搜集了他的有关资料。1981 年，王先生到日本讲学，出版了《王学仲书画诗文集》，送我拜读。我看到香港报纸对他书画的介绍，反复阅读他的书画选，渐渐地被他立意的新奇、深沉的意味所感化，被他传神的艺术所吸引。我陶醉在他的艺术里。王学仲经过多年的艺术实践，在水墨、漆墨画和漆书方面，取得辉煌的成就。他的漆墨画《荷塘蛙鼓》，用淡墨泼写石、荷，用色漆描绘近处荷花与青蛙，并用深漆勾提，绘出了一片荷塘情趣，具有强烈的艺术感染力。漆书《自书诗》和《飞龙》，凝重深厚，别具一格，颇有“汲冢风情”。王学仲精于画，长于书，工于诗。他的书画多次在日本和东南亚各国展出，影响巨大。

我经常拜访王先生，他的夫人对我这个老邻居十分热情。王学仲的书房门楣上挂着精致的烫金匾额“己出楼”，是日本汉学家今井凌雪的篆体字。王先生十分推崇韩愈的一句话：“惟古于词必己出，降而不能乃剽贼。”“己出楼”这三个字代表了王学仲一生的艺术追求，这就是不因袭前人，独辟蹊径。我为此写了一篇散文《王学仲的“己出楼”》，发表以后，送王先生看，王先生淡淡地说了一句话：“不是光说，得看实践！”王先生多有自创。他的漆墨画用的半绢半纸，是他到夫人家探亲，从手工造纸有所发现，纸浆凝结后，一揭一片，将其粘在绢上，便于涂上釉色用墨书写，具有宣纸作用。他所用画纸也不寻常。

王学仲是山东滕州人，在风景优美的荆河之畔、龙泉塔下，建成一千二百平方米的王学仲艺术馆。日本友人捐资在天津大学建成的黾园，是王学仲工作几十年的天津大学的“王学仲艺术研究所”。门楣“黾园”，是王学仲的题字，龙飞凤舞，与天津大学专家楼他书写的“沁园”二字，遥遥相映。黾园建筑分前后两个楼，中间有庭院，东侧是竹园，南面是花园，门前是花坛。黾园处于花草丛中，自然美掩映着艺术之美。王学仲告诉我，黾，取诗经“黾勉从事，不敢告劳”之意。我写了一篇散文《黾园——王学仲艺术之家》，发表以后，王学仲说：“谢谢您记着黾园。”

王学仲曾经来我家两次，送我一幅画一幅字。他没有一句客气话，只把字画交给我，跟我母亲聊了聊家常，就离开了。他的《双鱼图》，是他留给我的永久的纪念。

我的老师王学仲先生

崔寒柏

第一次见到王学仲老师是在1976年,唐山大地震过后,老师从地震棚刚刚搬回家中不久。直到2013年老师去世,算起来师生相伴有36年了。这是一段人生的因缘,给了我无限的导引。具体到技能和方向,抽象如感觉和审美,都是我终生难以忘怀的恩遇。时至今日,老师当时的言语与神态依然常常在我的脑海中浮现。这也是我对老师的尊重和认真学习的态度使然。

老师逝去后,一直想写些什么,可是头绪太多,生活又在扩展期,找不出大块的时间,幸好有书法报的约稿,时间要挤也就挤出来了。

我的小学是在“文革”中度过的。当时,传统中的老师概念已经不那么清晰了。正因为在课余的时间我遇到了王学仲老师,后来又上了少年宫书法班,这才让老师这一令人无限尊崇的形象真正建立在我的心中。当然,今天我自己也有幸被学生们称作老师,所不同的是王学仲老师并不像我讲得那么多,正是因为这样,才培养了我独立思考、自主领悟的能力。

王老师的弟子遍及全国,这与老师所处的时代有着密切关系。“文革”刚过,能坚持写字,而又学有所成的老师不多。大家把书法家这个概念泛化了,真正的书法家不是字写得好便可称“家”,书法的书写很重要,写得好也不容易,但要称“家”就不那么容易了。当代人用词泛滥,搞得大师都不值一文钱,书法家更是满天飞,让人无所适从。真正的书法家要在书写上突出,那就是要写得好,这种好不是平常人讲的写得好看,而是要在和谐的感觉中表现出丰富的蕴含,要在不同的时段都感动和打动观者,这即是书法的艺术性;要知法、通法、研究法,要对书法知之来晓之往,通彻奥理,讲得明了;卓然而成家,就是前无古人,无论是书写的风格还是对书理的探究都有自己独到之处,不践古人但蔚为大观。当此者再问世人又有几人可以称“家”呢?王学仲老师就是真正的书法家。

经我前一位老师、天津美院老院长高镜明先生的极力推荐,我与父亲来到了王老师家中。第一次见到王老师时,虽然心里有些激动,但是初生牛犊不怕虎,当父亲命我在老师面前写几个字时,十三岁的我毫不胆怯地接过老师递过来的笔,在老师从桌下拿出的三开宣纸上从容地写了起来。老师的第一次指导就是纠正我在横折后没有顿转笔毫而用侧锋完成了竖画。老师第一次肯定我的是我用笔和字形放得开。第一次让我继续研习的字帖是借我临摹他家祖传的原拓《李邕李思训云麾将军碑》。唐山地震后,我全家暂住在天大一村旁的临时住所中,走着去老师家不到20分钟。那时没有电话,经常有跑过去一看,老师却没有在家的情况。早期的临写老师还有时间用红墨水勾画,当时老师再三强调李北海的字有如“铁画银钩”。

后来自己当了老师深悟到王老师让我认真学习此帖的用心。此帖的笔力惊人，斜中取正，走势突出，姿态俨然。老师曾精研此帖，而历代大家又有太多的人从李邕处得晓天脉，纵观柳公权、苏、黄、米、赵孟頫、董其昌、毛泽东的书法，无不从李字中受益。李邕的书法以行楷为主，据说自写自刻。习此书脉深可入碑（入纸），腾可依势横飞，溯可直入王室，贯可罗列纵览古今。得此碑意，可谓老师给我的第一个福利。

老师不善交际，也不肯交际，心中自有文人的傲气，担任书协的领导以后多少消磨了些文人的傲骨，但一旦沉浸到自己的书画世界里，那旷古的山岳之气便油然而生，生僻而不近人情处便随处可见。我敢说直到今天老师被授予兰亭奖终身成就奖，真正能读懂老师的作品的人寥若晨星，包括绝大多数的"书法家"们。我没有通过老师建立多少关系，但是老师的一个重要品性却改变了我的一生。那就是创新和敢于否定过去的学术理念。

我从 1966 年开始摸毛笔，想的就是学习，这种学习方式是传统的，培养的是因循。这种观念一直到我见到王老师后才渐渐被改变。老师讲到西方的一位画家，画了新品就会否定和烧掉旧作，一生都在否定自己，享受完善和改变自己的乐趣。老师和那位画家一样在否定自己，但不同的是老师把每一时期自己满意的作品都留了下来，我想这应该是老师留给人类的财富吧。这种敢于否定自己的过去、勇于创新的精神是我继承先生的最宝贵的财产，它影响了我人生的每个方面。当然心中傲气是学不来的，但有人称我如是时，我也闻之坦然，因为老师也是这样。

在老师存世的很多作品中，应酬字是出了名的。艺术家最可贵处就是要终生保持内心的童真，在进行艺术表达时将这种童真迸发于纸上，这是能够打动人的最基本要素。老师的个性是自我，但又不想令人不快，这种矛盾的心理贯穿其一生，所谓"应酬之作"正是老师心中不甘的涌现。

一次周日的早上，我敲开老师的门，老师正吃过早点准备写字。我先帮老师裁好了四尺三开的宣纸，老师就开始写起来。前几张都抛到了一边。老师也坐在沙发上生闷气，拧着眉，嘴里咕咕不停。一会儿，老师找来了剪刀，把他认为写得不错的字剪下来放在一起交给我说"拿着看罢"。再拿起笔写的时候，每一幅就都像些样子了，只是在落款的地方留下一个空当。等到写好一叠以后，老师从抽屉里取出一个小本来，不情愿地在每张留下空当处添上姓名。嘴里还不住地说我要是把款放在前面，他们会把名字裁去卖掉。几年前我曾去一家画廊小坐，见一伙计兴冲冲地跑进来展示了隔壁某画家刚画给他的一幅画，并毫不掩饰地说："我把上款这么一挖，今儿又赚了几万。"这让我想起了很多书画家不愿意送人书画的情景。上天告诉人类不要分等级，但人们自己非要站队，怪谁？老师知道人们要他的字画去卖，但老师还不得不写；老师还会给每位来信的人回信，包括寄去一些所求的字和画。我的一个同学知道我是王老师的学生以后，掏出一幅老师送他的画给我看，令我惊讶的是，他只是写了一封信给老师而已。老师回信给那么多人，尽管当时邮票费都会在工资中占了相当的比例，但他依然回信不辍。只因为，他高兴，他愿意相信他所面对的都是喜爱他艺术的人。

我深爱我的老师，但保有与老师不尽相同的审美，老师的学生们也没有谁和他写的字体近似。

人生之幸，在有明师！

2014 年 7 月 25 日

本文作者与王学仲

怀念恩师王学仲先生

党禺

2013年10月8日,因参加一个会议,我到达武汉,当晚,突然接到师兄孙国喜的短信,惊悉恩师王学仲先生,已于晨早七时驾鹤西归,闻讯后,情不自禁泪如雨下。

去年夏月,我应《东京翰墨》杂志社约稿,为恩师组织专版宣传稿件,为此我专程前往天津大学探访恩师,却因老人家沉疴在身,到底未能一见,真是遗恨终身。

自津门返京后,我再三捧读从研究所带回来的恩师有关著作,仿佛又回到了在老人家身边求学的日子。恩师的美学思想博大精深,作为弟子虽然不能毕其万一,但是我也在书法艺术中浸淫几十年了,对恩师的艺术成就,当然更加推崇万分;对恩师的美学思想,感触更加深刻。

由此我完成了《王学仲书法美学思想简论》一文,并撷取恩师部分书画图片一并发给了《东京翰墨》,原想等文章刊发后,携了文章再去求教老人家,谁知杂志尚在排印中,恩师竟然溘然长逝。

我与学仲老的师生缘分,要追溯到三十年前的1984年,在首届中原书法大赛上,我因大赛获奖而得以有缘面拜学仲老为师,恩师不弃后学,多方提携,1988年2月,我在河南政法干部学院讲师的任上,带薪进入天津大学王学仲艺术研究所,进修研究生课程,始与恩师朝夕相处,在老人家的耳提面命中,畅游于书画艺术之大海。

恩师的国学功底之厚,是我们这些"长在红旗下、学在运动中"的后辈所无法企及的,他对我们依然寄望殷殷,教诲敦敦。一次,我就诗歌创作求教,恩师随即赋诗以答:

"敢云点铁便成金,遥荷殷殷请教心。
可惜度人无绝技,鸯鸯针失杳难寻"。

恩师的苦心我明白:无论学诗还是学艺,世上都没有捷径,对于陷入文化断层的我们,必须有勇气,肯学习,才能有所成就。

细细想来,天津大学毛园那短短的一年多,其实是我艺术生涯中最为重要的一段经历。在恩师身上,我近距离地看到了他深沉的情感、倔傲的性格、执着的追求、伟大的抱负,也领略了他身上最为宝贵的艺术精神——恩师孤傲奇崛、绝不趋炎附势的榜样,成为我今后的岁月中,历尽苦难而痴心不改的精神支柱。

从这个意义上来说，师恩如父，的确如此。

恩师平时看来不苟言笑，除了教学，与我们学生没有太多交际，但其实他的内心极重感情。

1996 年我的第一部作品集《党禺书画集》出版，恩师不辞劳苦，前后为我三题书签；并亲笔题写了一个褒奖有嘉的序言，令远在南国的我备感温暖与鼓励。

1997 年 1 月，我的个人书法展在中国美术馆举办，恩师不仅亲自为我题写展标，还顶风冒雪，抱病专程从天津赶到北京，参加开幕式和研讨会，并且在会上第一个发表感言，对我的提携之情溢于言表。至今想来，暖意盈怀。

恩师的书画艺术，诗词歌赋，美学思想，成就之高犹如巍巍高山，成就之深犹如滔滔大海，他的艺术承汉魏接晋唐而开新境，以他特有的欧风汉骨，雄强浑穆，构筑起中国书画的新高峰。

他以深刻的哲思，挖掘出隐藏两千多年的"经派"书法，更以不羁的笔触，开创了专属于他的苍茫深邃、雄浑奇崛的艺术形式，成为我们这个时代巍巍矗立的一座艺术丰碑。

作为恩师的弟子，我们是幸运的，在他的敦敦教诲和引导下，一步步踏入艺术的坦途，如今我能够有所成就，那是因为我曾经站在一个巨人的肩膀上面。

恩师走了，走的只是他的身体。他的精神，他的信念，他的艺术，他的思想，留给了我们的一汪清泉，一条大河，我们得以掬清泉以沐芳草，随大河流以聚洪流，凝哲思而成黄钟，以是诗拜祭恩师：

立雪曾记守津门
北洋学子几莘莘
文史哲艺敦敦教
画印诗书日日薰
情深更仰高洁志
恩重岂止绕梁音
北斗忽陨吾何计
恸天痛地泪雨涔
誓立东土厚万丈
敢铸方草随师魂
再论千载经纶事
钝铁练得定海针
径向西天送经去
师尊笑迎黄钟新

党禺泣而跪拜于武汉东湖之滨
2013 年 10 月 9 日 凌晨

缅怀王学仲大师　呼唤艺术巨人

李树森

惊闻王学仲先生仙逝，甚为心痛。2011 年有幸专访先生，至今音容笑貌，依然浮现清晰。先生几乎常年拒绝媒体报道，那次是得知我发文提出“多元”环境下的“强元”创新理念后才破例接受采访的。后先生为建设中国书画“强元”寄言：“中华文化复兴，是全世界每个中华儿女的责任。”对此理念给予高度肯定，对文化艺术“强元”工程寄予厚望。那天先生较详细地听了我介绍正主持开展的旨在拨乱反正、正本清源的中国书画“强元”建设工程，很是高兴，谦逊地双手拱揖，连声：“好、好，谢谢、谢谢。”出门时家人告诉，先生已数月无笑容，今天笑逐颜开。

观当今书界，乱象丛生。沽名钓誉者尽享荣华富贵；滑稽表演、掩耳盗铃者不知自丑何以复加；欺世欺人者大肆招摇天下；更有为了官位或“荣誉”，争破头颅，其中的尔虞我诈、不择手段，使得书界乌烟瘴气，更带坏了整个艺术环境与氛围，使得中国的文艺复兴不知何所从也，何所在也，时所何也。

可叹学仲先生，一生不争名，不图利，学风务实，严谨守身，境界超凡，著作等身，成就斐然，是当代真正名副其实的学界泰斗、艺术大师，其操行品格自当垂范千古。然其深厚的学养、高贵的品格、卓越的成就，竟未能感召国人，倒是被遥远的海中岛国东瀛日本视为座上宾，被他折服，恭拜学习，并自愿出资在天津大学为其修建“王学仲艺术研究所”，相比之下，国人当深刻反思，更要自醒。

何以我们当代难出文化艺术之“巨人”？我自认为不是没有，而是需要怀着一颗纯净的心，去发现、挖掘、推崇。推崇我们民族真正的文化艺术英雄巨人，寻找我们真正的文化艺术精神，赋予他们应该拥有的话语权与尊重，进而让真正的文化艺术英雄巨人，给予我们进入崭新文明社会的精神、价值观与信仰，为中华民族伟大复兴，为迎接中华盛世奠定牢固的人文精神基础。

大师，安息吧！时人不识君，自有识君人！

有朋友相告，说 10 月 9 日的深圳报业集团的《晶报》“人文正刊”以整版报道缅怀学仲先生，并长篇摘选转载我于 2011 年 12 月 2 日整版发表于《人民日报》(海外版)的学仲先生专访文章，并被众多网络媒体全文转载。有所安慰，似正义犹在，但愿不是恍惚。

永远的怀念

——纪念王学仲先生逝世一周年

孙士华

2013年10月8日7时，享年88岁的王学仲先生在天津病逝，举目北望，他老人家永远地离开了我们，泪眼送恩师，回首往事，逝去的岁月在我的脑海里浮现出一幅幅与先生交往的画面和追随的足迹。

1988年3月，建立在家乡滕州荆水河畔，龙泉塔侧的王学仲艺术馆举行隆重的开馆典礼，我作为一名美术爱好者购买了一本先生新出版的《中国画学谱》，怀着崇敬的心情请先生签字，当时先生63岁，西装革履、学者风范，他热情地为我签字后还介绍身边的日本著名学者、书法家今井凌雪先生在书上签名。那是我第一次与王学仲先生近距离接触、交往。

1993年4月，我由滕州电影公司调入王学仲艺术馆工作，任副馆长。当年秋天，大病初愈的王学仲先生回家乡为父母扫墓并来到艺术馆，那时的先生左半身行动不便，走路还需人搀扶，但先生还是在会议室与全体工作人员谈艺术、谈人生，讲了很多，使我加深了对先生的了解和敬佩。

1999年3月，我任滕州王学仲艺术馆馆长，因艺术馆主展厅房顶为木质结构，历经十几年风雨已严重漏雨，停止对外开放。在政府财政紧张、维修拨款有限的情况下，我率领全馆职工参与施工，奋斗了近一年，主展厅房顶更换为永久性钢筋水泥结构，多家租赁的艺术馆西院改建为设有艺术家工作室的书画艺术研究所，馆容馆貌焕然一新。施工期间，先生多次来函慰问，关心地说："盛暑炎夏，全馆亲自上阵冒暑施工，十分感动，特此致函表示亲切的慰问。在施工中希望大家务必注意安全。"即将竣工时，先生在家人的陪同下到馆视察慰问全馆人员，并捐赠资金予以资助。回津后先生来信说："此次回滕看到滕州馆的修缮及亭园美化工作，布局合理、灵活多样，又闻全馆人员通力合作，甚为激动……"修缮后的艺术馆重新开放时，先生又与书画界友好、弟子一齐来滕到馆参加启动仪式。事后先生又为全馆人员写来慰问信："以孙士华为馆长的全体职工同志们：你们好，继去年修缮艺术馆全体奋战一年之后的今天，全馆同志发挥了连续作战、不怕疲劳的精神，又成功举办了这次庆祝活动，馆院景观美丽大方，到处清新整洁，洋溢着浓郁的艺术氛围，这是大家用辛苦的汗水耕耘出来的，为此我向同志们道一声辛苦了。"在给我的来信中，先生写道，"自创设艺术馆以来，你是最有建树的一位馆长，几乎把全部精力投入到馆舍的开辟与重建工作,使馆的精神面貌焕然一新”,“历届馆长均有建树,唯你为馆立下了功勋”。我知道成绩的取得是因为有家乡政府、文化主管部门领导的支持、帮助和艺术馆领导班子、全体工作人员的共同努力,而非我一己之功。领导班子中我特别要感谢王学仲先生的弟子、副馆长马运文的全力协助。

2001年8月,王学仲先生在中国美术馆举办大型个展,这是先生几十年绘画创作的总结,也是先生从艺生涯中规模最大、规格最高的一次展览。先生让我负责部分画展作品的装裱与中国美术馆展出事宜的商谈联络,布展、撤展和展览期间的值班服务等,用先生的话说,“是整个展览活动筹办的副总指挥”。先生的许多巨制佳作都交与我带到滕州装裱后再运回天津,请柬是由毕业于中央工艺美院装潢系的我的女儿亚云设计的。抽调滕州馆副馆长马运文、展览部主任李广兰来京帮助布撤展和展期值班服务。展览结束后先生又让我陪同他们夫妇拜访回谢师母廖静文,老友王琦先生。

2002年我提前内退后,由于割舍不了与先生的情谊,遂决定卖掉滕州的房产、家当来到文化厚重、交通发达,王学仲先生早年在此从事文化、艺术活动,创办《中原艺社》,写下《铜山夜宿》名篇的徐州铜山,在无名山上创建了占地3.5亩,建筑面积1 600平方米的“王学仲艺术展览馆”和“黾学书院”。时任铜山县委副书记、分管文化工作的丁维和先生、负责无名山开发的林业局苏振武局长和具体分管负责人王鑫女士真诚、热心地帮助进行馆院的立项、建设和运营等工作。一同与我赴津拜访先生,诚邀来铜设馆。

2003年4月7日,一个早春明媚的日子里,王学仲先生偕夫人和老友张寒朗、弟子丁玉来来到无名山正在建设中的艺术馆施工工地视察,了解工程进展情况、筹建中需要解决的问题。从馆、院的具体名称、规划到筹建、施工、装修、布展等,无不倾注了先生的关心、支持、帮助和鼓励。先生在给其弟子王欣荣的信中写道:“孙士华为建徐州馆卖了自己的房子,还向银行贷了款,他之于我等于魏万和李白,他又铸了个‘黾子铜像’树于徐馆二楼,如此义举令人感动不已。”先生提到的“黾子铜像”是我拜托山东艺术学院雕塑系主任池清泉教授历时数月精心创作完成的。他是滕州人,出于对王学仲先生的敬仰,未收取任何费用。徐州馆整体建筑设计糅合了天津大学王学仲艺术研究所和滕州王学仲艺术馆风格样式,粉墙黛瓦、馆园合璧,布局疏密相间,极富东方文化风韵。展厅二楼陈列了一幅我绘制的艺术展览馆全景图,王学仲先生在这幅图中题写道:

无名山接筑波郡,黾学弘扬仰后昆,滕人孙士华馆长发扬老仆黾学积毕生之力建成王学仲艺术展览馆,零三年竣工绘成斯图,復请师母廖静文、文史怀沙榜书其眉,黾翁王学仲为题记以誌始末,孙士华图,王学仲记。

2004年5月11日至12日,王学仲艺术展览馆开馆、黾学书院成立典礼在风景秀丽的无名山隆重举行,“策杖扶雪出津门,无名山上唱大风”。王学仲先生携家人、邀友好、率弟子一起来参加。中国书协、中国美协、天津市文联、天津大学领导、专家,徐州市、滕州市、铜山县党政领导及俄罗斯、日本、澳大利亚、新加坡等国的知名学者出席了开馆典礼、黾学书院成立典礼和在展览馆学术报告厅举办的第一届“黾学国际研讨会”。世界教科文卫组织、中国书协、徐悲鸿纪念馆、新加坡书协、天津大学、中国通俗文艺研究会等团体和廖静文馆长、冯骥才先生等发来了贺电。国内外众多书画名家用自己的佳作表达衷心的祝贺。经王学仲先生提议，聘请廖静文为黾学书院第一任院长，文怀沙为名誉院长，朱铭、赵铁信、王朝瑞、贺成为副院长，孙士华为秘书长。结集编印了《黾学国际研讨会文集》。《光明日报》《中国书画报》等报刊、电台、电视台都作了专题采访和报道。

自黾学书院成立、王学仲艺术展览馆开馆，十年来，一直坚持免费对外开放，接待来访学者、艺术家近千人，观众达六万多人次，先后为中外艺术团体和个人举办展览、学术研讨会数十次，征集学术论文 70 余篇，将黾学研究文章、图片、美术作品数百件推荐到中外 30 多家报刊、电台、网络媒体作宣传、介绍，为弘扬传统文化，研究和传播黾学作出了应有的努力。2005 年与李可染纪念馆一起被评为“徐州市爱国主义教育基地”；已有中国矿业大学艺术与设计学院、江苏师范大学美术学院、徐州工程学院艺术学院、江苏建筑职业技术学院建筑设计与装饰学院分别在馆、院设立“实践教学基地”，许多中小学和老年书画大学的书画课临时开设到王学仲艺术展览馆展厅。徐悲鸿先生长女徐静斐教授曾莅馆题词：“彭城添明珠，淮海起兰亭。”

鸦去高枝我去家，清霜一席静无哗。
寒蝉泣露河星落，啼破荒鸡满月斜。

这是 1946 年春王学仲先生客居徐州，夜宿铜山中学时所作七绝诗《夜宿铜山》。先生早年就与徐州结下了不解之缘，曾与张之仁、卓启俊、王容惠等书画家创办《中原艺社》，在《徐州日报》《中原日报》开辟“艺苑”“艺潮”等专栏，2006 年 6 月先生来到无名山，又夜宿铜山，岁月匆匆、感慨万千，奋笔写下《再宿铜山》：

六十年前登鹤亭，黾翁书院草青青。
老来重拾庄生梦，夏雨槐花落满庭。

2006 年 6 月和 9 月，2007 年 10 月，王先生偕夫人数次到徐来馆小住，其间访问了李可染纪念馆、张伯英艺术馆、建筑设计与装饰学院，游云龙湖，坐缆车登云龙山，到地方特色饭庄小吃。在居民小区遛弯，先生像是在寻觅岁月的遗痕和对哲理的探求。最喜幽林“野逸”处，无名山上思“蔽明”。“弱冠赋诗在此间，八十三游到铜山……”这个时期在先生的书画题款和印章（“无名山人”“黾学书院山长”“黾学山长”“铜山黾书院”）中时常出现。

2007 年 8 月，王学仲先生被聘为俄罗斯美术研究院荣誉院士，并应采列泰里院长邀请到莫斯科举办画展，先生因年事已高不能亲往，让徐州黾学书院与俄方签约、组团，我任代表团团长率团赴俄办展。先生赴俄展出的绘画作品有丈二巨制，亦有尺幅小品，全是经先生精选的代表性作品。俄罗斯美术研究院珍品陈列厅是俄罗斯规格最高、对展品水准要求最严的艺术品展厅，中国画家的作品还是第一次应邀免费在这里举办。我国驻俄使馆文化参赞、俄中友好协会会长、俄文化艺术界知名人士、华侨代表等出席了隆重的展览开幕式，俄国家电视一台及电视二台、《俄罗斯共青团报》、《真理报》、华文《环球时报》等传媒作了现场采访和报道。俄罗斯美术研究院采列泰里院长在会见我们代表团一行时说:“我的好朋友、俄罗斯美协主席西德洛夫率团在中国举办画展时曾慕名到天津大学拜访王学仲先生,他说‘欣赏王学仲先生的国画作品,就像听着中国国歌的旋律,令人心潮澎湃’。正是在他的提议和介绍下,美术研究院院委会议上全票通过了聘任王学仲先生为俄罗斯美术研究院外籍院士。俄罗斯美术研究院成立于1757年,至今已250年,总共只聘请了30位外籍院士,王学仲先生是其中之一。他的艺术成就是东方优秀文化的结晶,是当今中国最伟大的文人画家,一位真正的艺术巨匠。”美术研究院资深院士,著名汉学家、美术评论家维诺•格拉多娃•娜杰日达女士20世纪50年代曾多次访华,结识了徐悲鸿、齐白石等,潘天寿先生曾邀请其到杭州访问。在俄先后翻译出版了《徐悲鸿》《齐白石》《潘天寿》《蒋兆和》和《中国和日本艺术一百年》、《世界艺术史》中国卷的编写。85岁高龄的老人自己亲自做菜,在她家中热情宴请我们代表团一行,她说:“因为你们是代表王学仲先生来到俄罗斯。”在王学仲先生画展举办期间,她几乎每天都来到展厅向媒体和观众作介绍:“王学仲是当今中国画坛活着的徐悲鸿、齐白石、林风眠……。”美术研究院院士、秘书长马洛列特阔夫评论说:“王学仲先生是一位哲人艺术家,他在作品中通过描绘的山水、人物、花鸟等给人以启迪、沉思和联想,反映了其哲人的艺术世界,他的绘画打破了语言的界限,其艺术震撼力是无国界的。”莫斯科电视台二台在对全俄播出这次画展的盛况时介绍说:“这位中国的艺术家这次在俄举办的画展作品涉及的画种、题材、时间跨度及向人们潜移默化描写抒发的真、善、美,在俄罗斯的艺术家中是找不到的。”莫斯科艺术电视台评论说:“王学仲先生的山水画,处处展现了画家爱祖国、爱家乡的情思,他是一位伟大的画家,更是一位伟大的爱国主义者。”美术研究院副院长、著名画家、学者基米特里先生主持了画展开幕式,并推着90多岁的母亲及全家人来参观画展,他对我们说:“看了画展中的作品,我有着想立刻飞到中国拜会和求教王学仲先生的强烈愿望。这是一次高规格的展览,我和我的同事们为王学仲先生被聘为我院院士而感到骄傲和荣幸。”这次应邀赴俄办展代表团由四人组成,团员有:黾学书院学术委员乌里扬诺夫先生、黾学书院名誉秘书长徐小荣女士、黾学书院副秘书长王秀玲女士。其中,乌里扬诺夫先生是俄罗斯著名汉学家、《俄汉大辞典》主编、《闻一多全集》俄文版翻译,前苏联时期曾任《真理报》驻华记者、中苏边界谈判首席翻译。因精通中文,退休后长期在中国工作,迷恋黾学而与王学仲先生交往密切,这次赴俄办展,乌里扬诺夫既任中方团员又是兼职翻译,为代表团在俄开展活动付出了巨大努力。王学仲先生在早年就提出“我们应对自己民族的文化有自尊自爱之心,有推广其走向世界之热忱”,“王学仲画展”在俄罗斯的成功举办,实践了先生“东学西渐”的一贯主张。

应日中友好艺术协会和中国大使馆文化部邀请,2010年9月24日至27日和10月3日至11日《王学仲教授书画作品展》分别在东京武藏野市民文化会馆和京都观峰美术馆隆重举办。我随王学仲先生和家人,天津大学王学仲艺术研究所、天津美术学院、滕州王学仲艺术馆等有关人员组成的代表团一行11人赴日访问和参加画展活动。

从1981年起,王学仲先生受聘执教或率中国书法代表团访问,已先后多次来到日本,拥有众多的友人、弟子和追随者,享有极高的声誉,这次赴日办展就是由多家日本主流媒体作为后援单位而举办的。日本的历史、人物、山水、风情在先生的诗、文、词、赋和书画作品中都有着精到评论、淋漓抒发、尽情咏唱和传神描绘。在东京展中,先生的弟子虎井信一全家开车从琦玉县赶来看望先生,为代表团和布展备好茶叶、饮料，协助布展及等候撤展。大东文化大学教授、日本著名书法家河内利治先生听说王学仲先生腿脚疼痛，跪在地上为先生捏脚、捶腿，敬佩先生可谓五体投地。已去世的日本书法大家上条信山先生也曾执教于筑波大学，是先生同道好友，其夫人97岁的上条贞子携全家和书象会理事长、全体副理事长、审查委员在东京大酒店“楼外楼”盛情宴请王学仲先生夫妇和代表团一行，画展开幕那天一早，老人又让家人推着赶来参加开幕式。

9月26日我们乘车从东京途径箱根和富士山，正像先生在文章中描述的那样“富士山像一个落在地上的飞碟，神奇而朦胧，因为它头顶上是一顶雪花的帽子，而下半部青葱的山色便为夜色所消融”。而我们也恰是在落日的余晖中经过这里。1981年初次访日的王学仲先生曾写下七绝诗《过富士山》：

雪冠云裳烟霭封，为迎远客忽开容。
人间历尽恩仇劫，富士依然友岱宗。

29年过去了，我们陪伴先生又来到富士山脚下，其景其情令人感慨。我看到先生注视着车窗外的富士山，眼神里略显忧伤。

京都，这座日本明治维新前的古城，曾经一度繁华的丝竹金粉，已随着迁都而去了东京，这里只留下孤寂而幽俏的古城。深巷里、细雨中，鱼住和晃教授和泉心会讃岐浩史会长、观峰美术馆代表在日本料理酒店宴请代表团一行。鱼住和晃先生是日本知名学者、书法家、上条信山先生弟子、神户大学资深教授、天津大学王学仲艺术研究所客座教授，在日本出版有各种版本介绍中国文化、王学仲书画艺术的专著，热心于中日文化艺术交流，他多次与讃岐浩史会长带团来徐州馆进行学术交流和举办展览。王学仲先生曾为其活动题词祝贺：

“铜山莲池院并蒂，黾学诛归书同心。”“中日墨缘溯百代，汉和文化本同源。”

在无名山上望月楼、黾学书院宴客厅曾与日方友人举杯相约“扶桑会面酒当茶”，京都有缘、情在杯中，日本的清酒让宾主都有些不太清醒了。

9月28日上午，我们陪先生从京都开车到奈良看望患脑血栓在奈良东医院已住院二年的雪心会会长今井凌雪先生，王学仲先生和他同为筑波大学书法教授，共同度过了两年多的翰墨生涯，成为交往过从甚久的老朋友，“知君笔似樱花艳，何日重逢江户滨”。今又重逢，两位老人双手紧握泪眼相看，88岁高龄的今井凌雪先生已丧失自理能力，亦不能言语，只能靠家人解释。探视归来住大阪，据师母讲，当晚先生叹息不止，夜不能寐。大阪是日本篆刻大家梅舒适先生的家乡，他曾应王学仲先生之邀为徐州馆“黾学书院”题额。从先生处得知梅舒适先生几年前享高寿而仙逝，我怅望海天，无从凭吊。在大阪人工填海修建的关西机场，我们代表团一行陪伴王学仲先生和师母起飞回国。

2013年5月25日王学仲先生大型综合书画艺术回顾展和“王学仲先生作品捐赠仪式暨王学仲书画艺术座谈会”在新落成的天津文化中心美术馆隆重举办，王学仲先生在家人的陪伴下前来参加。由于众多媒体的采访、争先恐后的拍照、热心老友和弟子们的轮番问候等原因,先生有些身体不支,伟平让我把先生推到清静处休息,我推着先生来到展厅外边,此时只有我和先生二人,我帮助先生用纸巾擦了痰液,这时先生伸起手来抓住我,紧紧握着,久久不放开,25 年的相识和追随,没想到这竟是我与先生最后相处的时刻。10 月 8 日噩耗传来,老伴修莲失声痛哭,她从无名山上采来菊花摆放在先生的像前。

故人相逢在彭城,书院建成规模宏。
伉俪携手真堪敬,无名山不再无名。

先生生前留下的诗句是信任、是鼓励、更是鞭策,守望黾翁馆院,用余生报知遇之恩,让逝去的岁月留下永远的怀念。

2014 年 9 月 9 日于无名山

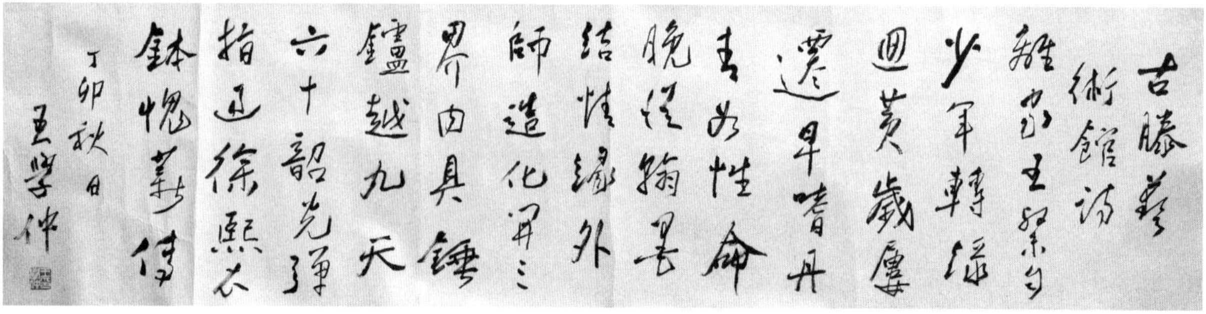

古滕艺术馆诗

非凡之天赋　圣洁之心怀

——怀念我们的慈父王学仲

王峨嵋　王黄山

父亲走的时候，家人并没有马上告诉我，可能怕我太伤悲；抑或遵从父亲的嘱咐：不要打搅任何人。所以我没有机会和父亲作最后的告别。我曾带着许多哀怨埋怨家人，但也深知父亲对我的疼爱。好在今年暑假回国探亲的时候，和父亲一起度过了一个暂短的假期，心里才有稍许安慰。给父亲洗洗脚，推着坐在轮椅上的父亲出去转一转，还像儿时那样，躺在父亲背后睡了一觉，美美的、甜甜的，父亲竟不忍心惊醒我。临离开家时，我用右手揽着父亲的脖子，用右脸贴着父亲的右脸依依不舍地说："爸，我明年再回来看您啊！"父亲坐在轮椅上，静静地望着我，目不转睛地望着我，久久地凝望着我……

父亲1925年阴历九月初六生于山东省滕县（现为滕州市）。远祖在山东临沂，元代迁居滕县，与西晋大书法家王羲之同属琅玡王脉系。爷爷王长祥（履安）能诗善书，著有《履安诗集》。父亲的祖父王振岐及曾祖父王启方都是清代的秀才。祖上各代，书香翰墨相传，工于绘画，精于书法，善于辞赋。深厚的家学，加上父亲的天赋与勤奋，年幼时就跟随表哥苗君实、张寄庵及家中长老习书画、作词赋；青年时期又三度进美院，师从徐悲鸿、吴镜汀、黄宾虹等大师，从1942年至1953年长达12年之久潜心钻研中国书画艺术兼学油画，一生本着"黾勉从事，不敢告劳"的夫子精神及韩愈的"惟古于词必己出"的治学理念，呕心沥血，著书立说，在绘画方面、书法方面、书法史方面、美术理论和美学方面都有自己独到的建树。

比如，在绘画理论上父亲提出画分三体论，把中国历史上不同画风，不同流派的绘画划分为三个体系，即文人画体、作家画体和宫廷画体，并对这三种画体在美学上所代表的三种审美倾向作出了精辟的阐述。

在书法史方面提出北碑南帖之外，尚有经派书系之存在。即"碑、帖、经"书分三派论。

在绘画方面，对传统的文人画，从内容到形式进行拓展和更新，强调画家的道德修养及情操，力求诗、文、书、画为一体的完美结合，建立了具有时代气息、民族风尚的新文人画形象；在书法方面，从用笔、着墨、结构到印章，不断摸索和实践，力求整体的和谐完美并从平面形态中拓展出具有空间感觉的新意境。

在美学方面,积极倡导"欧风汉骨,东学西渐"的艺术理论,以及"扬我国风,励我民魂,求我时尚,写我怀抱"的"四我"主张,建立了东方温雅型的美学体系。

20世纪90年代,父亲所创立的"黾学学派"是融绘画、书法、词赋、历史、美学、经学为一体的哲学理念,是我们穷极一生都解读不尽的艺术观和哲学观。

对于父亲在艺术理论研究上,在绘画、书法、诗文创作上所获得的卓越成就,中外的艺术大师、学者同人都给与了高度的评价。

父亲早年在就读北平艺专(后并入中央美院)的时候,其恩师徐悲鸿先生就曾为他题词,词曰:"呼延生方在少年,其书得有如是造诣,禀赋不凡,盖由天授……"

当时北京的著名木刻家王青芳先生也为父亲题词,词曰:"天壤之间有王郎"。

1987年,在父亲的家乡,滕州王学仲艺术馆落成典礼上,日本艺术界的泰斗今井凌雪先生曾挥毫作诗相赠,诗云:"孔孟之乡,礼仪之邦;齐鲁之才,中国之光。"

1992年,在王学仲艺术国际研讨会上,德国学者霍斯特·丁克勒曾发表论文说,王学仲先生在艺术上所作出的努力,连接起各个民族,并增进了各民族之间的理解。法国学者杜美诺也发表论文盛赞父亲在创作上所表现出的诗书画三者之间的奇妙结合。

北美的学者史罗一、黄恕宁教授称他的辉煌成就无人出其右。

廖静文女士称他为艺术界的"孤种"。

冯骥才先生在惊闻父亲辞世的消息后,曾对《光明日报》的记者说:"中国的艺术界需要有巨人气质的人物来支撑,王先生是这样的人,他的离世是中国乃至世界艺术界的重大损失。"

…………

对于所有的赞誉,我们深信父亲是当之无愧的,我们也深信艺术是可以跨越语言、国界的,因此他的荣耀不仅属于我们这个国家、民族,也是属于世界的。

尽管如此,我们还是愿意褪去所有人赠给他的美誉,首先把他看作一位慈父,悲天悯物,关爱着我们,也关爱着这世间的每一个生命,巨大的和弱小的。

我和哥哥来到这世上的时候,父亲并不在我们的身边,他先后在黄山、峨嵋山上写生,因此,我们的名字黄山、峨嵋也就记载着父亲在艺术道路上求索的足迹。

父亲常常出门在外,但每次出门写生,一定会写信回家询问我们的健康、生活情况,时时惦念着我们;我们在家也无时不牵挂着父亲,挂念着他的平安、冷暖,我们知道父亲是用生命去创作的人。记得有一次,父亲和几个画家去雁荡山写生,为了画取最好的角度,他站在激流里,不慎被一股激流冲走,幸亏同行的秦岭云先生和几位画家迅速喊来看山人,在看山人的奋力救助下,才得以脱离险情。我想在冥冥之中,一定也有着家人的保佑,所以父亲在外写生能有惊无险,平安回家。因此在年少时,父母与儿女之间的相互惦念、牵挂,便成为生命中最温暖的记忆。

从我和哥哥记事的时候起,父亲就教导我们要爱惜这世上的一草一木、一虫一鸟,不要杀生。我们小的时候,看到别的小朋友欢快地逮蜻蜓、捉蚂蚱,也会抓一个红蜻蜓或者花蝴蝶回家,放在纱窗上观赏。每次父亲看到了,就会立即放生。虽然我们很不情愿让父亲放走我们好不容易捉到的小生物,但知道父亲心有佛心，所以后来也就不再去捕捉任何小生物了。父亲六十大寿的时候，他的一位弟子送来了几只乌龟，向父亲祝寿并让他用于食补。母亲说去餐馆请教一下做乌龟的方法，可是回到家后就怎么也找不到那几只乌龟了。原来，母亲一出门，父亲就悄悄地把它们送到了天大校园的湖里。后来，父亲上了年纪，腿脚行走不便，坐上了轮椅。每当我暑假回国探望父母时，都会推着轮椅上的父亲去天大的湖边走一走、转一转，每每看到有几只乌龟在湖中探头探脑地向父亲点头致意，我便想这大概就是父亲放生的那几只乌龟吧？

当我们可以拿起笔写字的时候，父亲便开始教哥哥书法，教我绘画。王氏家族在研习书法上一向尊崇西晋大书法家王羲之及初唐虞世南的笔法，也重魏碑。父亲说，字以表德，初学者写字时要姿势端正、心平气和、指实掌虚、专心致志。看父亲写字，真是一种美的享受，渊远的家传及深厚的功底，任何书体都挥洒自如，字形典雅雄浑、结构优美又有气势，用父亲的诗句来说，那真是："挥毫宜扫九天云"，痛快淋漓。看父亲作画，更是莫大的享受：泼墨山水明净淡雅、恢宏而有气度；人物花鸟，传神又有韵味；油画也基础深厚；并对漆画进行尝试，极富创新精神，父亲的国画无疑体现了文人画的精髓和至高境界。父亲首先教我画的是兰花："一笔长，二笔短，三笔破凤眼。你看，兰花开放了。"父亲强调，画画要画其形姿，传其神采。我知道父亲深爱兰花，记得他有诗云："平生何所爱，独爱幽兰芽；可惜兰高洁，入城不著花。"后来，我出国留学了，父亲送给我一个画有兰花的小扇面，题字是："幽香满山丘"，这束空谷幽兰，静雅而飘逸，溢着清香。我珍藏着它，像珍藏着父亲圣洁的心怀。父亲又教我画鲤鱼，在父亲的家乡滕州附近，有微山湖。父亲小的时候，常看到大人们用柳条拴着从微山湖打来的鲜活的大鲤鱼从家门前走过，所以他五岁的时候，就开始在自家的打谷场上画鲤鱼了。他还把他自己多年揣摩出来的一些画鲤鱼的技巧传授给我。我出国后，他又画了一幅双鲤图送给我，上面的题词是："游鲤哪解离别意，也惜春风细柳枝"。两条大鲤鱼在轻风细柳下欢快地游着，是啊，它们怎能理解父亲思念女儿的心情呢？

父亲腿脚还能行走的时候，每次我回国探亲，他会带我去水上公园走一走，听听夏虫的鸣叫，看看盛开的荷花。我知道父亲年少时，曾在济南上中学。清代诗人刘凤诰有诗句说济南是"四面荷花三面柳，一城山色半城湖"。父亲对曾经读过书的地方，一定有着许多温馨的记忆，这也许是他喜欢带我去看荷花的原因吧。当然荷花"出淤泥而不染，濯清涟而不妖"也该是父亲内心的所爱。父亲也会带我去文化街转一转，有时，他会在旧书摊上捡本闲书。有一次，我看他选了一本《京城闲妇》，他说他喜欢里面有一篇文章叫《二姐》，我知道父亲在京城读书时，他的姐姐和姐夫常常资助他，所以他对姐姐一家一定有着深深的感激和眷恋。父亲也常和我们谈起他和他的哥哥、姐姐之间的手足情意，互相关爱、互相鼓励，互相珍惜。父亲常说，幸福来自很小的事情，比如家庭的和睦，比如邻里的和谐，比如同事间的互敬互助。小的地方安定了，社会会更加美好。有时，父亲也会带我们去食品街吃顿饭，碰到熟人的时候，人们会问他："王老，今天怎么有空儿出门了？"他即答："这不是女儿回来了吗，不然谁来都是不陪的。"我受父亲的特殊待遇，自然欣喜，但我深知父亲日夜著书立说、培育桃李，哪有闲暇出来吃顿饭呢？父亲出门，也很少坐车，我们和母亲跟在他的后面，常常要走很长很长的路，也算是苦其筋骨，乐其心志。

父亲的爱小至家庭，大至国家。他对祖国的一腔热忱，无不体现在他的诗篇里。父亲有诗云：逸仙灵转世，墨翟故园贤；狂诗歌圣代，洒泪绘山川。孙中山先生逝世那年，父亲出生了。他的内心有着孙中山先生般的爱国热情,也有着故乡先贤墨子的兼爱情怀。1993年5月,父亲为学生改论文至凌晨,突发脑溢血。他清醒后写的第一首诗是:“我自有心力未遒,陆台分峙子民忧;丈夫报国满腔血,可惜空于颅内流。”他还有一首自书诗是这样写的:“歌吟祖国日兼旬,诗汇十担画稿贫;前世今生非画史,激扬犹自作词人。”字里行间无不洋溢着爱国激情。

父亲对社会也付与极大的关爱,有着极强的社会责任感。他曾多次捐献书法、绘画作品,并发起义卖活动,帮助发生地震及遭遇洪水的灾区,帮助失学的儿童,帮助贫困生上学,帮助“非典”中失去父母的孩子……他是这样用博爱精神抚爱着众生。

在商品经济飞速发展、社会处于转型期的今天,父亲仍然过着清心寡欲、简单朴素的生活,一心钻研艺术、教书育人,并把在“文革”中历经磨难,用生命保存下来的祖传的及个人收藏的价值连城的历代名人书画及文物捐献给了家乡的滕州王学仲艺术馆。对于父亲的所为,我们还是用他的诗句来解释他的淡泊为大及爱国情操。“生来忧国不忧贫,百镒黄金等路尘;望破山河统一日,余年尚待有几春”。

抚摸着父亲的本本著作、张张画卷,我们感叹着:没有古人引锥刺骨、凿壁偷光的苦读精神,怎有今日的研究硕果,著作等身;没有过往的访碑问帖、素描写生,足迹踏遍祖国的崇山峻岭、江河湖泊,怎能“书存山岳气,画治众生心”;没有深厚的爱国情怀、淡泊情愫,怎能“诗文以济世,书画以明心”……

父亲在这个静静的秋季离开了我们,亦如他的为人,低调而不张扬,宁静而淡雅;秋季也是一个收获的季节,亦如他的艺术创作,硕果累累,饱满而丰盛。父亲对艺术的追求是何等的高尚;父亲的内心是何等的圣洁,他的艺术可谓代表着美的至高境界。父亲是阴历九月初六出生的,阳历十月十号出殡的。我奇妙地发现这两个日子,大约每隔六年会重叠在一起,今年亦是如此。所以我们把十看作父亲漫长艺术人生的完美句号,我们把十看作上苍对人类艺术的恩典!

秋去冬来,时光流转,一年又近尾声。圣诞夜,在巴黎圣母院为父亲点燃了蜡烛,作了祈祷:愿父亲的灵魂在九霄之上,九泉之下得以安息;愿父亲的艺术思想、崇高的品德、杰出的才华、圣洁的心怀化作一缕永不熄灭的艺术之光在我们的心田闪烁!

如果我把世间思念的语言都用尽,也表达不尽我对父亲的思念之情;如果我把大海里的海水都汲取,也流淌不尽我思念的泪水。新年伊始,我和哥哥一起回忆了过往的点点滴滴,谨以此文寄托我们的哀思!

2013年12月

王学仲与女儿王峨眉

祭奠恩师王学仲

魏立刚

昨天黄昏从街上回宅，穿行楼巷，从窄隙天空西面望去，一条巨型云阵横卧灰蓝天际，是少有的虚灰色，橘粉色镶边，那么祥和、美丽、安谧，少有的彩云状，当时还想巴黎空气是好，能出各种罕见天象，透彻、浑厚，就像人画出的色泽。我想看完整的云霞，可是得走好远甩开楼群才行，又累了，就回宅了。应该是北京时间午夜刚过，早晨天蒙蒙亮，朝东望去，巴黎圣母院背后的云海呈鱼鳞状，每片也拥着浅粉红色晕，粼粼波光，有散漫、淡泊之感，这时应该是北京时间下午 1 点，心想晚早云相呼应诶……今天傍晚去酒吧上 Wi-Fi，看到华晓峰报道：学仲恩师仙逝，痛哉、痛哉……先师为当今最伟大的书法家。遍访崇山崖刻，提出碑、帖、经系书法三分说，建立了自己的东方温雅型美学。斋号：己出楼，仲师标榜：重拙奇旷，其品独拔超群！然其晚年郁郁不得志，书史憾事！先师 60 多岁威鸣书坛，饮誉东瀛。我时值攻读南开，在报栏里看先师的美文：绚烂之极归于平淡，是写他每日要走过的樱花林的。80 多岁，我带愚弟春喜、箫磬双闺往津沽看望他，我们在“龟园”湖边等待，远处四季村方向一乡土人登三轮晃荡而近，后铁皮槽里坐着的戴草帽的老翁竟然就是我的恩师啊？翁何以如此落摧也？而今先师走了，白发苍凉如昨日，翁曾画“怀素书蕉图”饴赠我，勉励后生悬梁刺股，他是我永远的指路仙人，永驻我心，永铭师恩……

那巴黎落霞的泽色不就是当年恩师描述的落樱的香陨吗？此刻巴黎的天空已全暗淡下来，我凄然地蜷缩在厨灶间的草木椅子上，眼泪慢慢噙着，我擦拭它，偶尔的车声回荡在茫然的脑海里……

2013 年 10 月 8 日夜 20:39 于巴黎波拿巴街 20 号

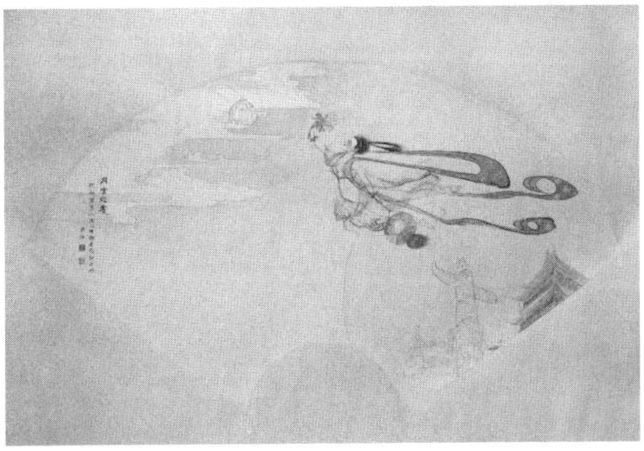

月宫迎宾－和祖国第一颗人造卫星发射成功

王学仲先生二三事

臧克琪

惊闻王学仲先生谢世,沉默了很长时间。二三十年前的一些往事,又浮现脑海,尤其每次分别时,他那浓重的山东口音:“你就来,不用打电话!”那亲切的话语,又清晰地响在耳边。

20 世纪 80 年代初,“文革”对文化的禁锢开始解除,一个新的文化热潮也随之而起。王学仲先生像天津许多书画前辈一样,每星期六下午都到二宫讲课,我有幸聆听了许多教诲。每次我带着不成熟的书画作品请教时,他都认真和蔼地告诉我怎样用笔、怎样用墨,还常常讲到他在研究“漆书”,就是用浓浓的墨写字,他说这样也能更好地练习笔力。

我试了试,果然用笔很吃力,因为家中条件不好,这样写太浪费墨汁,后来我又试着用胶或糨糊加入墨汁中练字,收到了事半功倍的效果。

20 世纪 90 年代初,一代词家寇梦碧去世后,王学仲先生主持天津诗词社。每次活动,我都带着作品请教他,他认真看后,都要提出自己的见解,并且谦虚地说:“咱们这叫切磋琢磨。”然后鼓励我一定不要放弃,要坚持写下去。他那奖掖后进的品格,至今深深地印在我的脑海。后来,我又收到他寄给我的合影照片。回想我今天取得的一点成绩,是和包括王学仲先生在内的许多天津老一辈书画家的指导分不开的。

今年夏天,有幸参观了王学仲先生的书画展,心中非常地激动,我为天津能有这样的诗、书、画大家而感到非常荣幸。我是非常崇拜他的,归途中吟得七律一首,本想有机会再见时献给他,没想到他竟这么快就离开了我们,离开了他无比热爱的诗书画事业,现在只能以此诗献给先生的在天之灵。诗曰:

先生书画妙无穷,高旷瑰奇造化通。
我写我心何磊落,人惊人怪自虚冲。
移情独喜林中趣,遣兴谁疑字外功。
总有新诗滋肺腑,大家风范古今同。

怒放的生命

——纪念我的姑父王学仲先生

张　闯

记得在那个暖意融融的初春，姑父大病初愈，步履蹒跚地走到后院，凝视着满树盛开的李子花，“开得真是好看”，姑父喃喃地说道，并叫我与他在树下留影。我知道姑父此时虽然疾病缠身，不能像从前那样潜心艺事，但他向往着壮丽的生命，未改初衷，在他的内心深处就像这怒放的花朵，顽强地谱写着晚年的精彩岁月。

姑父从事艺术一辈子，由早年独辟蹊径到晚年迎来广泛赞誉，但他自始至终都勤勉治学，从未停步。他不满足仅仅停留在模仿前人的艺术技巧，而是积极探索新的艺术表达形式，在艺术上，姑父是个令世人敬仰的一代拓荒者。至今，他走过的艺术荒地，足以给后来者一个全新的艺术标杆。徐悲鸿先生早有预见：“呼延生方在少年，其书得如是造诣，禀赋不凡，盖由天授。”（早年姑父叫呼延夜泊）

20世纪80年代，我在美院学习，居住在姑父家中，经常能聆听姑父在艺术方面对我的教导。那时，姑父也迎来了人生的古稀之年，对人生与绘画有了更深的理解。姑父作为艺术家，在中国当代的书法、绘画等领域都有他独到的观念与主张，他不满足文人墨戏式的苏轼绘画理想，在他这个时候，创作了大量的意象山水画作，这是他晚年艺术的升华。我常看他在艺术研究所的地上画巨幅的山水画，他一笔一笔地把巨大画面反复皴擦渲染，画面追求一种“重”“拙”“奇”“旷”的自然之境，许多巨大的文人气质的山水巨制，野逸宏大，气象深沉，满含诗的意境，承载独特的情怀，是他追求绘画理想的巅峰之作。文人绘画从唐朝以来都有记载，很多名家画过尺寸恢宏的高头大卷，但像我姑父这种具有探索精神的新题材、新意境的宏篇巨作，是当今传世文人画所未见的，是他对新文人画探索的最好的阐释。艺术往往是追求独上高楼，望断天涯路的境界，正所谓曲高和寡。姑父在他的诗中写道：“夜泊自有法，可叹无人知。”深深地表达了他在艺术探新道路上的孤独与冷清。值得欣慰的是，姑父的艺术理想慢慢地被更多的人所参悟，并创造了“黾学”这一以他小名命名的学派，他的思想经由黾学所传播，在沉寂多年的东方艺术荒地上，竖起了一面旗帜。

虽已是硕果累累，但年事已高的姑父并未停下创作的脚步，他对艺术的追求与执着，已成为一种习惯,并深深地感染了我。

美院毕业后,我来到深圳工作,姑父姑姑也就常来深圳住上一段时间休养。姑父自从1993年突发脑溢血,身体每况愈下,以致后来左手麻木,不能正常运动,右手情况也不太好,这影响了姑父像从前那样画大幅作品,但他还是创作了大量的山水画。记得有年夏天,姑父在我家小住,本来是来南方养病,但他却坚持作画。南方天气热,他又不能吹空调,于是他就光着膀子,伏案作画,经常是汗流浃背,有时一幅画反复渲染,其中有张四尺的山水画《柴门曾向翠峰开》,姑父花了几天的时间用淡墨积染,画完之后,已是层次丰富,带回天津后,姑父仍感觉不满意,又用重墨再次渲染画面,画面丰富且凝重,这才收笔完成。还有一年春天,姑父来深圳,这是他第二次发病后来深圳养病,他想看看深圳的风光,于是我带他到南头古城,红树林海岸,姑父随身带个小速写本,每到一处,他就用颤抖的手记录着他的观感,经过的人无不被身边这位老人的专注精神所感动。回家后,姑父把这些素材整理成册,作为创作的蓝本。记得我来深圳之初,姑父就生怕我在这个经济开放之地迷失方向,写信叮嘱道:"遇到任何艰难不要退却;热情待人、诚恳处世;不要接近黄色社会。"我把这三点牢记在心。当时确实由于种种原因,有几年时间没有专心搞创作,这使我对画画有点信心不足,姑父特意给我一把折扇,扇面上题写文徵明的一首诗:"人家除夕正忙时,我自挑灯拣旧诗。莫笑书生太迂腐,一年功事是文词。"鼓励我不要放弃绘画的理想,并经常一遍遍地给我示范山石、人物、房屋、题字的绘画技巧,我虽是专业学习油画,但姑父希望我能在国画上也能有所感悟,让我能够中西贯通,姑父的鼓励与教导,让我重新握起了画笔,姑父的教诲也让我终生受益。如今想起这些,感慨万千。

姑父在中国当代艺术界德高望重,内心深处却有一颗悲天悯人之心。记得2008年姑父的上海个展开幕之际,传来汶川地震的不幸消息。在开幕当天,姑父内心悲怆,老泪纵横,艰难地握紧大笔,撰写巨字义卖捐赠。前年初春,一位远道的画家奔赴天津求艺,此时姑父已行动不便,我用轮椅推着他到艺术研究所与这位画家见面,姑父被这位画家对艺术的执着所感动,当即为他写题词,他握着毛笔颤抖地写完,字写的是我看到的姑父最稚朴的笔法。在艺术界,姑父桃李满天下,他的学生里,有像孙伯翔、张海这样的当代有影响力的艺术大家,也有一些默默无闻之辈,但姑父一律谆谆以教,不分厚薄。有几次我陪同姑父在外地养病之机,结识了姑父很多时运不济的学生。艺术的道路本是一条崎岖之路,许多学生遇到了困难,姑父得知后,寄钱送物,惦记着他们的困难。这些都是我到姑父的学生家里,听他们一一道来的。他们还给我看姑父赠送给他们的字画,每每说起这些,这些学生无不由衷地感动。

改革开放初期,姑父作为国家首位外派艺术专家,在日本筑波大学讲学。两年多后回国,姑父并没有带回当时世人羡慕的奢侈品,却带回了数十箱的书籍画册以及他在日本期间撰写的大量论文与讲稿。他把在日本期间日方给的讲课费用全部上交给国家,日本友人给予的财物,他都用于天津大学王学仲艺术研究所的建设。在那个物质匮乏的年代,姑父他能不受物质的诱惑,专心治学,得到了中日学者的赞誉,赢得了大量中日的追随者。

作为一个博学的思想家,姑父提倡文化的厚重感,历史的沧桑感,诗人的苍凉感,艺术的高贵感。作为画家,他有丰厚的绘画作品,有独到的新文人画的建树;作为书法家,他引领了一代书风,并提出了经、碑、帖三派论;作为诗人,他有几千篇的诗词歌赋,出版了多部诗集;作为文学家,他有长篇小说、散文等多种形式的文学作品，流布于世。姑父的如此种种，都是当代艺术大匠所追寻的一种理想状态，而我的姑父已然走出了一条属于他个人的理想大道。

10月8日，突然传来姑父去世的消息，我急回天津。按照姑父生前遗言，丧事从简，不设灵堂，不举行追悼会，家属们只是在天津武警总医院简单地进行告别。我看着姑父憔悴的遗容，不禁潸然泪下，我想姑父生前不希望因他的离去，而打扰到热爱他艺术的人们。他静静地去了，留下的是他绚丽夺目的艺术之花，和他用一生身体力行结出的丰硕成果，他经历的生命就像怒放的鲜花，绚烂瑰丽。

2013年10月11日写于已出楼

本文作者与王学仲

杪冬时节怀黾翁

赵士英

时光荏苒，黾翁离开我们已经有百日了。

哲人共萎，文林共悲。然而，黾园弟子在缅怀先师的同时，更重要的是要承袭黾学衣钵，踵事增华。

我认为，黾翁和书画界那些泛泛的书画制造者不同，他们只是在单一领域、狭小层面进行拓展，远未达到把书画艺术提高到哲学的思维高度。

古往今来，凡有志于中国书画事业者，则必须对中国传统文化有新浸润。黾翁风华少年，负笈京华之时，正值清末民初文化交替之际。当时文苑思想活跃、文风鼎盛。徐悲鸿、容庚、吴镜汀、齐白石、黄宾虹等大师们都在不遗余力地传播优秀的民族文化。黾翁在这浓郁的文化氛围的熏陶下，加之家学渊源、自身黾勉，其中国传统文化的根基夯砸得十分牢固，我们这些处在当前文化环境中的后学们，真是望尘莫及的。

黾翁的治学主张是“扬我国风、励我民魂、求我时尚、写我怀抱”以及“欧风汉骨，东学西渐”，对我们这些黾园弟子影响巨大。尤其黾翁在书法理论上提出的“碑、贴、经”三论之说，更是振聋发聩，开拓了现代书学理论的先河。黾翁关于书画创作的“意象、空象、色象、气象、自象”的五象之说，是我们在书画创作上所要遵循的圭臬。

黾翁在中国书画的艺术创作是有其独特造诣的。黾翁自始沿袭琅玡字遗风。其作品因文立意，构思超凡脱俗，字学魏晋以上，古朴无华。真、草、篆、隶无所不工。清代书家、理论家钱詠曾说：“工书者，不精小楷，不能称书家。”黾翁小楷法自“黄庭”“乐毅”，镕以唐人写经、云林子、柯九思，书风刚劲清明。然字里行间无不蕴含自家风貌。黾翁既提倡“师古不泥”，在传统的基础上有所创新，又广撷博采，大胆吸取外来艺术的现代书风，在草、行书的创作上，均在前人窠臼中，脱颖而出，狂而不狂，灵性通脱，人称“变相宗”。除此之外，黾翁的漆书，在当时艺苑亦是称誉一时。

黾翁的书画创作，是遵循徐悲鸿先生“为艺术而艺术”“为人生而艺术”“独持偏见，一意孤行”的原则的。黾翁不随时俗，强调艺术家应在作品中表现对象的内在结构而发掘其内在意韵的文风。其艺术思想高瞻远瞩，超越平凡流俗，具有意义深远的前瞻性。黾翁自言其居为“己出楼”，是与他“字必己出”“我画我画”的创作理念是一致的。

黾翁一生潜心艺术研究和创作，是学者型的艺术家，对社会上的浑间事是茫然不解的，有一次先生写信给我说:“我虽一生从事艺术,有点小名气,但在社会交往上是弱势的,要想办一点事也不知道该求谁。”然而他在治学上却是一丝不苟。老人家口袋里老带着一本自己抄的入声诗韵的小本子,时时翻看,带角都磨秃了,黾翁一生为艺术持之以恒、刻苦自励的精神,我们作为黾园弟子应该牢记在心,刻苦学习。

黾翁是当代有深厚底蕴的艺术家,他集诗人、词人、散文家、小说家、哲学家于一身,是当之无愧的国宝级文坛巨匠。黾子思想,是一座丰富的宝藏。继承、弘扬黾子思想是黾园弟子不可推卸的责任。同时也恳切希望有关部门和领导对于黾学的弘扬,能有一个长期的战略性的举措。这与当前所倡导的文化大发展、大繁荣的社会大环境是相辅相成的。

明学者周亮工有一副对联,写得很好,以此来结束我的发言:

上联是:拜斯人,便思学斯人,莫混账磕了头去

下联是:入此山,须要出此山,当仔细扪着心来

本文作者(左一)与徐小荣、陈伟明

哀黾园

——悼恩师黾翁王学仲先生

王欣荣

一

自济南驱车到天津大学,早已是夜幕四合,黾园门口排列着成列的由单位、团体送的花篮。人来人往,面容哀戚,在接待的自愿者中有天津书协唐云来主席、南开大学张永敬教授以及王学仲先生的追慕者。一行四人被引到黾园大展厅,询问如何敬献花篮,主事的师弟孙国喜教授说:奉黾老遗嘱,后事从速从简,不发讣告,不设灵堂,不……理解,黾师生前就对耗时费资的形式主义极其反感。

仰视居中悬挂的黾师遗像,我已是悲哽难尽,画家张汉英早已行跪拜大礼。时10月9日,距黾师辞世30余小时。

二

张汉英对黾师这是第二次行跪拜大礼。

2007年春,我同汉英一行六人开车至天津大学黾翁寓所拜谒。内子李爱莲是第一次拜候,奉上山东煎饼——这是黾师当年赴北平求学常备的由其二姐摊制的耐储主食。老来每返滕州故乡,小米煎饼便是他一大索求。对汉英所奉其他的礼品师母坚辞不受。我向黾师介绍:"汉英乃山东书法家张立朝先生的长子,20世纪80年代中国书法出展日本,张老先生与您的书法作品同时获誉,且汉英在艺专毕业后,追随名师黑伯龙、岳祥书诸父执,此次带了书画习作登门求师……"汉英在媒体上拜读黾师的书画作品,早有高山仰止之感,此次当面,他讷讷地说,以前所接触的都是短笛小调,而黾师的艺术气局却是无所不能表现的交响乐……我们愚夫妻连说,人家连奉给老师的"束脩"都带来了,岂能拒绝?!老人莞尔,立即布置,下午黾园收徒。

黾师自寓所被扶上轮椅,由我同汉英推着径来黾园。众人进入贵宾室,老人被扶上高座,汉英整理衣冠欲行跪拜大礼，老人示意助手——拜垫。

黾师有其操守，也有其性情。表现于此可见。

三

征得同意，我在长幅黑布上挂起自己的挽词："书艺画艺，才艺衍教无国界，流脉澹荡传佳语；文学哲学，黾学筑基有奥旨，典型终成垂不朽。"阐释：以才学和学术两方面，概括黾师的一生成就。

黾师的儿媳徐小荣女士向我们介绍了老人生前的医救情况，我只能以黾师已享得"米"寿（八十八岁），难以期"茶"（一百零八岁），终得正寝之寿相互劝慰。这也是无可奈何一声浩叹的事。

四

次日9时，黾园门外我们的车子排在车队的后面，相随着驶往数十里外的北仓殡仪馆。礼堂前广场人流涌动，在这里我见到了滕州与徐州王学仲艺术馆的先后馆长张宜楼、孙士华、李广兰，画家马运文、张正春，书法家顾志新诸先生，难得的是遇到由上海赶来的书法家王良虎先生……男女长幼数百人，是门生、弟子、再传弟子或倾慕者、追随者、作画不为画钞票的黾师以正常的收入无私救助于苦难的感恩者……他们从手机、网络里第一天得到消息，第二天就赶来，真是奇迹。进入告别大厅，自觉排成队列，没有挽幛，没有悼词。礼仪甫始，哽咽之声即起，更有呼天抢地一声"王老师"而长跪不起哭倒在地者。

终于为黾师送了一程，天南海北的致哀人呵，哪一个不是为王学仲先生的艺格、人格的魅力而来！

五

恭宽信敏惠义仁和永垂懿范；

文史艺哲诗书画印长存华章。

告别大厅用字幕打出的黑字白底的老宋体挽联，上句言黾师之德、下联称黾师之艺，对其一生作了概括。然而仔细想来，黾师早年的雕塑、中年的漆书，特别是存亡继绝的散赋、骈赋、词曲创作，当今乃至近现代，又有何人可与之比肩？而他对东方温雅型美学体系与蔽明论的创建又有肇始之功。我想起人类历史上绝无仅有的全才、智商高达310分以上的文艺复兴大师达芬奇，其才学表现在天文、地理、水利、建筑、美术、音乐、解剖等众多方面，环顾域中，黾师的聪慧业绩正可与之一比。

他曾立言"文为德表，敬乃身基"，现在反思，其意深隽，够人体味一生。

六

此次相晤的有主编《王学仲文集》（十卷本）的刘宗武先生，有主编《黾学大观》的彭庆涛先生，而自牧、徐明祥是《黾园书简》的策划编辑人,皆同游于黾园门下。徐明祥坦言,十卷本的《王学仲文集》从开本、校对、编排到包装都留下遗憾,应该在黾师周年祭时建立诗文书画四全的大开本"全集"编委会。师友们无不拥护,澈堂主人自牧、潜庐主人徐明祥是当然的编校志愿者,尚黾堂主人张汉英则自报愿认购若干部。然而牵头的、出资的又该是谁呢?

黾师的遗产是丰厚的,但老人家也留下一大教训。此次凡遇黾园师友我即以黾师的前车之鉴告知:黾师讲学、创作、阅读,乃至起坐休息,从不或极少饮茶喝水。这一任事太投入而长期养成的习惯,当是他中年后患血栓病的根本原因。

七

黾园即王学仲艺术研究所,20年前当我第一次登上这艺术殿堂就被黾师的书画艺术品迷住,作文《黾园窥奥》发表于上海《文汇报》。自此,我奔走于黾师门下,有一次长居黾园18天,刊登于天津《散文》杂志的《黾园八记》即记此事。黾师知我、励我,先后赠诗6首,其中一首律诗道:

天壤王郎稷学人,才思浑厚性情真,
我书著录成三卷,沽水从游恰六春。
媚骨去除添梗直,痴心著作惯清贫,
青鸾喜结良缘伴,自是古来梁孟姻。

凌晨,我拨开天津大学敬业湖畔的浓雾,再次步进黾园。园内的清寂让人倍感今昔的苍凉。那授课室,黾师曾在此挥毫作画;那"四我庭",黾师曾与我谈学论艺;那书斋,黾师在夜间吟哦他的新句、结撰他的黾学框架……而贵宾室当还回响他的謦欬……

当年,黾园门首右侧新植一海棠,师生二人留有照片一帧,时花开正盛,我尚中年而黾师亦未显老态。如今,树干成拱,青果已结。而路边敬业湖中那被尊生爱物的黾师放生的鼋鱼们当已传三代五代,成一大家族了吧?你们应该后悔,悔不该当老人捧你们入泠泠清波时,还抓他、咬他,让他手背上鲜血殷殷……而他却不计较,说这是鼋所生存的本能,怪它不得。

古语称,"仁者寿",您是真正的仁者。可您的"寿"大殇于生命的后20年。

八

哀黾园,我为仁者哀。

一哀在我与您相处的日子,没能扳转您以饮水、品茶为误时的痼习——烟酒、歌舞、棋牌亦与之绝缘——否则,您最后的20年绝不会被脑血栓所困,难于正常进行诗文书画创作、美学与哲学思考,以期装修您精美的黾学殿堂。

二哀您上得高堂华宴,下得河湾捡柴,但保持着中国传统文人的清高与孤傲,不曲阿,厌逢迎。您是全国第一届书法家协会的学术委员会主委,第二届书协的副主席。第三届书协主席的位置,无论从哪个标准衡量，都是非您莫属，而且呼声极高。然而您“幸运”地被忽略了。否则，您的书法作品（且不说您经齐白石、黄宾虹、徐悲鸿所亲授的绘画艺术）的市场立即就会火，持续大火。至今，您的弟子还在腹诽：您是艺术星空的明月，自己就是一块顽石，跟着您也会大沾其光。

三哀您以诗文济世，书画抒怀，而耻于将艺术炒作成为印钞机，以致在这喧嚣的世界上，您的诗词文赋、散文小说不为公众所知，就是您在书画两方面的巨伟成就人们也所知甚少。

四哀您20世纪80年代被日本筑波大学聘为教授，以书画美学衍教异域，归国后仍屡有东邻研究生投至门下求学。依您的哲思、绘画、书法，被人称之为当代的朱舜水、沈南苹、杨守敬。日本文化友人为答报您的艺术恩惠，在您教学的天津大学，在您的故乡山东滕州，倡建输资以您的名字命名的艺术馆所。此为大陆以健在世上艺术家的名字命名的艺馆所的起始。此后30年，以个人名字命名的艺馆、展馆、画院之类在全国展开“大跃进”，修成今日瓦釜雷鸣的局面。

五哀您的“懒从痒处骚，故尔知音稀”“艺术乃寂寞之道”“不留一格以自困……”。但您在日本、在美国、在俄罗斯却有真正的知音。那年，您办展于俄罗斯最高之艺术殿堂，俄国的资深同行为您的艺术感动得泪流满面。归国后，俄罗斯美术研究院授您荣誉院士之称号。这一殊荣，至今国内只有您与潘天寿享有。而证书、勋章送到北京，竟被滞压了半年有余。是您的名声不响？至今仍不明白的我，为您而哀，为您而哭……

九

要写哀悼文字，今人写不过古人，语体写不过文言。这也是为什么鲁迅先生在《记念刘和珍君》的末尾用了古人的言辞。我的晚辈也算是黾翁的再传弟子陶祥麟君与我合撰挽联，也仅能表达衷情于万一：

沽道悠悠，看黾园足染香尘，学仔歌传禹甸，世事憾长留，园中妙趣静中思；

予怀渺渺，听夫子挥送雅操，著述载誉华夏，遗响人不见，弦外余音象外想。

醉八仙

怀念亲家翁王学仲

杨文训

转瞬间亲家翁王学仲先生已经走了半个月了,可他那和蔼慈祥的音容笑貌还是不时地在我的脑海中涌现。我实在为失去亲家翁悲痛和惋惜。

我们是1988年结为儿女亲家的。他比我长9岁,在20多年的交往中,我从未感觉到他是一位名人、画家,而是一位和蔼可亲的老大哥。20世纪90年代,王先生身体还很好,经常骑自行车到我家来做客,每次敲门都操着浓重的山东口音说:“文训呀!我来看你来啦!”“不敢当,您快进屋,请坐,我给您沏茶。”每次来我家也就坐半个小时左右,聊聊家常,谈谈儿女,十分亲和……他见我阳台上鲜花盛开,鸟儿鸣唱,高兴地说:“你这里真有花香鸟语的味道呀!”每逢年节,我也要拜访亲家。王先生与老伴十分热情,其间还经常遇到前来拜访的名家学者。每次相遇,王先生都热情地把我介绍给客人们。有一次,在他的研究所正赶上天津、北京文联的领导拿着一位名人的漫画长册请王先生题词。画面中有的赞美好人好事,有的记录不雅现象,幅幅漫画栩栩如生。王先生仔细看后,思索片刻,举笔提了“扬善鞭恶”四个字。他那贴切的题词,刚劲的笔锋,让我亲眼看到那名人大家的风范。

王先生曾答应过为我作画。但他工作繁忙,很长时间也未能实现。1991年国庆节前的一天上午,只见他风尘仆仆地骑车赶来,进门后兴奋地说:“文训呀!我还愿来啦!”说着从提包里拿出一幅字画。他站在藤椅旁打开其中的山水画,让我退到阳台处观看,“怎么样?你看这瀑布,从山上泻下,活了没有?”我连声说:“活了,活了,好画,好画!”他得意地说:“今年我精心作了两幅画,这是其中的一幅。”我边感谢边欣赏时发现画中题的“文训亲翁伉俪之属”,问亲家:“怎么没写上我老伴的名字呀?画中也没有您的大印呀!”他说:“我不知道女亲家的大名呀!这不,题名的地儿还留着呢!来得太仓促了,忘了盖印章了,我捎回去一起补吧!”“那我明天去取吧。”送走亲家后,我那激动的心情久久不能平静。心想,这样一位中外驰名的大画家,不仅给我作画儿,还亲自登门送画儿,太让我受宠若惊了。转天,我来到王先生的画室,王先生把我老伴的名字和他的印章补齐后,十分高兴地让我把画平放在画厅的地上,他端详了一会儿,提笔上前弯下身修饰了竹庭木屋,站起来后退几步看后,又向前修饰了小船。这样往复三次,我连忙劝道:“足矣,足矣。请别再辛苦了。”告别时,他一再叮嘱我去杨柳青画店找张师傅装裱。我见到张师傅,他一看,又是对联,又是画儿,这么全呀!仔细看后他笑了,原来你们是亲家呀!难怪王学仲先生这样用心呢。我听后心里比吃蜜还甜呢。

我把亲家的大作分别镶在祖传的一套精致的红木镜框中，悬挂在墙上。这幅巨作好气派呀，顿使我家蓬荜生辉啊！

先看那楹联：懒思身外无穷事，得读人间未见书。横批：心闲自适。

再欣赏那中堂正中的山水画：两座绿绿的青山拔地而起，飞流的瀑布从山顶直泻而下；山脚下树成荫，竹成行，木屋小舟在山水雾气的笼罩下十分恬静幽雅。画上题诗为：舟泗近烟渚，渔篙潋滟中，崚嶒拔地翠，山色在空濛。

我站在画幅前，读楹联，吟诗句，赏画作，犹如置身于仙境般的诗情画意之中，惬意浓浓，令人心旷神怡呵！

亲家的字画已成为我家的最大亮点。每逢亲朋好友来做客时，都要对着字画欣赏一番，有的从楹联中感悟人生处世的哲理，有的赞赏王先生诗书画融为一体的奇妙意境，大家都赞不绝口。

22 年后的今天，我再站在这幅字画前，画在人去，心情格外沉重。悲切切，情深深，心灵深处充满了对亲家的怀念！

可亲可敬的学仲亲家，您的幅幅力作都体现了您那德高望重的人品，独具一格的文人画风。这种艺术精神将世代相传，万古流芳！

作于 2013 年 10 月 23 日

梵音

王学仲教授二三事

张　海

如果以书法作品入选国展数量作为衡量一个省份的书法水平高低或者在全国书界位置的标准，那么，第一届、第二届全国书法篆刻展时，河南省基本处于下游或者下游偏上一点的位置。为了改变这一状况，河南上上下下达成共识，必须先请进来，再走出去。请进来即请全国著名的书法家、理论家、篆刻家来豫讲学，河南书家必须从做人到为艺真正地以学生身份，认真向他们求教，力求在全国书法篆刻展入选数或获奖数有大幅度提高。王学仲教授即为河南重点请进来的书法家兼理论家之一。其间，我曾陪同王教授用 20 多天时间奔波五个地市讲学、办展，后又请王教授按照大学模式专门为河南理论作者授课 20 余天。“润物细无声”。在王教授以及诸位专家学者的悉心指导下，数年间，河南一举跨入书法大省的行列。其间，留下了不少书坛佳话，这里略述二三，以见王教授高尚的人品艺德。

一

20 世纪 80 年代初，王教授从日本讲学归来即应邀到河南讲学，安阳是第一站。因讲课地点安阳市群众艺术馆离车站不算太远，大约有一公里的路程，王教授不让到车站接，他说下车后自己直接去上课地点。根据预定时间，应该在 8 点左右到，但是过了半小时仍未到，我就委托群艺馆文艺部工作人员谢艳玲等候，我出去办点事，马上回来。回来后，我问小谢王教授到了没有，他说没有，但又接着说，有一个卖毛笔的在办公室等你。我到办公室一看，令我大吃一惊，王教授在沙发一角默默地等着。事后我责怪小谢，小谢委屈地说：“你说他刚从日本回来，又是知名教授，我想一定是西装革履，手提皮箱，谁知他一身布衣，手拎着一个破旧的手提袋，俨然一副推销毛笔的样子。”她的话令我哭笑不得。

想想也是，王教授一代大师，学贯中西。虽为师者，却没有一点好为人师的派头，与某些“墙上芦苇，头重脚轻根底浅；山间竹笋，嘴尖皮厚腹中空”的“教授”相比，真是天壤之别。他的这种朴素、低调、谦和的品质，使得河南青年学子心生敬畏，并成为他们学习的榜样。

二

以王教授的名气，所到之处，求字者纷至沓来。当时，每到一处讲学，都会安排参观当地书法遗迹的活动。王教授每到一处，都紧跟讲解员的步伐，认真听、认真记，不像我等走马观花。更难能可贵的是，在车走舟行中，王教授有感而发，创作了不少感怀诗。这种处处留心皆学问的态度，给我们陪同人员留下了深刻的印象。

参观结束后，当地人员都毫不例外地开列一串名单，要求王教授为之写字。我看名单中除了领导外，还有司机、讲解员等，而王教授都有求必应，一一为他们泼墨挥毫。一次，王教授身体恰恰不适，次日又要赶到下一个城市讲课，当我再次看到一长串的名单时，实在于心不忍，建议王教授从中选择几位，其他“以后再说”。然而，王教授说：“虽然没多深的交情，但是他们开口也不容易，我就辛苦一点吧。”就这样，王教授按照名单一一写就。其中，有位司机，特别要求王教授为他画一幅山水画，先生不仅满足了他的要求，而且还一丝不苟，当晚给他画了一幅四尺对开的山水画。次日，当我将这幅山水画交给那位司机时，司机激动万分，差一点要跪谢先生。连声说：“王教授真好！真好！”

王教授一生淡泊名利，按王教授书画的艺术价值完全可以生活得很好，但王教授家徒四壁，让人看了心寒。王教授生活虽然不富足，但精神很富有。大约在20世纪末，他在309医院住院，我和夫人一起去看他，谈起往日赠书法送画之事，提到不少人很羡慕那位司机。王教授笑着说：“这也算是‘藏富于民’吧，作为艺术家，他的作品不论被哪位真心喜欢的人所拥有，都应当感到欣慰。”是呀，在当今物欲与金钱相对膨胀的时代，作为一代书画大师，能够做到这个份儿上，实在难能可贵。

三

2004年，我的故乡偃师市以我的名义建了一座书法艺术馆，其中一个厅，我建议为“三老厅”，即展出我的三位老师费新我、王学仲、沙曼翁先生的作品。对三位老师，虽然没有像过去那样行磕头拜师礼，但在成长的道路上，他们确实是给我多方教益的长者，是我心仪的老师。从他们身上，真切领悟到了作为一名艺术家应该如何做人的道理。他们的一言一行，都给我树立了学习的标杆。

1990年“河南书法周”在北京举行，王教授因公务未能参加开幕式，展出期间，他专门从天津到京参观展览。当时，这个展览在全国有相当大的影响，殊不知，展览凝聚着不少王教授的辛勤汗水和默默耕耘。王教授看过展览之后非常高兴，对值班的吉欣璋说了许多肯定的话，让他传达给我，临走前特地交代吉欣璋，对我的一幅小字行草给予三点肯定，并要我按这条路坚持走下去。其实，那幅小字行草书是带有一点探索性的，当时并非十分自信，想不到王教授给予肯定并热情鼓励，这使我坚定了沿此路子走下去的信心。两年之后的全国第五届书法篆刻展，这一路子的小字行草作品很荣幸地高票获得了全国奖。

当然，像我这样的例子河南还可以举出很多很多。王教授到河南讲学之后，河南书法创作和理论研究同步发展，第三届全国书法篆刻展入选数上升为全国第三位，第四届、第五届、第六届全国书法篆刻展以及以后数届的入选数和获奖数大都排在一二位之间。当年王教授用心血与汗水浇灌培育的小树与幼苗，如今大都已成材，或频频入展，或摘得桂冠，且有不少栋梁之才，已经成为全国知名的书法家。传薪续火是为师之道，培养后学是为师之责。然而，王教授从天津来到河南，倾其全身心为河南乃至全国培养了无数书法人才，这是多么高尚的情操和宽广的胸怀啊！

王教授虽然离开了我们，但他精深的艺术造诣、严谨的治学态度、谦恭的为人态度、高尚的品德修养却永远激励着我们，是我们取之不尽用之不竭的精神财富。

本文作者问道王学仲先生

千年书圣故居尊

——怀念王学仲大师关心指导建设临沂王羲之故居的二三事

徐学胜

“千年书圣故居尊，凤阁天门展望新。一曲墨池香四溢，此间独少换鹅人。”这是王学仲大师生前于1988年10月为临沂王羲之故居题写的碑文。时任中国书法家协会副主席的他，通过此一题词，饱含了对书圣王羲之的深厚感情与高度评价，同时面对洗砚池呼唤继承弘扬王羲之书法艺术的强烈愿望。这一名作随后镌刻在王羲之故居碑廊，至今25年来，为来自海内外的几十万游客及书法爱好者提供了学习观摩的宝贵题材。

1986年，王老听说临沂要重建王羲之故居的消息后，不顾千里劳顿，多次到临沂指导建设王羲之故居，提出了许多宝贵的建筑设计意见。当碑廊奠基建设时，他又带头无偿为王羲之故居题了词，并发动中国书协的各位领导与全国著名书法家先后题词，包括舒同、启功、沙孟海等60余位书画大师，为碑廊的建设起到了关键作用。这在书圣故里传为佳话。

1989年12月，由中国王羲之基金会筹委会和国际书画学会筹委会发起创办了《琅琊书画报》，王老又自告奋勇担任了名誉社长，亲自提出办报宗旨、任务、措施与栏目设计，并多次为报纸题词或赠送作品表示支持。

1990年初，王老大力支持临沂举办“‘书圣杯’国际书法大赛暨王羲之故里国际书画邀请展”，倾心创作了巨幅作品予以支持。5月9日，“‘书圣杯’国际书法大赛颁奖大会”在临沂人民会堂隆重举行，王学仲大师代表中国书法家协会亲自出席会议并发表了热情洋溢的讲话。他指出：“继承书圣王羲之的书法艺术，是弘扬民族文化，繁荣城乡群众艺术，推动文明社会建设的重要举措。临沂王羲之故居建成开放，首届“‘书圣杯’国际书法大赛暨王羲之故里国际书画邀请展”的成功举办，表示我国书法艺术事业进入了一个新的里程。在这方面，临沂具有得天独厚的优势条件，党政领导机关大力制定政策，聚财力、出人力，广大书画艺术家们积极采风写生创作精品佳作，广大沂蒙人民积极参与，保证了这项活动的顺利举办，建议今后要连续举办各种类似活动，或者创办书圣文化艺术节。在临沂，我们看到了中国书法事业发展的希望。”王老的讲话极大地激发了全体临沂人民的信心，立即掀起了学习研究、继承弘扬书法艺术的高潮。会后,王老不顾连日的劳顿,在徐悲鸿纪念馆馆长廖静文以及孙轶青、邹德忠、张旭、赵学诚、张克利、邹振亚、魏启后、江文湛、鲁风等的陪同下,参观了王羲之故居、“书圣杯”国际书法大赛暨王羲之故里国际书画邀请作品展览、银雀山汉墓竹简博物馆、沂蒙山区工农业外贸产品及根雕、制砚精品展,并提出了许多发展指导建议。

临沂人民在王老的关心指导下,经过十多年的努力,自2003年始,连续举办了十一届“中国临沂书圣文化节”,临沂先后被国家文明委授予“全国精神文明城市”,被中国书协授予“中国书法名城”,被中国文联、中国民间文艺协会授予“中国书圣文化之乡”“中国诸葛亮文化之乡”“全国优秀旅游城市”等荣誉称号。

2010年8月28日,我作为中国王羲之书画艺术研究院的常务副院长兼秘书长陪同聂邦瑞执行院长、梁立华、李晓君、王秀玲、乌里扬诺夫副院长等,一起到天津大学在王学仲艺术研究所拜访了王老(他担任中国王羲之书画艺术研究院院长),当面向他汇报了工作情况,聆听了他老人家的教诲并合影留念。

时至今日,在纪念大师逝世百日之际,回想王老关心支持王羲之故里的书画艺术事业繁荣与发展,以及推动中华民族文化事业的崛起,所倾注的竭诚努力,我们感慨万千,决心奋发有为,继承大师的遗志,完成他老人家的未尽事业,以告慰他老人家的在天之灵。

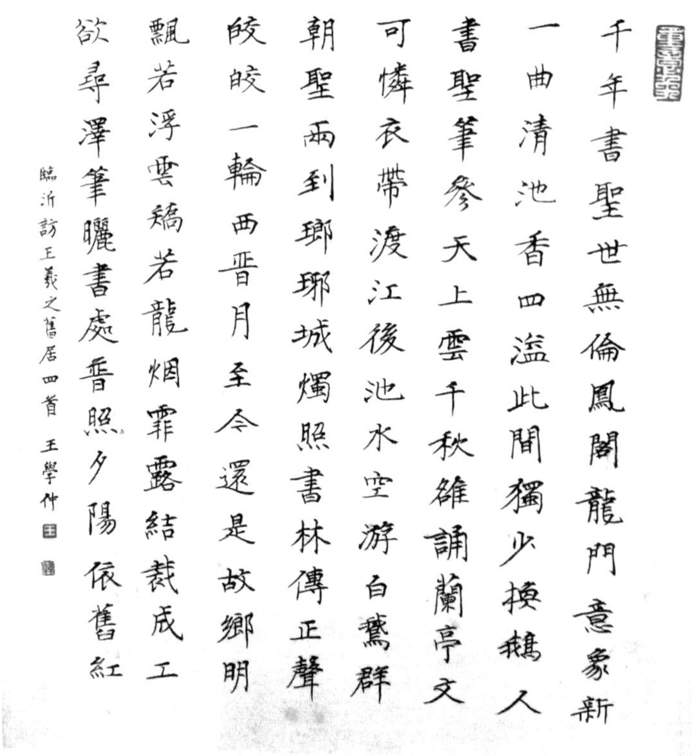

临沂访王羲之旧居小楷

黾勉鞠瘁　艺传千古

——怀念王学仲先生

王宝林

2013年10月8日清晨，王学仲先生在天津武警总医院病逝，这一天，离他88周岁生日还有整整半个月时间。先生生前有恩于我，这两天，几次提笔想写点什么，可万语千言竟不知从何处说起……

我是1988年刚开始收藏书画时结识先生的，经常去信请教问题。这些信中，除了请教书法篆刻诗词等方面的知识，也有些不起眼的小事儿。如先生两个书斋名的来历，如他的学生孙伯翔的联系方式等等。如今看来，那真是浪费先生的宝贵时间，可每一次先生都会回信。刚才翻检旧物，竟有十几封，信封、信札都是先生亲笔，直到先生患病。多年的书信往来，我们却一直无缘见面，这在今天是无法想象的。后来有一年，全国书协在山东开理事会，先生见到与会的金意庵先生，还提到过我这位小青年，请金老多加提携。

随着交往的增加，我在喜欢先生的诗书画艺术的同时，开始了解先生的一切；随着了解的深入，我更加钦佩先生的品德。据王学仲介绍，当初父亲为他取号“黾”，典自《诗经》，意为“黾勉鞠瘁，不敢告劳”，这也成为他一生所遵循的信条，贯穿于他的工作、生活和艺术创作中。

1925年10月23日，王学仲先生出生于山东省滕州市鲍沟镇宁家村一个书香人家。其祖籍临沂，祖先与晋代大书法家王羲之同属琅琊支脉，曾祖父王启方是清末秀才，专攻虞世南“孔子庙堂碑”，父亲王履安则专攻魏碑。王学仲正是在这个书法世家里耳濡目染，心摹手追，积累了大量碑帖资料和感性认识，为其后的书法创作打下了坚实基础。他5岁跟着父亲开始学写毛笔字，17岁时，他考入北平京华美术学院国画系，1949年应徐悲鸿先生之邀入国立北平艺专墨画科，1950年入中央美院绘画系学习油画，1953年28岁时毕业，分配到天津大学任教。他三度进京，经历长达12年之久的美术院校学习，受到了正规的艺术教育和严格的科班训练，得到了徐悲鸿、齐白石、吴镜汀、容庚、黄宾虹、蒋兆和、叶浅予等人的传授指点，艺事日进。他曾自刻两枚印章：“美院三度”“刺股十年”。

在求学的这段时间里，徐悲鸿先生对他的教诲和关爱令他终生难忘。在北平国立艺术专科学校新生报到那天，校长徐悲鸿率几位老师来到新生的教室，见到墙壁上挂着的几幅作者署名“夜泊”的书画。第一件画作上一猫一毛虫相视而立，双方蓝莹莹的目光里透出色厉内荏，画上题诗：“虫猫各相疑，懔懔两生怕。孙武富奇韬,用兵不厌诈。”第二件作品中是前腿蜷起、目瞅蹄尖的坐虎,一副悠然自得的样子,题诗为:“画虎两三年,画虎成一千。谁传画虎术,不靠才与天”。书法作品真、草、隶、篆皆有,字形大小不一,笔画粗细不等,却又浑然一体,透出拙朴、凝重、冷幽、奇异……

徐悲鸿边看边颔首,面露喜色。全部看完后,他对围观者说:“夜泊的字、画、诗都有些怪,诗、书、画合称‘三怪’如何?”“好!”一片响应声。

“夜泊”是王学仲的笔名。徐先生又转脸对王学仲说:“‘怪'字的含义有贬也有褒,‘扬州八怪’不也是‘怪’吗?你书画有一些文人画趣味,但还要下深功夫,要有时代的足印,要有事物的特征,还要有艺术家个人的面貌。”王学仲深为徐悲鸿先生的褒奖而激动,嗣后写诗一首:“博得徐公三怪名,微山湖畔呼延生,津沽燕市传诗句,自笑才疏倚马缨。”

有一次,王学仲带着他自己写的书法册页呈给徐悲鸿先生指教。徐先生仔细审视之后,挥笔在册页上题写道:“呼延生方在少年,其书得如是造诣,禀赋不凡,盖由天授。方之古人,在唐则近于北海,宋则山谷,明则倪文正、王觉斯,而非赵、董世俗之姿可相并论也!”

还有一次,王学仲由于生病而休学,他甚至产生了悲观消极的想法。徐悲鸿先生得知后,多次指示工作人员给他汇钱,用于治病和继续上学。悲鸿先生还亲笔写信说:“病症静养可愈,须具信心,多食葱蒜并节思虑,自易恢复。愈后仍需来院学习,以竟前功,所谓玉不琢不成器,鼓励勇气以奏肤功,望弟自爱。”

1953年7月,王学仲顺利毕业,离校的那天晚上,徐悲鸿特意画了一幅《奔马图》赠给王学仲,并叮嘱他在艺术上要不断进取。

王学仲毕业后分配到天津大学任教至今,其间他不但桃李满天下,而且他的诗文书画艺术也不断发展成熟。著名诗人贺敬之有诗赞曰:“黾园书画好,滕国诗亦佳。琅琊现新景,梦笔生三花。”

“开时代之先河,探创新之筚路”,这是时人对先生书法艺术的经典概括,先生堪为当代书坛一位楷行草书的集大成者。先生曾说过:“艺术有优美和壮美二种;无法说壮美是美的,优美是不美的;也无法说优美是美的,壮美是不美的。我写出大字则喜宽厚、雄强而凝重,小字特喜清秀、妩媚而多姿。”他认为两种美学风格都是美,都是艺术,都必须同时存在,这就为艺术的发展拓宽了道路,满足人们多样化的精神需要。

王学仲先生工楷书,尤擅小楷;行书取法李北海、《瘗鹤铭》、《云峰刻石》以及多种摩崖石刻;草书则研习怀素《自叙帖》并似有傅青主以及于右任书风的遗韵;行草笔势,绵延有万里之势,点画结构间,仿佛有望楼雉堞、巨龙起伏之态。我曾在赵铁信先生的一篇文章中读过一段对王学仲先生的书法的评价,一直记在心里:“王学仲先生的书法艺术功力深厚,气韵生动,一笔一自我,一字一变化,一幅一翻新,一碑一面目,从不拘泥于古人,从不重复自己,时而雄浑博大,时而秀逸多姿;时而苍劲老辣,时而妩媚潇洒;时而古拙雅趣,时而奇巧摇曳;时而碑味浓厚,时而帖气十足;时而大江东去,时而小桥流水;时而雷鸣电闪,时而惠风和畅……”我收藏、过手先生书法十数件,深感此言不虚也。

1992年9月15日,“两弹元勋”钱学森先生给王学仲写信,向先生敬求墨宝。王学仲郑重地把自己创作的《狂草赋》长卷,连同他的《夜泊画集》寄给了钱学森。钱学森在回信中说:“读先生《狂草赋》使我神思飞扬,如火箭升空,‘巡天遥看一千河’矣!故先生所赠书法将为我余生中的精神食粮,受用不尽。”

我第一次见到王学仲先生的画作是在金意庵先生家，那是先生送给金老的一件写意人物画精品《老衲补衣图》，上面题的一首诗已记不清了，只记得金老对此作极其偏爱，与龚贤、溥儒、陈半丁等人作品一起挂于客厅中。后来，金老把大部分藏品捐赠给吉林市博物馆金意庵艺术馆，可这件作品至今仍挂在金老家中。金老生前曾就这件作品对我说："这是真正的文人画，当今很少见了。"金老诗书画印兼擅，精于鉴赏，这是我唯一一次听金老赞赏时人画作。后来，我有幸欣赏过先生的一些大作，深感先生在创作中追求趋形意味，在亦庄亦谐的形式中托物兴怀，拓展了文人画的雅谑与内涵，充满了情趣与哲理，随意之间显高雅，庄严之中见谐趣，在洁净、平和、致远之中，耐人寻味。对于自己的艺术追求，王学仲先生有着自己的解释："我画即我姓，我写我所爱。牙慧不欲拾，凭人说好坏。酌古也量今，会中复融外……我仅似前人，如负前人债。我欲胜前人，今人又不耐。人言我似谁，我闻惭自悔。人或有似我，我劝弃之快……"

我喜欢读豪放派诗人之作，王学仲先生的诗作就有着这样的情怀与意境，这也与他豪迈刚直的个性有关。著名学者周汝昌认为，王学仲的诗、书、画三绝，以诗为先，"世人皆赏学仲先生丹青翰墨，我独以为他的文才实居首位，包括诗、词、曲、文、赋诸多文体，这在当今是尤其可贵的罕例……"我的记忆力不好，可先生的诗作我至今还可以背诵多首。如："何事雕虫吟咏勤，挥毫直扫九天云。淋漓大写情方快，不作浅斟低唱文。""生为人民纪，凯歌唱不休。灵魂若有在，死去亦高讴。""画家几个有清风，除爱礼来还爱铜。夜泊润笔只要纸，不然咄咄便书空。"……多年前，应我之请，先生为我写下最能表明其艺术主张的一首诗："都姓俗时我姓雅，书画妙者少逢迎。天心不负人心苦，孤旨崛奇有大成。"

古稀之后的王学仲先生，名气越来越大，被聘为联合国教科文卫组织专家组成员，俄罗斯美术研究院荣誉院士，获得世界和平文化金奖、鲁迅文学奖、中国书法"兰亭奖"终身成就奖，可是他对名利看得很淡，在发展艺术方面却十分慷慨。他曾向有关艺术馆、博物馆捐赠珍藏的名贵字画700多件。他曾在山东滕州王学仲艺术馆开馆时捐献了家藏的石器、青铜器、古陶等文物和唐伯虎、郑板桥、徐悲鸿等名人的字画；1995年10月他又说服家人把祖传画像《敕牒家谱》和一套十二件的唐代陶俑这些价值连城的文物捐献给了滕州艺术馆。滕州市拿出200万元人民币对他表示酬谢，但王学仲却分文不要。他说："我搞艺术不是为了钱，我觉得应该把艺术看作是一个人生最高的灵魂！"

自20世纪90年代先生因脑血栓肢体行动不便后，很少参加各种社会活动，我只在张海夫妇探望的报道中、在崔寒柏婚礼的图片中、在他的展览活动中偶然见到先生的身影。虽然备受病痛折磨，可他的思维依然活跃，精神依然矍铄，依然关注着社会生活的变化和发展，关注着艺术界的大事小情，并热心公益事业，他还是活在他的精神世界里……六年前，我偶然购得一件先生的楷书作品，看内容是给学校写的校训，因作品不似先生平时的风格，遂请先生弟子崔寒柏先生拿去请先生鉴定。谁知先生很气愤，因为这是先生忍着病痛免费为一小学题写的，没想到很快流入了市场。先生哪里知道，这是某些利益熏心的人，利用先生的一片慈爱之心，冒充学校、庙宇、慈善机构等的又一次"骗字"行为。虽然证明了作品真伪，可我为此事给先生带来的不快后悔了好长时间，这也是我与先生的最后一次交往……

两年前，在有关方面庆贺王学仲从艺80周年时，徐悲鸿夫人廖静文女士对这位悲鸿先生的得意弟子给予了这样的评价："王学仲是一个了不起的人。他的一生遭遇过很多的困难和挫折，他都走过来了。他在艺术的成就上，悲鸿说他的书法是了不起的。他后来的文人画，我觉得也很有成就，很有意境。他在生病的晚年，还一直从事文化艺术活动，这种精神很了不起。”

今天上午，王学仲先生遗体告别仪式在天津北仓殡仪馆仙逸厅举行，先生永远离我们而去了。几年前，《新报》记者采访时问先生：“您觉得您平生中最大的遗憾是什么？”王学仲回答：“我最大的遗憾是还没有形成自己的创作体系。因为这么多年以来，我都在从事教育工作，书法绘画只是在业余时间来创作，虽然也创立了自己的风格和面貌，但是我整体的创作体系还没有建立起来，这算是我平生最大的遗憾了。”

2013 年 10 月 10 日于三惜草堂

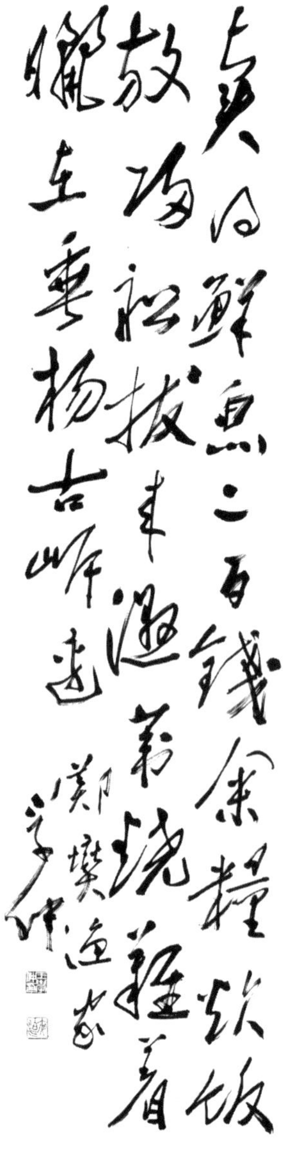

行书竖轴

“人爱热闹，我爱枯燥”

——近访王学仲先生

刘运峰

在河北省地方税务局工作的艾树池兄来天津，为河北省书法家协会创办不久的《书法家》约稿，我们首先去拜访王学仲先生。王先生听说我们在财税部门工作，说：“你们的职业太好了，有稳定的收入，这样再喜欢书画就有了经济保障，人总不能饿着肚子搞书画呀！”

我们问：“您最近忙些什么工作，经常出去走一走吗？”王先生说：“我是一个抱残守缺的人，与外界很少打交道，很少到外地去。我有一句话是，‘不耕砚田无乐事’。现在我可以说是书生本色，对我来说，搞书画很有乐趣，是一种精神的寄托。”

谈到“走穴”，王先生说：“我至今也没有经济头脑，还没有走过一次‘穴’。广东、山东、河南都有人请我去，而且一去就是十几万，我都没有去。有时去外地，也是开会或是为了完成一件工作，从没有一次考虑到经济收入才去的。我这个人就是这样，无求于社会，只想闭门读书、作画作书，想清静无为。但周围的社会环境太乱了，随时都会受到骚扰，不能全身心地从事创作。古人之所以专精，就在于他们处在一个封闭的社会，而且那个时候民与官之间不互相往还。”

王先生给我们讲了一个又好笑又可气的故事。他说：“前些日子，上海公安局刑警队打电话给我，我当时吃了一惊，心想刑警队找我干什么。电话中刑警队问我有没有给一位年轻人写过字。我说记不清，因为找我写过字的年轻人太多了。过了两天，上海的刑警就来天津找到我，给我看我写的一张字。看到字我想起来那是给一位登门自称是一位市领导的侄子写的。他来时对我说市领导要一张字、一张画，我当时身体不好，就写了两张字，也没有题写上款就让他拿走了。原来那人是个骗子，专门冒充领导人的亲戚到书画家那里要东西。没想到他到了上海找到谢稚柳的家，打着上海市领导的旗号要求谢稚柳作画。但谢稚柳已经去世了，骗子不知道，谢稚柳的夫人陈佩秋报警，才把骗子抓住了。我写的那两张字已经让骗子卖掉了一张。你们说可气不可气？”“还有的许多书画活动把我列为评委、顾问，有的通知我一声，有的也不通知我，就把名字印上去了。有人上当了，还要找到我头上，真让人觉得好人没法当，好事没法做。”

谈到书法界存在的不良风气，王先生深有感触地说：“随着人们生活水平的提高，爱好书法的人也越来越多。书法也就进入了市场。好多人都靠书法赚了大钱,买房、买车的大有人在。好多有名气的人忙于‘走穴’,捞名,不读书,不看报,写楷书的越来越少,写狂草的越来越多,浮躁的风气太盛,作品里错别字连篇,在艺术上没有丝毫的提高。有些书法家形成了‘三部曲’:搞书法展,出集子,‘走穴’赚钱。在一些全国性的展览中,花钱‘走后门’,贿赂评委,投其所好,目的在于能够使自己的作品入选。这样长此以往地下去,怎能提高艺术水平?所以说现在入选的许多作品都是一些流行体,失去了自我,没有追求,最终导致书风不正。”

“那么,您认为怎样才算是真正的书法呢?”我们问王先生。

王先生回答说:“书法应是千人千面,体现个性,有自己的面目。不能把临摹当成创作,临、创是两回事。书法要有自己的意匠加工,充分体现自己的性情。怎能都是欧字、颜字?认为写得像古人就成了书法家,这是非常错误的看法。”

“还有一种看法认为书法创作是任意发挥,任笔为体,不必下临习的功夫,这种看法也是错误的。书法自有渊源。任何书法家都是从古代来的。古代是一个宝库,要善于从里面淘金,如蜜蜂采花、酿蜜一样,要不断地淘金、冶炼。简单的拿来主义和一味否定前人,都是不好的倾向。”

我们问王先生:“现在书画之间的分工越来越细,对这个问题您怎么看?”

王先生说:“中国近代的艺术分工主要受日本影响,把书、画截然分开。事实上中国从古代开始就是书画同源,能书者必能画。像苏东坡、文与可、扬州八家等都是明显的例子。赵孟頫、郑板桥、吴昌硕、齐白石都是把书法的功力表现在画里了。由于日本画、西洋画的冲击,使中国人欣赏中国画的观念淡漠了,把作为中国画支撑的中国书法,以书法为魂、骨法用笔的要求忘记掉了。最近,有人写文章提到‘中国画笔墨等于零’,我不同意这种观点。我要说:中国画没有笔墨等于零!每个民族都有自己的艺术语言,自己的表达方式。欣赏中国艺术要寻根。书法就是中国艺术的根。任何艺术都讲究骨法、风骨,除去了骨,艺术就没有支撑没有脊梁。中国艺术的根就是书法的骨法用笔。否则,就没有灵魂,没有筋骨,没有血肉。能够代表中华民族灵魂的艺术就是中国的书法和绘画。”王先生还说:“有些中国人觉得自己本体的东西不科学。承认科技落后是事实,但就文学、艺术而言,并不比人落后,而是很先进,很伟大。所以说,对待我们自己的艺术,既不能夜郎自大,也不能妄自菲薄。”

“那么,您认为中国书画面临的最主要问题是什么呢?”我们问道。

王先生说:“一是国家对书画的经济投入力量不足。现在,中国的书画卖不过西方,卖不过日本,与国家投入有很大关系。二是作品的质量差,一哄而起,短期行为,鱼目混珠的现象太严重,缺乏品位。三是基数大,但真正的艺术家太少。”

我们又问:“您的追求目标是什么呢?”

王先生并没有因我们提问生硬而有什么不快,答道:“我的目标就是燃起生命的艺术之火,成为一个诗、文、书、画兼备的全方位的艺术家。把整个生命投入进去,忍受诽谤、抨击、打击,为重塑国魂、重塑人文精神贡献一份力量。”

最后,我们问王先生:“能用一句话概括您最近的心境吗?”王先生答道:“可以说是‘人爱热闹,我爱枯燥’。我要求自己要天天读书、写字、画画、作诗。让别人看来，这种生活是单调、枯燥的，但对我来说，却是其乐无穷。最近，山东淄博请我去写字、作画，提出给20万元，我谢绝了。要时刻警惕自己，不被金钱奴役。因为去一次就会去第二次，这样就会毁掉艺术。要保持自己的艺术晚节。”

2000年9月28日

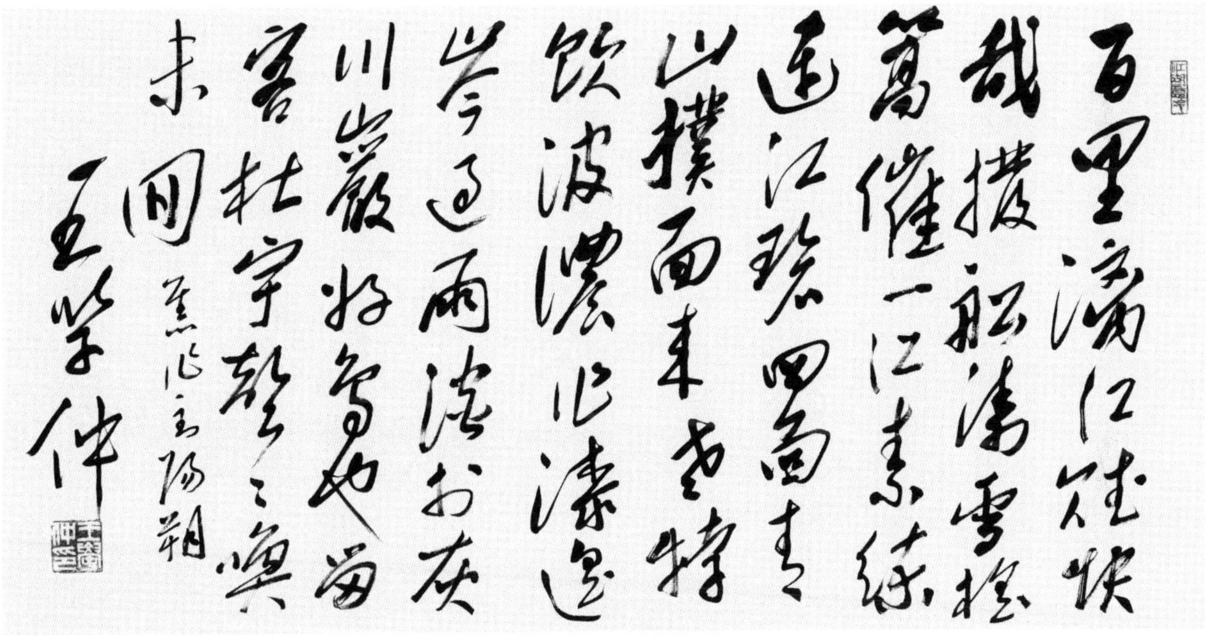

行草 到阳朔

缅怀恩师　传承黾学

张永敬

恩师仙逝已近百日，悲痛之情渐趋平复而怀念之思却随之加深。我与恩师相识 36 载，入黾园门下 26 载，我何等幸运得遇良师，聆听教诲，亲历传世书画名作的诞生。在中国传统文化遭遇大劫难之后，我从先生那里感受到国学的博大精深，认识到诗书画印形式后面承载的厚重的文化积淀，自觉地投身于传承民族书画传统，致力艺术教育和创作的事业中。我虽天资平平，远非大才大器，但先生的指导和鞭策为我坚定信念，使我知不足而学习而努力。

我与先生相识于 1978 年年初，天津市政府办公厅组织天津书画家为人民大会堂天津厅创作作品，我的老师工艺美院的穆仲芹先生和弟子刘文生、张庶丰和我，赵松涛先生和弟子秦克强、孙本长，天津美院的王颂余先生、孙其峰先生和弟子霍春阳（工笔花鸟画家郭鸿勋先生也长与孙先生合作）、溥佐先生和弟子戴士隆、肖朗先生和弟子史如源、贾宝珉，天津画院的孙克刚先生和弟子也是创作活动的组织者美协的李长有、天津大学的王学仲先生。这几位先生便是当时著名的“津门八家”。我与其他几位先生有的接触较多，有的至少见过几次，只有王先生因在天津大学任教，此前只闻其名，未曾接触。八家中穆先生为长，王先生虽最年轻，但当时已经是大学教授了，且诗书画印兼长，先生为纪念周恩来总理逝世一周年创作的《怀思》在全国产生了较大影响，他的《双鲤图》《垂杨饮马》《烟雨漓江涨扁舟》等独特的水墨样式，深深地吸引着我们。《辞海》的缩印本出版了，我买了一部给先生看，先生感慨地说还是年轻好啊，缩印本查找方便，我眼花了这样的小字看不清了。先生又叮嘱我放假过节减少些串门时间，多翻辞海，就会积累更多知识。那部辞海成为了我常用的学习工具，至今虽多了很多形式的字典、辞书，由于它词条较多还会用到，但必须花镜加放大镜才行。10 年后我考取了先生的研究生，终于正式成为了黾园弟子。先生高兴地为我亲书“登我学府”，我在感到荣幸的同时，也为是否能达到先生弟子的水平而不安。

我入学是 1988 年秋季，当时先生的滕州艺术馆即将落成，天津大学的王学仲艺术研究所的院落黾园是 1989 年建成使用的，因此我在十七教学楼上了一年多的课。我是第二届研究生，前三届各只有一名学生，先生亲自为我们和中外的进修生一起上课。从南开中文系调来的王双启教授讲授文学和书法，著名诗词大家寇梦碧先生讲诗词，先生负责书画创作的理论和创作指导。先生曾系统地讲解石鼓文，曾带我们去水上公园去写生，在黾园的展厅中，陈列着先生的书画作品，有时上课，先生亲自为我们讲解他的画的创意，如“圯桥授书”“抱瓮灌园”“风雪赌徒归”“濠梁辩鱼”等。一边看书法作品，一边传授他的“东学西渐、欧风汉骨”“扬我国风、励我民魄、求我时尚、写我怀抱”的艺术主张。更多的授课形式是边创作边讲解，从立意到笔墨技法，到题字盖章。插于富贵吉祥瓶子中的“墨牡丹”“黄菊红柿图”“采菊东篱下”“漫逐桃花不解饥”“数朵梅花一屋诗”等我们有幸于先生画室观看了整个创作过程，甚至帮先生裁过宣纸、磨过墨、盖过印章。每每亲历先生的又一幅佳作诞生，我们都激动不已，虽精妙之处可能还远远不能深刻体验到，但总是感觉先生引领我们又一次高台远眺或曲径通幽。

毕业后，我到南开大学东方艺术系任教，之后先生的许多艺术活动也叫上我参加，如在人民大会堂举办的先生的国际研讨会，在滕州举办的摩崖研讨会、墨子研讨会等，与先生一同参加苏州古吴轩庆典并游览了寒山寺，在和先生及陈玉圃先生举办三人书画展时拜谒孔府、孔林、孔庙。在孔林门外，先生拿出随身携带的速写本和钢笔，边画速写边给我们讲述他年轻时第一次到曲阜的往事。先生的研究探讨的平台是与其所涉及领域的国内外顶级专家、学者交流与交锋，因此，他思考的高度和深度以我的学识是不可企及的。但多年从教的先生也不忘深入浅出地点拨不才的弟子，使我略有觉悟和提升。陪在先生身边的岁月是我宝贵的人生经历，我将受用终生。

先生在诗文和书画理论及创作上的综合成就和影响，在同时代少有与之比肩者，先生以其广博高深的学养和非凡的艺术天赋、艺术造诣的结合，将哲学的思辨、史学的支撑、艺术实践的实证结合起来，依托他深厚的国学底蕴和开放的国际性思考，将艺术理论中诸多重大课题进行深入研究而形成的黾学体系需要后人深入地研究继承。黾学理论研究是理论家的工作，也是从事书画艺术创作的书画家提升境界的途径之一。先生丰富的艺术创作为我们提供了最好的研究实例，他的书法涉及真草隶篆、碑版书札、法书传承与新风创作；他的西画有素描速写、水彩油画，既有印象派的引用也有写意油画的尝试；他的中国画驾驭花鸟山水人物走兽多种题材，自如运用水墨、彩墨和多种技法手段，既有趣味横生的小品，又擅长境界弘大的巨幅，诗书画印相得益彰。他年轻时代的作品雄浑有深度，老年的创作又充满智慧、活力和张力。他从不止步于任何一个创作的里程碑，而不断地以新的热情去探索、尝试。先生说他小的时候没有一般儿童的自由玩耍的同年，早早便学诗练字，成年后没有吃穿享乐的嗜好，是个艺术事业的苦行僧。而当我们阅读他的诗文著作、欣赏他的书画作品时，彷佛走入一座丰富得不能探索穷尽的宝库，那些表达出来的或藏在后面的，令我们警醒、思考、惊奇、震撼且过目而不能忘怀其作品所传达的内涵或形象，我们震撼的强度、我们获得的美感、我们精神所得到的升华是无穷尽的。在那样丰富的世界里，他的境界、情感、趣味，自然不能到 K 厅和麻将桌上去发挥。相对他精神世界的丰富，能用于表达的时间则远远不够，尽管已有那么多的作品问世，先生所要表达的则该有更多；尽管国内外给予先生各种奖励和荣誉称号，都不会是先生追求的目标。如果不是长期病魔的拖累，黾学体系已形成而思想依然机敏的黾翁定有更多更宝贵的经典作品贡献社会。在无奈和遗憾中，我们所应做的是传承发扬黾学体系，继续先生未尽的事业，以先生的治学精神来研究黾学，使黾学研究的成果惠及我们的艺术创作，以黾学的发扬光大来纪念先生。

于南开大学南野庐

依然狂伯颠倒生

王乃壮

我与仲兄既是同窗学友,又友好往还40余载。早在国立北平艺专时,人皆亲切呼之为“老呼延”。当时同学中鲜有人知其原名为王学仲,只知道他学名就叫呼延夜泊。其画上落款皆为夜泊,久而久之看多了,我突然发现夜泊二字怎么看着看着变成像“狂伯”了。对,这些墨色淋漓狂怪的泼墨书画的作者就是一位狂伯。

自辟龙蛇径，放情山水歌。
风流挥霍尽，蕴藉尚余多。

记得我曾在香港《美术家》为仲兄撰过一文述其首创漆墨书画的历程。仲兄就是由于首创漆墨书画后,墙内开花墙外香,被日本书法界所青睐,成了中国第一位受聘赴日讲学的教授。时隔多年,仲兄终于集诗书画之大成,被人称之为“三怪”王学仲, 20多年前,“文革”结束不久,我去天津大学建筑系参加一个教材审议会,偶遇学仲兄。久未谋面,仲兄特别高兴,非留我一起午餐不可。饭后仲兄即兴挥毫作了双鲤釜,寥寥数笔,满笔酣畅,自此方知仲兄在绘事上的探求。我原是学西画的,对所谓文人画无甚兴味,及至拜在舍禅门下转学国画大写意之后,才逐渐对中国文人画初有领悟。回头再看仲兄作品,对他的文人画便有了更多的理解。仲兄的文人画完全应合了陈师曾在《文人画价值》一文中所提到的“着重精神,不贵形式”。因而也发生一些笑话。仲兄自日本筑波大学讲学荣归后,求他“赐以宝”者络绎不绝,后来仲兄不无诙谐地苦笑着告我,那些上门求字求画的人,多数竟“乘兴而来,败兴而归”。因为仲兄之文人画对一般修养平俗者来说,无异似谜语一般,全不以形似为主,加上强调“不贵形式”,更令一般市井者看画如看符。好不容易求得大师手迹,兴奋之余,回家打开一看,哇！这画的是“嘛”(天津口音)。

行止无拘检，行踪近楚狂;
有画不趋时，有诗寡相知。

难怪一般求画者得画后会失望,这是可想而知的。

最近收到了仲兄自天津寄来的《夜泊画集》,我反复细阅多遍,深感自己多年来视其泼墨作品为狂伯醉笔一识无误矣！

胸襟自有主，不作马牛走；
日泼一斛墨，晚斟三盏酒。

我深知仲兄不嗜杯中物，但其画作给人狂伯之印象，确似酩酊大醉笔。

大凡书画家，纵观其毕生勤奋劳作，真正所谓的精品总是有限。要求一位画家全部作品件件皆精是一种奢望，文艺复兴巨匠达·芬奇最脍炙人口的不就是那幅“永远的微笑”《蒙娜丽莎》吗？打开“狂伯”画集，有不少佳作过去我都未曾见过，不禁“想占为己有之心”油然而生。我手边已存有仲兄字画真迹多件，皆属上乘之作，然而画册中则有更为精彩的，如《杨柳含烟》《晚山夕照》《湖南田家》《双鹤出栖》等，尤以《碧岚》和《数朵梅花一屋诗》更切近我之所爱。因为这两件精品更属狂伯醉笔，正如仲兄自己诗中所云：

淋漓大写情方快，不作浅斟低唱文。

艺术是精博的学问堆出来的，再读仲兄赠我近期出版的《王学仲书画旧体诗文选》一书，更可窥知仲兄的古诗文根底之深厚。作为一名现代文人画的画家，倘若缺乏深厚的祖宗数千年来留下的珍贵文化财富，就不配称作文人，更谈不上什么文人画。一个艺术家高于别人一头的永远是他的智慧总和超过别人。

我年青时是一个盲目崇拜西方艺术的学子，可以一口气背出众多西方艺术大师的名字，而对中国旧体诗文，却不能不由衷地佩服三怪王学仲所下过的功夫。仲兄幼时每日必临帖抄书，代父誊写诗文，常常累得腕疼臂酸，正是“不是一番寒彻骨，争得梅花扑鼻香”。

文如其人，画如其人。古往今来，真正能言必行，行必果而淡泊名利者可谓寥若晨星，而仲兄在此道上确算得上一生磊落。在他周围，上门求学求画者可以排成一条长龙，而仲兄总是拒绝那些对一般庸俗画人来说是求之不得的东西。当滕州建立艺术馆时，仲兄把自己历年珍藏的贵重文物字画悉数捐赠给家乡的父老兄弟们。

都姓俗时我姓雅，画书妙者少逢迎；
天心不负人心苦，孤诣崛奇有大成。

且不问大成小成，在我与仲兄积 40 余年的交往中，仲兄永远还是那样“依然狂伯颠倒生”。

1992 年夏 8 月于山野禅居

师范高德　如沐甘露

孙国喜

2013年10月8日是我永生难忘的日子，恩师王学仲先生病逝于天津武警总医院，得知这一噩耗后的我悲痛万分，至今仍无法接受恩师已经永远离开我们的事实。先生一生勤勉，艺术造诣更是令人叹为观止，所涉领域在国内外均取得了非凡的成就。其中先生的诗词，文学，书画更是超越了所处时代的界限，博采众长、自成一家。恩师倾其一生为社会文化艺术的发展和民族意识的觉醒作出了巨大的贡献，他的去世无疑是中国文化和艺术领域不可估量的重大损失。

一、朴素节约 丧事从简

我与恩师相识、相知已有40余年了，他一直用自身的言行来为我们树立尊师重道的榜样，即对他的授业恩师徐悲鸿先生、李可染先生等是十分尊重和爱戴的。然而王先生在他病重期间却叮嘱弟子尽量少去看望自己，我开始不解，便询问原因。恩师对我进行了解释，因为王先生一生做事向来亲力亲为，能自己做的事情绝不麻烦他人，也不想因为自己的病体而耽误弟子们的工作和教学事务。尽管此时的先生是王学仲研究所的名誉所长，但由于身体条件所限已不能直接参加工作，即便如此，先生仍心系工作，从不为自己的事情占用我丝毫的时间，这与一代大儒曾国藩所谈的修身之学是殊途同归的。

众所周知，先生在世时交代自己的身后事一切从简，然而这并非先生病危时所谈，而是恩师在第一次病重时就已经有所考虑了。显然他在病重之时就已经坦然地面对死亡，否则不会叮嘱家人和众弟子要遵循“三俭”原则来料理自己的身后事，即不设灵堂、不接受花圈和不接受叩拜。

纵观历史，有很多古代文明都是为死亡而准备的，例如埃及的金字塔和各种神殿就是为了人们逝去之后入住的，同样中国早期的儒家文化中有很大一部分也是丧葬文化，这就说明人在关注生前状态的同时更是关注死后的归宿。而王先生身为一代国学大师、书画大师，又是对社会和国家作出了巨大贡献的人，居然可以在坦然面对死亡的同时如此简单地处理后事，恩师这样的胸襟和情怀使我折服。

二、慷慨为人 乐善好施

先生一生对己节俭，对他人却慷慨大方、乐善好施。在天津大学任教期间，多次资助学生鼓励后学。

我身为王先生最为贴身的弟子，在聆听先生谆谆教诲之余也有多次得到他物质上的帮助，深感获益良多。先生在关爱后辈之余，对故乡也怀有深深的眷恋和感恩之情，就凭他将自己珍藏多年的字画无偿捐赠给山东老家，就足以印证对生养他的这片故土爱得深沉。毫无疑问，先生将毕生的心血都奉献给了新中国的文化发展和教育事业。

三、设立基金 后辈奉行

2013 年下旬恩师病情恶化导致生命垂危，在生死弥留之际，他仍嘱咐我要将自己多年来的积蓄捐给天津大学，并要设立天津大学王学仲人文教育基金，意在鼓励后学之辈。这也成为王先生非常重要的临终遗嘱。我身为先生亲传弟子与恩师的家人王腾携手，终不负恩师嘱托，于 2014 年 1 月 8 日即恩师逝世百日之际，在天津大学王学仲艺术研究所正式启动了王学仲人文教育基金。我身为研究所的所长光荣地参加了基金的启动仪式，并在会上致答谢辞。但我想我还有一个更重要的身份，即王先生的弟子和亲人。我爱戴先生，先生也是我至亲至爱之人。当我看到品学兼优的学生们双手接过奖学金的一幕时，基金启动的欣慰感受和对先生的思念之情同时涌上了心头。

四、心怀感恩

先生故去之后，我计划每年为先生拜祭两次，一次是在 10 月 8 日，这是王先生故去的日子，恩师去世之日我痛心疾首，祭日拜祭自不必多说；另一次则是在 10 月 23 日，这则是王先生的生日，我选择在恩师生日的时候拜祭他，正是因为我感觉恩师并没有离开我们，他的音容笑貌犹在；而先生“扬我国风，励我民魂，求我时尚，写我怀抱”的艺术箴言和淡泊名利、乐于助人的高尚品格，更是激励着每一位黾学传人在今后的工作和生活中孜孜不倦，锐意进取。

本文作者与王学仲考察途中

《啸傲江山　王学仲书画集》序

彭庆涛

为序者,述其要而后荐之者也。先生之要丰富多彩,非三言两语所能括之。前有《王学仲全集》十数卷明细承载,后有《黾学大观》汇集专家文论,另有玲琅满目之报刊网络弘扬之,故此不表先生当代之荦荦大端也。谨以心怀震撼而序之也。

观癸巳天津美术馆所办先生之展览,气势之大,规模之宏,作品之精,场景之隆,可谓空前也已!收千万方家后辈由衷之祝福;慰数百亲朋挚友热切之嘱愿。飨国人心醉神迷之满足;瞻先生高山仰止之胸襟。幸甚之大哉!

余曾赞曰:诗成黄钟大吕即震撼人心,书到龙蛇翻云则牵动群魂,画似奇秀斗艳能陶醉千家,文如大浪淘沙可启教万民。今之温来,更感信心有加矣。先生乃国家之重,品格为艺坛之表,黾学属文化财富,"四我"则民族精神。傲居诗文书画四艺之峰顶者,中外艺术史上所罕见也。扬国风、励民魂,得亿万中华民众所景仰;求时尚、写怀抱,引无数艺坛同人共折腰。

饱读儒学,超然物外,纵情独往,啸傲江山。此所谓真真大师之风范者也。

观恩师耄耋蹒跚而韧力有为,一则以喜,一则以惧也。

正当本册付梓之际,忽闻恩师驾鹤西游,天下艺界无不沉痛悼念,众弟子更是伏帷呜呼,大哀也已!表我师近90高寿,虽卧病榻20载,然于师母家人精心照料之下,仍能心志不减,壮怀激烈,何其壮哉!坚信我师学养精髓暨传世佳作必成后世之瑰宝,擎托恩师历史之定位也。在此,谨代黾学门弟子叩拜我师,追思再念!

2013年10月于曲阜孔府

绿韵兰章

王学仲与孙本长

解俊茹

王学仲与孙本长。摄于 1980 年代

王学仲先生也走了。他去世的消息是孙本长的好友韩永盛和我的好友王逸君在第一时间发到我的手机上的。我心里咯噔一下,未想到王先生会突然离世。2013 年本长去世十周年纪念活动,他老人家还让"王学仲艺术研究所"所长孙国喜,儿媳徐小荣带口信来,我也一直想安排个时间去看望他老人家,当面感谢这位关心挚爱孙本长绘画艺术成长的前辈师长。可是我的拖拉,竟成为我终身的一个遗撼。

我最后一次见到王先生是在他 2013 年 5 月 25 日天津美术馆"王学仲书画展暨捐赠书画开幕仪式"上,王先生坐在轮椅上由学生推着。我上前握住他的手"王先生您还认识我吗?"他歪着头两眼凝视我无语。我说王先生我是本长爱人,他只是会意地点了一下头。还是 2006 年,我去看望王先生,他已患脑溢血了,有语言障碍,吐字不清,行动不便,坐在轮椅上。但多年病魔缠身,与疾病顽强斗争的王先生时常还能通过媒体得到一些参加艺术活动的消息。王先生诗书画文学聚一身,多才多艺,博学专长,造诣非凡,德高望众,也是中国当代不可多得的艺术家、教育家。

1977 年孙本长在天津工艺美校留校任教,师从国画家赵松涛先生。且孙本长虚心好学,博采各名家之长,他非常敬重王学仲先生的学识和人品,经常求教于王先生。1985 年当本长考取天津美院国画研究生落榜后,立志于走一条自学求师问教之路后,拜王学仲先生为师,王先生破例吸收本长为天津大学王学仲艺术研究所研究生班旁听生,每周都要坚持到校学习美术史论、中国古代文学等课程。1986 孙本长的《河原嫁女》开始创作,每当遇到问题随时向王先生答疑解惑。《河原嫁女》这幅巨制他历时三年艰辛创作,终于在 1989 年第七届全国美展中一举荣获“第七届全国美展银奖”“中国美术家协会齐白石基金奖”“日本日中友好会馆大奖”。1990年在水晶宫孙本长赴日绘画展新闻发布会上，王先生即兴提笔“河原嫁女，一代名图”。

王学仲为孙本长画展题词

本长和王学仲先生不仅建立了一种特殊师生情结，更是志同道合的挚友和知己。本长在世时，每年春节初一都要带我一同去看望王先生和师母。我对王先生爱才、重才、惜才、敬才的大家风范由衷敬仰。

在本长去世一周年举办的“孙本长绘画艺术研讨会上”，王先生的一幅“凡高烈男名华夏，河原嫁女播瀛洲”题词让与会人员惊赞不已，他精准评价了本长的绘画成就和艺术人生个性。王先生的学识人品有口皆碑。

至今我还清晰地记得2005年春节过后，当时的情景依然历历在目。一场大雪之后的三九天里，我带儿子孙光一走进天大校园，雪后晴空万里，阳光照耀在路边的皑皑积雪，照得眼睛有些睁不开。路上问询了几个人才找到王学仲艺术研究所，门卫老大爷问我们是哪的？有什么事？我说是王先生的学生，他说怎没见过你，我看出大爷不愿让我们进去，很是为难的样子，我说，我就去王先生家好了。他才说，你等等我打个电话，接不通，大爷让我写了姓甚名谁的纸条上楼了，片刻下来请我们进会客厅等侯。未等我们娘俩坐稳就传出脚步声，我转身走出客厅迎了出去。王先生身穿褐色印花绸缎华服，手持拐扙，腋下夹一本杂志从楼上走下来。我急忙上前搀扶着他走进会客厅。他坐在一个特制的高椅上，我说，我和儿子一起来看望您，感谢您对本长的器重和关爱。他说，本长是艺术家，追求艺术值得人们的尊敬，不靠官场，踏实做人作艺术。还劝慰我“人不在活多大年龄、高寿。凡有成就的大艺术家没有多少长寿的，就像谁谁谁”。王先生实际在安慰我。又说，有什么事尽量说，只要需要我做什么，包括活动我一定参加。他嘱咐儿子好好学习，并说本长有传承人，你们要把本长的文字东西翻译成外文推向世界，让更多的人了解本长。王先生让我们一起去家里吃饭，向自家人一样和我们母子交谈 。时间飞转，十周年过去了，王先生音容，语重心长的叮嘱印刻在脑海中，铭记在心上。王学仲先生永远活在我的心中。

追忆恩师王学仲先生

李广兰

今天，早早醒来，觉得阴冷，推窗看天，寒气袭面，灰白的云层厚厚的，到处雾蒙蒙的，有点像化不开的心绪。

忽然想起来，今天是12月8日，我的恩师、亲人王学仲先生离开我们已经整整两月了，静下想写些点滴的回忆，眼泪还是忍不住流下来……

2013年10月7号晚，远在滕州的我突然接到天津徐小荣老师（王学仲先生儿媳）电话，王先生病情转重，已安排在天津武警医院重症监控室，先生在天津的亲人、朋友、弟子都守候在门口。远在家乡的我们也在守候、在牵挂、在焦虑、在担忧，此时我恨不得插翅飞到天津，可是，最早到天津的高铁也得到次日清晨拔车。我，静候电话，一夜无眠。早上，接到天津王学仲艺术研究所孙列老师短信："一夜平安，估计在等儿孙。"我一颗悬着的心终于暂时安定下来，心里默默祈祷保佑先生能过此关。7点，忽然接到犹如晴天霹雳般的短信："先生6:53分停止心跳，7点17分临床医生宣布先生逝世。"

我们匆匆赶往天津，途中默默无语，只有无声的泪水和悲伤的心情。我不敢相信，也不想相信，难道我们追随20多年的恩师真的就离我们远去了吗？同时，初见先生时的一幕幕如电影一般闪现在眼前……

那是1989年9月，高中毕业回到老家，像一个幸运儿一样，我来到了人生的起点——王学仲艺术馆工作，一个懵懵懂懂的女孩，就这样迈入了艺术的殿堂，恍然间已经过去了24个年头。记得刚来馆的第二年，大概是秋天的季节，王先生从天津回乡，我拿出自己用毛笔写的字给王先生看。王先生拿起我写的字，仔细端详了一会，乐呵呵地说："写的还不错，值得表扬啊！临帖是门学问，你要好好临帖。"说着，先生便讲起临帖的要点，说起古人的用笔和结体。先生讲得实实在在，简明扼要，我一一铭刻在心。第二天，王先生见到我，居然拿出了他已经写好的一幅书法作品送给我，上面写着"广思多益是我师"七个大字。先生竟慷慨赠送给了我，我既惊又喜，能拥有王先生的书法，这是我不敢想更不敢求的啊！"这是我对你的要求呀，拿着吧！"王先生依旧乐呵呵地说。至今我还珍藏着先生的这幅作品，一直为学书圭臬。唐代诗圣杜甫写过："未及前贤更勿疑，递相祖述复先谁？别裁伪体亲风雅，转益多师是汝师。"先生这是取前人之意，鼓励我出入传统，脚踏实地，认真思考，中得心源啊。这是先生对一个年轻人用心良苦的鼓励与鞭策！

1996年秋天,馆庆十周年之际,王先生和夫人曹老师坐上从天津回乡的火车,他们此行带着对家乡的报答之情,把他自己珍藏多年的家传珍宝——祖传画像《敕牒家谱》暨宋代十米长卷亲自送回家乡,无偿捐献给家乡艺术馆。时至今日,宋代文物流传极少,可谓寸纸寸金,珍贵至极。这是王先生内心对养育了他的家乡深厚的眷念之情。2005年滕州市委、市政府拿出200万元来回报他对家乡的无私奉献,可是先生却分文不要。他说:“滕州是我的家乡,我是喝荆河水长大的,家乡父老乡亲的恩情我永远报答不完!”后来,读到先生写的思念故乡的诗句:“日日梦乡关,荆河绕廓湾。风光何处好,还是旧家山。”语言平白如话,感情浓烈如酒,短短20个字,道尽了先生对家乡扯不断的情谊。当年作为讲解员,我每每在讲解长卷时,都会把王先生殷殷的家乡之情传递给参观者,让每一位观众能够在真切感受高雅艺术的同时,能更多感受和了解王先生在艺术之外精湛的艺品和高尚的艺德。

2002年,为了能使自己的讲解水平有一个质的提高,我大量查阅王先生著作和书画理论书籍,但是觉得还是对王先生一些画作画面内容理解不够透彻。为了能让参观者更多感受王先生的艺术魅力,我把作品拍下来,向王先生请教。先生看到作品照片,欣然对我说:“回天津后我就给你整理出来。”没想到半月后的一天,我就接到一封挂号信,打开后,让我惊喜地看到,王先生在每一幅作品后面,均有钢笔书写的画面意境和内容,我当时激动得说不出话来,王先生那时身体一直不好,没想到先生竟然如此认真对待。这件事对我触动很大,让我看到了一位大家的风范,看到了老人对晚辈的鼓励和厚爱。这件事情让我恪守的人生信念越走越坚定,决心一生追随先生,努力工作,爱馆如家,馆荣我荣!

2006年秋天,我随王先生到河南驻马店疗养治病,陪伴照顾二老,负责一切起居生活,让我更近距离地感受到了一位大家学者的平凡与不平凡。一个月的时间很快过去,王先生为我写下一幅书法作品:“广兰馆长以馆为家”。这是多么高的评价,我拿到手里感觉沉甸甸的,更加知道以后该怎样做人做事。亲炙老人的学养,感知老人的风采,是我一生之幸。2001年,我正式担任王学仲艺术馆副馆长一职,王先生闻讯后高兴地又为我创作一幅画作,题记写道:“广兰任职艺术馆十余年,今已晋升为副馆长,画幽兰以贺。”久久凝视着这幅画作,我感觉那丛幽兰的清香,幽幽沁入心脾。兰为花中四君子之一,不以开在山野而忧,一抹芬芳秀天涯,因而备受古代文人雅士喜爱,一直是文人画家咏怀的主题。王先生是当代新文人画派创始人,对幽兰十分钟爱。先生画兰赠我,我想一则我名兰,恰如其分,二者寄予先生对我的厚望,希望我不断加强自身修养,不求浮躁的名与利,只求内在的自信与温婉,人淡如菊,心性如兰。感恩先生在我每一次成长和进步时,他老人家都在关注鼓励我,他那么忙,那么累,我只有默默地告诉自己,一定不能辜负王先生。

2006年底,我接任艺术馆馆长一职,晚上接到王先生从天津家中打来电话祝贺,我当时就激动得落下泪来。每一次无论是和先生通电话还是去天津看望他,他老人家都不会忘记让我代他问家乡人好,向馆里工作人员好,这么多年,年年如此。2007年8月,恰逢馆庆20周年过后,王先生和夫人回乡,这是艺术馆升级改造后王先生第一次来到馆里,当他看到艺术馆的巨大变化,眼含泪珠,以蹒跚的步履,踟蹰在每一幅作品前,从一楼展厅仔仔细细看完。接着,先生坐在轮椅上,我们抬着轮椅上了二楼,这也是王先生自得病以来第一次要求到二楼再看一看。先生驻足在每一幅作品前,几次哽咽,无声的泪水涌出眼窝。如雪的鬓发,清瘦的脸颊……先生和以往不同,明显老了,我一阵心痛,心如刀绞。先生嘱咐我尽量把他捐赠的作品都展示出来，让更多的人感受艺术，接受艺术的熏陶。接着，我们陪着先生到了大门口院内先生塑像前，先生说：“因为身体的原因，我可能以后回来的机会不多了，我和大家合个影吧！”全体工作人员激动得和王先生合影留念。之后，先生决定离开，我们再三挽留，先生和夫人还是执意返津，谁也没有想到，这竟然是他最后一次回家乡。

与王先生交往，是我人生的最大幸运。回忆在我进馆24年的岁月里，我一直生活、成长在先生的光环中，是先生的关爱与教诲，让我在知识的积累、智慧的凝结、精神的修炼、人格的颐养诸多方面都取得了长足的进步。先生的培育之恩，让我永生不忘。

苍天无情，阴阳两隔，先生永远离我们远去了，但他的不朽艺术永驻我们心中，愿先生在天堂安息，我依然在为先生祈祷……

王学仲与本文作者

“研讨会”掠影

王成纲

1991年11月26日，在北京人民大会堂广西厅举办了“王学仲艺术国际研讨会”。我从头到尾参与了这次国际艺术研讨活动。

7月上旬，当时黾翁花甲有余，腿脚尚健，唤我赴津，说是要开个务虚会，旨在分配任务。

又要搞程序？

当时，我已憋足了主动下岗的牛劲。之所以要主动下岗，就是因为不满意层层复层层的程序指挥——三十年来，我不习惯接受任何人的领导。

我对学仲先生说：“老爷子，您叫我来，我必须来。来了，肯定能献犬马之劳。我建议，别搞那些程序。您说，要做什么，我便去做，条件只有一个：我能做。”

学仲先生沉思了片刻，说：“你负责联系大会堂的厅馆，办理租用的手续；邀请赵朴初、臧克家、姚雪垠、胡绳等文化名人；安排主席台上贵宾的座序。——有什么事情，随时和张正春联系。”

三项任务，具体明确，但有一定的难度。

我对学仲先生说：“10月底前，全面落实，向您汇报。”

回京之后，我先去槐树岭找好友于德斌。于当时任坦克研究所副所长。我要求见于德斌的侄女、在大会堂服务的于淑玲。”

几天后，淑玲告诉我：“大会堂厅堂的租用，以及天安门城楼、纪念堂的参观，统由中央管理局主管，大会堂厅馆由人大外联部负责。

半个月后，我手持天津大学和滕州市政府双签的介绍信，在大会堂南门(当时大会堂南楼是全国人大常委会的办公楼)等到了外联部的吴先生。

吴先生说：“得用山东省驻京办的介绍信才行。”

过了一个月，我在北二环外找到了山东省驻京办。驻京办的同乡一听是为学仲先生服务，毫不迟疑地开出了大会堂厅馆的介绍信，收下了30元的手续费。

又过了一个月，我终于拿到了租用广西厅的批准文件和200份请柬。交了3 000元使用费，含会标、音响、茶水、服务、警戒等。

距离“研讨会”开幕，只有一个月了。

我立即马不停蹄地拜访了四位腕级人物。几位先生都对“研讨会”表示祝贺，说“有时间一定去。请提前联系。”

11 月中旬，学仲先生先期抵京，下榻赵家楼宾馆，坐镇指挥“研讨会”的部署。

我也适时住进了赵家楼宾馆，白天回校上课，晚上去睡。

离“研讨会”还有几天，学仲突然对我说：“臧老不来了。身体不好。”

“您见到臧老了？”

“我没去。送请柬的回来说的。”

“坏菜了。这么大的人物哪能派人送请柬呢？郑曼（臧夫人）挑理了——前几天我去见他，他还说：‘这把岁数，一个牙没掉，就爱吃炒花生米。’——那三位别派人了，我陪您去面请，23 号上午就去。”

许是 24 日晚上吧，学仲突然闯进我的房间，急急地说：“林（兆义）书记率四五十人的团队来京，住处不够怎么办？”

这早在我预料之中。“既来之，则安之。”“让他们住空军招待所吧，步行 10 分钟——老爷子，您这滕国真不愧是周代上下七百年的善国啊！如此善民，如此善举，可喜可贺呀！”

“我都火烧眉毛了，你还有心思开玩笑！——半年前我就跟老家领导说过，请柬只有 20 份，现在多出了二三十人，怎么安排？”

我轻松地答道：“吉人天相，善民必有善报。”

这种类型的活动，从来无法控制人数。原因么，只有一个：人的本性是好奇。

部署大体就绪。

王学仲艺术国际研讨会于 1991 年 11 月 26 日在北京人民大会堂广西厅胜利召开，袍笏文子，四海嘉宾，老少咸集，圆满成功。

会后，主办方移至中国大酒店华北厅，宴请 200 名与会贵宾。此举非我管段。当席上推杯换盏时，我已经一梦黄粱了。

前天，徐小荣和我通电话，问我：“我们找到了‘国际研讨会’的合影照片，怎么照片上没有您？”

我说：“碰上类似的场面，如果合影的话，我的策略是能溜就溜。”

群马图

我与王学仲先生的书信缘

徐文勇

20世纪90年代中期，自学书法已近10年的我，几乎原地踏步，收获甚微。为此，我在学书的道路上感到迷惘，深感苦恼，非常渴望有人指点迷津，可身边又没有这样的人。那时不像现在网络媒体如此发达，足不出户就可以在网上学习。1998年初，我冒昧地给我所仰慕的一些著名书法家写信求教。信寄出后，大都泥牛入海，杳无音信。过后我想，人家工作繁忙，自己又与他们无亲无故、素不相识，若给回信指教是情意，不回也是理所当然。

可是过了一段时间，我意外地收到了王学仲先生的一封回函，让我喜出望外。信中说——

文勇同志：

接来信，因我已是年迈之人，不再通信了。你是个青年，首先干好自己的本份工作。如喜欢写字，可订份书法的报纸（多得很）。我本人每日收信数十封，无力作复，请你谅解老人的处境。

王学仲　4.7

我双手捧着王老这帧用圆珠笔书写的简札，心里陡然生出莫大的慰藉和对未来的希望，当然也有不安与歉疚。信中虽然没有正面回答我的问题，但为我推荐了学书的导师——书法类报刊。人在困惑和迷惘时，哪怕一个眼神、一句问候、一封信函，都足以化为前进的动力……

那时，我正在一家半停产的企业里上班，工资朝不保夕。尽管如此，也没有改变学习书法的信念。我还是从微薄的薪水里抽出些钱，当年订阅了两刊一报。我在干好本职工作后，潜心练字，同时通过学习专业报刊中的理论知识，矫正了我当时自学书法的某些弊端。我认识到，要想真正进入书法艺术殿堂，必须学习经典作品，将其作为临摹对象，加以科学、系统、规范的实践训练。学习书法，首先要精通一家。从此我调整了学书方法，开始选择与自己性格相近的经典法帖来学习，将其作为取法路径。读帖要讲究精读，临帖要讲究精准，尽量做到“察之尚精，拟之贵似”。渐渐地，我的视野开阔了，思路拓宽了。几年下来，我手上有了实际操作能力，掌握了一定的书法技巧，笔下渐渐脱去了俗气。此后，我的书法作品多次参加省级以上展览并时有获奖，还发表在《书法》《书法报》等专业报刊上。

多少年来，我始终精心珍藏着这封弥足珍贵的信札。每当轻轻翻开展读时，那清新简淡的气韵立刻扑面而来，深深熏染着我……

此情可待成追忆　只是当时已惘然

——我与王学仲先生的一次长处

刘　兵

王学仲先生虽然离我们去了，但他的音容笑貌时常萦绕心间。思念的情愫穿越时空，间或电影镜头般定格在1991年的那个秋天。

那一年，我24岁，刚调到王学仲艺术馆工作。因父亲与先生的交往，我与先生也相对熟悉。那时天津大学举办“中日大学生衣带水奖学金中国画展”，先生知我在西泠印社学过书画装裱，并有实践经验，便让天大研究所领导与家乡馆领导沟通，让我去协助此次展览的作品装裱工作。能到天津大城市领略古老而现代的文化气息，喜好书画的我想到能与先生朝夕相处，面承教诲，更是欣喜若狂。

慢吞吞的绿皮车，哐当哐当地响着。坐在拥挤的车厢里，我憧憬着即将到来的美好工作学习生活。早晨到天大研究所时，我却不觉疲惫。先生早已安排好了住宿。副所长王双启先生带我看了工作室，书画展作品都已征集到位。我们花了两天的时间采购了装裱所需材料，便投入了工作。先生在筑波大学执教两年，对日本书画装裱样式也非常熟悉和了解，对我说：“日本书画及装裱形式是从中国传入的，又融合他们自己的审美情趣，有了现代气息。如果能把两者嫁接好，取其精华，其效果更加新颖、也更符合此次画展交流的主题。”

有了先生的指导，书画装裱自然得心应手。其间为先生揭裱了几幅早年的作品。其中那幅先生20岁时临摹的兰亭序，体现了二王的精神气质，看出了自家风貌。想起徐悲鸿大师那句“呼延生（先生）方在少年，其书得如是造诣，禀赋不凡，盖由天授……”的赞叹，觉得是如此的贴切。

工作之余我画了一些国画，写了点儿书法。先生总是一笔一画的指点，纠正一些创作上的错误，还从家中带来张二水、王觉斯字帖藏书给我看，指点学习的方向。叨陪鲤对，耳提面命，让我受益良深。天大家属区需要写警民共建的大字标语，由于所里知道我在广告公司干过，会写美术字，便让我试试。看着铺了一展厅的标语，先生说：“你写的黑体字很好，我都写不来。”我便有些沾沾自喜。后来，馆里整理先生早年的油画水粉画，看到他画的“文革”时期建筑上的毛主席语录，字迹工整严谨，如同印刷一般，再联想到先前自己的窃喜，不禁汗流浃背，才知先生是那样鼓励我呀。装裱工作忙碌而又充实，先生每天都陪着我们一起干活。为了赶工期,常忙碌到深夜,看着先生疲惫的身影,我们总是让他回去休息。但先生总是匆匆赶回所里,兜里总带着一个苹果或是两个桔子,有时用饭盒带上一碗饺子,让我先吃饭,怕我累着。"怎么样,这饺子有没有咱们家乡的味道?还是咱们家乡的饭香啊!我还记得家乡的粥和胡辣汤的味道呢!"先生微笑着说。先生最爱家乡的饭食,我想这是时间的味道,人情的味道。这些味道,已经在漫长的时光中和故土、乡亲、念旧、情感混合在一起,他也分不清哪一个是滋味,哪一种是情怀。

我们聊起了家乡,先生便跟我说:"刘兵啊,我从十几岁就离开宁家村了,在天津生活算来也有几十年了,但我还是保持着家乡的生活习惯,总是想起村里的老乡,馆里的同志们,回去要替我向他们问好!"先生记忆力超强,老家的乡亲,馆里见过一面的同志,他都能一一道出姓名。天大研究所的同事说,先生回忆家乡的时候,同他创作了一幅佳作时一样开心呢!日日梦乡关,荆河绕廓弯。风光何处好,还是旧家山。正是先生情思自况。

历时两月,完成了全部装裱工作。已近中秋,想起年幼的女儿,愈发想回去了。原定回家探亲,却因天大回赠外宾的礼品急需装裱不能成行,心中不免怅然。先生细心觉察出来,便把我叫到身边,聊起了家常。"刘兵啊,是不是想家了?离家这么久,女儿最爱缠着父亲,我也深有体会,难为你了。再晚上两天回吧,这也是没办法,政治任务。"先生说话的时候,眼神里透着深深的歉意。以先生之尊,关心我至切,怎能不让人感动。任务完成后,天大领导特地到先生家中看望,向我们表示谢意,并在黾园举办中秋晚会,邀请我一同参加。天津曲艺界、文学艺术界名流精英荟萃。他们都是先生的好友,唱戏曲、说相声,好不热闹!先生向嘉宾们介绍了家乡的柳琴戏,并吟唱了一段,赢得了满堂喝彩,地道的唱腔饱含着对家乡深深的眷恋。

要回家乡了。临行前,先生同王双启所长,乡友张正春在留学生楼为我饯行。饭后,先生从口袋里掏出钱抢着结账,不许我们给他争。先生认真地看着我们说,"家乡人到我这来了,我要结账",又从身边拿出一幅书法长条送与我留念。"客心争日月,来往预期程,秋风不相待,先至洛阳城。刘兵客居津门一月赠别 王学仲"。事过多年,展卷感哽,记忆犹新。

先生诗文书画,四美俱臻,而先生治印却鲜为人知。香港邵逸夫捐建天津大学逸夫楼,天大为表示感谢回赠鸡血石印章一方,便是先生所刻。印章用石鼓文入印,笔力遒劲,气势磅礴,篆刻钝刀直入,苍劲雄浑。邵逸夫先生如获至宝、爱不释手。先生潜心治学不忘天大发展,在天大建校96周年时,他用饱满的热情绘制了"天大八景":主楼如雪的喷泉、青年湖似火的荷花、浓阴里静静的黾园……这些美景都在先生笔下熠熠生辉。

每当我提起画笔、捧起书籍的时候,脑海中总是浮现先生教导我艺术创作的画面,耳中回响起先生的谆谆教诲:艺术创作的道路充满艰辛,要耐得住寂寞痴迷其中。而我总检讨自己,缺乏那种执着。反观先生,以超越常人的黾勉,走过了不同凡响的一生,对待治学、创作历来精益求精,虽成一代大家,却从不故步自封,总是以海纳百川的胸怀博取众家之长,不断突破自我。白天的时间被教学事务、接待采访、交流活动排得满满的,先生就挤晚上的时间创作。吃过晚饭便赶着去研究所,青年湖畔的小径上,在夕阳的余晖里,看到他镀满金光依然矫健的身影,想象不到他是一位年近古稀的老人。狭小的创作室,是他的艺术世界,在那里任意挥洒他的汗水,驰骋他的艺术想象。

司氏在《孔子世家赞》里说:“读孔氏书,想见其为人。适鲁,低回留之,不能去云。”道尽了五百年后不能一睹圣颜、当面承教的孤独和怅惘。我不敢自比司氏,却在艺术创作的青年时期得到了王学仲先生的当面指导和鼓励,又何其幸也!

高山仰止,景行行止。然虽不能至,心向往之。以上记下与先生相处的一段日子,表达我的一片敬仰与追思。

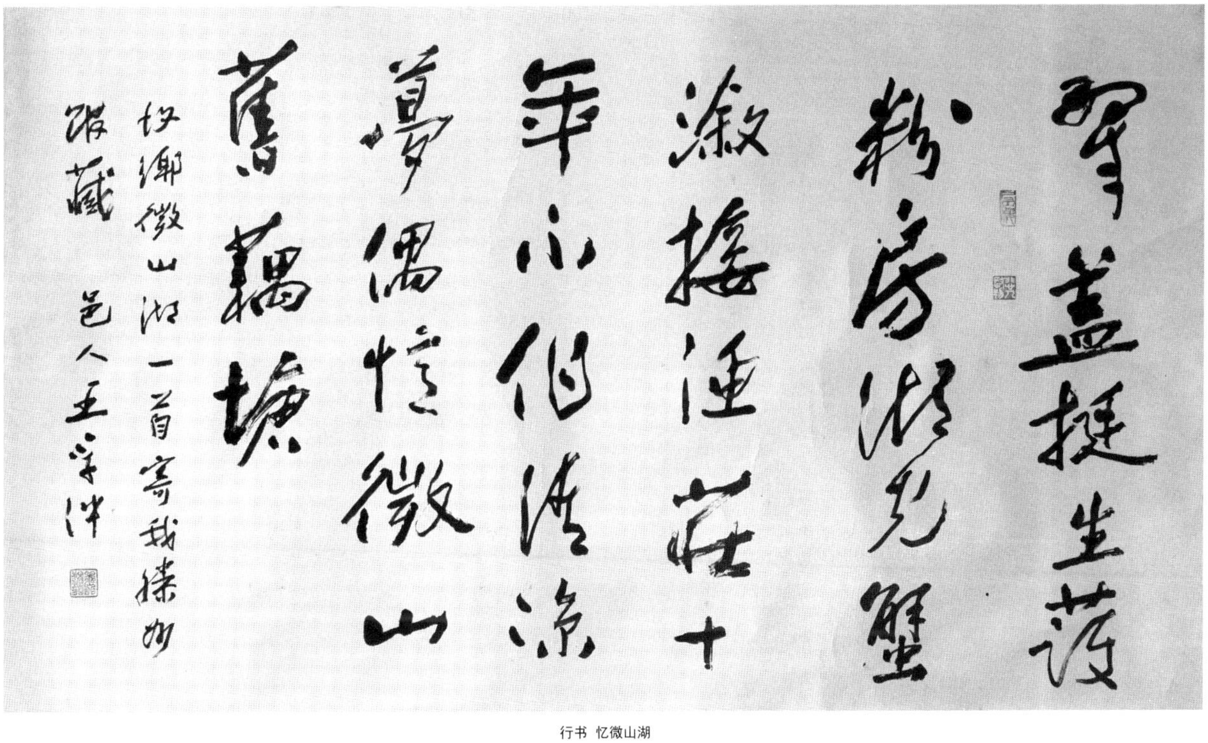

行书 忆微山湖

相从贵相识

——记徐悲鸿与王学仲的师生缘

陈海燕

大约十几年前，认识了王学仲先生。王先生留给我的最初印象是一位谦和儒雅的画坛长者。后来，在我担任徐悲鸿纪念馆廖静文馆长的秘书后，每年总能收到王学仲先生用毛笔书写的充满深切关怀的信件。我渐渐被他对徐先生、徐师母的深情所打动。20 世纪 90 年代中期，我随廖静文馆长到海口举办徐悲鸿艺术展时，又有幸遇到了王学仲先生和夫人，他不仅十分关切地询问师母的身体情况和饮食起居，还特别嘱咐我要照顾好徐师母。去年夏天，一次我因事外出，待回到办公室后，一位同事交给我一提篮水果和一张字条，我打开字条方知王学仲先生携夫人来馆里看望师母未遇，故留下字条和果篮离开了。我听说王先生因腿疾行走不很方便，从天津来一趟很不容易，想着他在夫人的搀扶下，顶着炎日来到纪念馆，却未曾见到师母，为此而万分遗憾。同时又想到：徐悲鸿——这位艺坛巨匠虽然离开他深爱的学生们已经 50 年了，但仍能让他的弟子们怀念、敬仰，在他去世 50 周年之际，不惧暑热从天津赶来，献上学子的深情纪念。如果徐先生地下有知，该是多么欣慰呀！在商品大潮的冲击下，这么感人、持久的尊师美德弥足珍贵！

不久前，承徐州王学仲艺术展览馆孙士华馆长送来《王学仲评传》，读后，对于王先生对徐师尊崇的缘由豁然明了，这就是人们常说的“相遇贵相知”。王学仲先生以博学多艺、饱览古今诗文书画而颇得恩师厚爱。王先生在回忆录中谈到：徐先生看到他那含文人画趣味的作品时，曾诙谐地笑着说，“夜泊（王学仲先生的艺名）的字画题诗有些怪，合称‘三怪’了。”并以“扬州八怪”为例，说明“怪”有褒义，也有贬义。“文人画开始有创造，但时间久了，有的就不去创造，进行抄袭”，体现了作为老师，他希望弟子在师法古人的同时，不要忘记师法自然，进行艺术创造的负责精神。

徐悲鸿先生由于生活在半殖民地、半封建的贫弱的旧中国，故而他主张：艺术家有责任用艺术来唤醒民众，以图自强。而中国画发展到近代，形成了一股因循守旧、一味追求笔墨趣味、模仿古人、少有新意的潮流，不能担当唤醒民众之重任。所以，改革中国画，使它能够反映现实、贴近生活就势在必行。徐悲鸿在应蔡元培之邀担任北大画法研究会导师时，就发表了《中国画改良论》，旗帜鲜明地提出“古法之佳者守之，垂绝者继之，不佳者改之，未足者增之，西方绘画之可采入者融之”的观点。在这一点上，王学仲先生持有同样的观点。他在《自传》中写道：“我觉得中国画的发展逐渐在趋向衰落，走着忘神传形的末路。书法则走向重临帖练笔，也忘却了与自然形象的贯通。它们都失去了传统中最可贵的灵魂。”徐先生提倡画人物必具精神，画山水必辨地域，遂将素描写生引入中国画教学，遭到保守势力的反对。在这场论战中，正在徐州任教的王学仲先生口诛笔伐，在报刊发表了多篇文章，支持徐先生对中国画的改革。而这种支持绝非是盲目的，是那一时代爱国知识分子和艺术家的良知，而这种良知缘自于徐先生艺术的强烈感染力——当他伫立在徐先生《风雨鸡鸣》《负伤之狮》《奔马图》《愚公移山》等画作前时，内心受到了极大的震撼，在《黾勉集·识画的伯乐——纪念老师徐悲鸿》一文中，王学仲先生这样描述他的感受：“当悲鸿先生还未到北京之前，我在各处看到他的作品，有人物、奔马和雄狮，也看到由后方流传来的一些零篇断简的印刷品，使我感受到这位爱国画家的感情：国土在沉沦，人民在受难，脱疆的骏马，觉醒的雄狮，劈山的愚公，救国的呼号，民族的觉醒，中华的写照。我感到这才是代表四亿人民的画笔，民族的画笔，而且是有分量的画笔！”字里行间，我读到的是两颗滚烫的心，两颗同样为中华民族振兴而跳动着的心！

几十年过去了，王学仲先生对恩师日益增长的崇敬，还源于他多年来对徐悲鸿艺术的深入研究和共鸣。他写道：

许多年来，我研究了悲鸿先生的人物花鸟中的诗情美，研究了他的寓言画，研究了他技法上的革新。我认为，悲鸿先生论画史，评人物，不泥定论；操画笔，不拘成法。他的漓江春雨，纯用泼墨；他的粗硕的竹干，用排笔挥写。这些都曾遇到有些论者的非议。我想一个画家不可能完成绘画变更的一切使命，但毋庸置疑的是，他在融会中西、大胆创新上有所突破。他热爱祖国，热爱人民，热爱学生的一腔热忱，曾经陶醉过我，感染过我，培育过我。“文化大革命”的漫长岁月，使我看人看事的阅历增多，从而更加追慕这位正直勤劳的艺术家，还常常浮上一个新概念——“画格即人格”。

对于恩师“爱生如子”，王学仲先生有着一段铭心的记忆。他在艺专求学时不幸染上肺病而辍学，久而不愈，一度产生了消极悲观的情绪。徐先生得知此情后，一面指示学校工作人员连续给他汇寄助学金，以帮助他解决医药费、营养费之缺。并亲笔致信说：“病症静养可愈，自易恢复。病后仍需来院学习，以竟前功。所谓‘玉不琢不成器’，鼓励勇敢以奏肤功，望弟自爱。”徐悲鸿先生不仅在艺术上启迪、教导学生，而且在生活上关怀、帮助学生。他曾省吃俭用，资助学生赴法留学；看到学生衣服、鞋子破旧，就找出自己的衣服、鞋子送给学生穿。一桩桩、一件件感人的往事，潜移默化地教育和影响着多少像王学仲一样的学生，使他们坚定地追随恩师的脚步，实践着、完成着徐悲鸿先生的遗愿——振兴中华必先启发民众，而艺术家更责无旁贷。

王学仲先生师从徐悲鸿先生虽然只有短暂的几年时间，然而，对恩师的研究他却倾毕生精力，而研究得越久，理解也就越深。这在他的《王学仲美术论集》中，就可以明白地感受到。他写道：“在悲鸿先生四十年的艺术生涯中，他活动在新社会的艺术天地里只有短暂的四年，这对于他终生企望有一个民主富强的新中国，希望有一个驰骋其才华抱负的光明社会而创作，其素志并未尽酬，实在太可惜了。他的多半生是在民族阽危、忧虑深重的旧中国度过而彷徨而呻吟的。他饱尝过贫困的煎熬,因而他关心国家的命运和民瘼。当日本侵略者启衅于我国的东北,而国民党又持不抵抗政策时,他愤然拿起了油画笔,画出了《徯我后》,描绘了人民不满暴政,渴望解民于倒悬,以国民党的投降苟安为不齿。悲鸿先生教育学生'应当有傲骨,而不应有傲气'也是有感而发的。他的画就使人有一种骨气峻增、胸怀广阔的自豪感,体现着中华民族的庄严。他用画笔来直陈时弊,对于外侮凌逼,咄咄欺人的殖民主义者,他义正词严地画出了《田横五百士》的巨幅油画,强调了中国人民的气节,表明中国人民之不可侮。这些历史画作于20年代末到30年代初,在艺术效果上,旨在唤起人民之觉醒并为振奋民族之精神,这一精神在那种被蹂躏又被屈辱的半殖民时代,无论对民心对国史,都是值得振笔一书的。"

明天即是徐悲鸿先生辞世后的第50个清明节,笔者谨以此文,缅怀人民艺术家徐悲鸿先生,并因有感于师生相知甚深,而将本文标题拟定为"相从贵相识"。"从"字在此处取其"师从""跟从"之意。

清明节夜灯下于徐悲鸿纪念馆

王学仲在纪念徐悲鸿诞辰仪式上

王学仲，中国书法的一面大旗

罗文华

10月6日下午，我应邀到天津美术馆观看画展，遇到天津市书法家协会主席唐云来先生。他告诉我，他刚才去了医院，看望了王学仲先生。他心情沉重地说，王先生这回恐怕够呛了，也许就是这两天的事了。我说我也去看看王先生吧，唐先生说医院管理很严，他是被破例允许穿上防护服进到病房看望的。他说，王先生有时意识还清醒，看到特别熟悉的人来了，喉咙里便发出含混的声音，大概是表示感谢的意思。在随后的半个多小时里，我和唐云来先生一边看画展，一边聊着关于王学仲先生的话题。然后，我们一起到天津美术馆一楼会议室参加一个艺术研讨会。会议期间，唐先生出去接了一个很长的电话，继而他便提前退席了，我估计这很可能与王学仲先生有关。王学仲先生是中国书法家协会顾问、天津市书法家协会名誉主席，也是唐云来先生的老师，于公于私唐先生都会为此而忙碌。接下来，我分别与原天津画院院长白金先生、《天津日报》资深摄影记者杨新生先生等联系，请他们找找有关王学仲先生的资料。翌日，仍在国庆长假中，我在家里翻阅着王先生赠给我的著作，还有他写给我的信札，静静地等待着一个终将到来但自己极不愿到来的时刻。转天，即10月8日，一大早，杨新生先生第一个打来电话，说王先生刚刚走了。

这些天，秋风秋雨中，我脑海里总是浮现出20多年来与王学仲先生在一起度过的那些欢愉的时光，耳畔仿佛又响起他那高亢的山东口音和爽朗的大笑声。

黾翁已逝，黾园犹在。失去黾翁的黾园，今后还会历春夏秋冬，但还会有风花雪月吗？

20世纪八九十年代，在坐落于美丽的敬业湖畔的黾园，即天津大学王学仲艺术研究所所在地，我曾数十次拜访过王学仲先生。凡有书画诗词等活动，王先生即邀请《天津日报》前辈编辑朱其华、张

王学仲与本文作者罗文华合影于20世纪80年代末天津大学黾园

1998年《天津时报》"收藏"版创刊时，王学仲应约题写的刊头

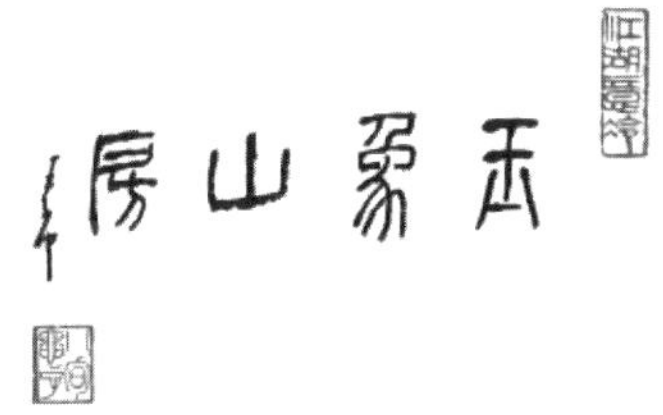

2002年王学仲为本文作者题写的书斋名

仲、朱帆等先生到黾园参加,我自然也叨陪末座。大家都喜欢黾园的清雅幽静,更喜欢黾翁的豪爽好客。在黾园里,王先生让我参观过他收藏的陶瓷、青铜器、古代书画等文物珍品和藏书,以及他本人的书法、国画、油画、水彩画代表作,还给我介绍认识了很多海内外文艺名家。

20多年间,王学仲先生给我写过数十封信,赠给过我多幅他的书画作品、几十部他的著作,我们也多次在黾园他的会客室、工作室、休息室和庭院中的池塘边对面长谈,使我对他的艺术和人生有了比较全面的了解。黾园的一块巨石上,镌刻着"四我庭"三个大字,其含义是"扬我国风,励我民魂,求我时尚,写我怀抱",我觉得这既是王学仲先生的艺术宣言,也是他人生的真实写照。

王学仲先生学养深厚、才华横溢,而又淡泊名利、德艺双馨。他终生致力于中国传统书法的现代写意,厥功至伟。他为中国书法拓展更广泛的世界性认同,贡献巨大。他诗、文、书、画四绝,著作等身,成果丰硕。他提出"黾学"主张,努力建立一个包含哲学、美学、书学、画学和文学等的立体式、开放型的学术体系,使他成为一位具有独立见解和开拓精神的文艺理论家、美学思想家。他是一位杰出的艺术教育家,桃李满天下,孙伯翔、顾志新、卢善启、唐云来、赵士英等当代著名书法家皆出自其门下。统观王学仲先生的言行、教学、创作和治学,处处体现着对中华民族传统文化创新发展的特殊使命感和崇高责任感。

如果我们承认当代还存在大师的话,那么只有具备了这些条件的人,取得了这些成就的人,才可以称为大师。王学仲先生就是这样的大师。他是真正的大师。目前,有一些书法家,名炒得很火,字卖得很贵,也被称为大师;然而,一旦把他们放在王学仲这面明亮的镜子面前,云泥之别即可立见。

唐太宗李世民极其喜爱并高度评价王羲之的书法,他亲自为《晋书·王羲之传》写了一段传论,评曰:"……所以察详古今,研精篆素,尽善尽美,其唯王逸少乎!观其点曳之工,裁成之妙,烟霏露结,状若断而还连;凤翥龙蟠,势如斜而反正。玩之不觉为倦,览之莫识其端,心慕手追,此人而已。"可谓推崇备至。他还说:"其余区区之类,何足论哉!"所谓"区区之类",从前文看,指钟繇、王献之、萧子云等人。此外,他又指出,张芝、师宜官"无复余踪""罕有遗迹",则自然也不足论了。客观地说,钟、小王、萧等人也是书法史上很有风格、很有影响的人物,但以人格力量、思想、学养及艺术成就等论,确实没有谁能比得上王羲之。由此想到,在社会转型时期,面对文化浮躁、炒作成风、鱼龙混杂的现象,对艺术家及其成就进行真诚、客观、科学的评价,实在不是一件容易的事。而王学仲先生的书法是足以借"玩之不觉为倦,览之莫识其端"其言谓之的,是值得我们"心慕手追"的,是需要我们今后不断地学习、欣赏和研究的。

数百年来,天津书法名家辈出,群星璀璨。改革开放以来,天津更凸现出吴玉如、王学仲、孙伯翔等影响海内外的书坛巨擘。当代天津书法百花齐放,争芳吐艳,使天津成为名副其实的中国书法艺术重镇。在推动天津书法艺术发展、繁荣天津文化的进程中,王学仲先生和王学仲艺术研究所发挥了极其重要的作用。

王学仲先生以自己超人的才华、智慧和勤奋,为中国书法树起了一面大旗。近十10年来,王先生因年迈多病,很少参加社会活动,也很少出现在媒体上,而这面大旗依然迎风招展。现在,虽然王先生辞世而去,但是他的精神风范,他的作品的艺术魅力亦不会随之消逝,这面大旗一定会长久地飘扬在中国书法艺术发展的未来征程中。

翰墨东瀛

张　虎

丙子金秋，以中国书协副主席王学仲为团长，我为副团长，朱关田、王镛为团员，朱根全为翻译的中国书协代表团，应全日本书道联盟的邀请访问日本，并首次访问了北海道。

中国书协代表团到达东京的当晚，全日本书道联盟即召开了欢迎会。中国大使馆文化参赞赵宝智及夫人，日中文化交流会、日中友好协会及全日本书道联盟的名誉顾问小林斗庵，顾问田中冻云、武士桑风、种谷扇舟及理事长成濑映山、事务局长清水透石等 90 多人，参加了欢迎会。

全日本书道联盟希望中国书协代表团访问北海道，认为此行会对日本和日本的书法有更深入的了解。王学仲团长说，以前，中国书协代表团到过日本首都、京都、大阪、南方冲绳，这次到北方，定会开阔我们的眼界。

第二天，由全日本书道联盟清水透石、百濑大荒、山本良子陪同，从成田机场乘机去北海道函馆。一下飞机，便受到北海道书道联盟名誉理事中野北溟的热烈欢迎。本来，他想从东京亲自接中国书协代表团到北海道，可正赶上中野先生的夫人突发疾病，脱不开身，只好先把夫人安排住院治疗后，才特意赶来迎接中国书协代表团，使人们听后备受感动。在涵馆，他陪中国书协代表团参观了书法展览和这座百多年前城市的老街，外国传教士的天主教、基督教教堂和日本一座最古老、用水泥做的大庙，还有一百多年前的“中华会馆”，这些已成为“文物”供人们参观游览。看得出来，现在北海道的城市建筑受欧美的影响很大，与日本中部和南部传统的建筑完全不同。一路走来，恍若是在欧美旅行。

沿途，人们参观了昆布馆。原先，人们对昆布了解甚少，不就是海带吗？到了昆布馆才知道，昆布，是沿袭中国的称谓。汉语词典中称“藻类植物，生于海中，体如带，可食，狭者称海带”，碘含量高，中医学认为可以入药。在日本，用它可以做成饴糖、茶、寿司、饼干、冰激凌，用它的纤维做成的薄衣服、音响的喇叭，效果还不错。中国商人从福建一带来到这里，经营昆布的就有 150 多家店铺，现在保留的“中华会馆”，就是当年的商人兴建的。现在日本人用机帆船采摘昆布，千帆竞发，蔚为壮观。

沿途，一面是灌木丛林和牧场的陆地，一面是荡漾着碧波雪浪的海岸。海浪拥着海浪，到海边卷起雪白的浪花，“在这里可以冲浪！”有人这么说。导游小姐告诉我们，她生在北海道，像这样的海浪风光也是不多见的，算我们有眼福！她还说，北海道人口有 750 万，可是奶牛有 1 500 多头，比全国的奶牛还多。休息时，主人请我们喝北海道的鲜牛奶，味道果然鲜美。她说，北海道的牛奶质量最好，在全日本闻名，当然价格也是最贵的。这里的水产品也极丰富,螃蟹特别大,足有10来斤重,人们还把它作为北海道的标志,制作成广告牌。

最吸引人们的,是北海道的“富士山”。它虽然没有终年积雪,山头却与富士山极为相似。主人介绍说,日本是一个多地震的国家,每年要有上百次地震。这里的昭和新山和有珠山,是在25年前,平地喷出岩浆而形成的。当我们坐缆车登到离珠山百米远的地方时,见到这里还有当年被火山烧枯的树干,也有重新生长起来的茂盛的树木、花草;那边山上灰褐色的岩石缝隙间还在冒着淡淡的灰色清烟。记录当年地震恐怖景象的图片还在。当时人们痛心、绝望,以为这下全完了,没想到,如今这里宾馆林立,有来自世界各地的旅游者,有日本人,还有欧洲人。主人告诉我们,我们就在洞爷湖山顶的宾馆住下,“山顶上火山要是一喷,我们可就全完了。”人们开着玩笑。

汽车开到山顶,我们没想到,山顶上的这座宾馆如此壮观、庄重、典雅。他们说,除了东京帝国大饭店,在全日本也很难找到这样的建筑。这里的一晚要3万日元。东边,是洞爷湖;西边,是太平洋。我们走进房间,正是夕阳西下之时,灰色的墨云上,拖着快要隐去的夕阳;阳光辐射出金色的光芒,美极了。从宾馆的南端到北端,需要走很长一段路。这里还有室内和室外温泉。不知科学家为了开发这里进行了多少艰苦的考察,才有了今天的繁荣景象。这里的地震好像与人们无关:你冒你的烟,人们照样生活、工作、娱乐,而且建设得越来越好。畂田町的町长过去是北海道的教育长,年纪大了,退休了,当了町长,还在为这里的开发奔走劳碌。晚宴中,我问町长:日本称“道”的东西比较多,北海道的“道”是指地区还是别的什么意思?他沉思了一下,又问了旁边的人,不好意思地笑了笑说:“你看,我不知道,中野也不知道。我原来又是管教育的,真难为情。”后来朱关田先生说:“是不是沿袭中国唐代的‘道’,是指省区?”町长说,明天问问北海道的新闻社,他们一定知道。第二天,町长带我们看了海岸上花十几亿日元修建的雕塑公园。这些作品出自日本名家雕塑之手。有的抽象,有的具象,但总体构思十分和谐。比如用一块石头砌成的拱形门,与滨海是那么协调。町长说,他还要增加一些雕塑,在水中一个小岛上,要造美术馆、博物馆。谈起未来,他是那样充满信心和自豪。海边上,人们正在扎帐篷,因为要在这里过夜。在寒冷到来之前,不要错过这好机会。

札幌,是北海道一座最大的城市,人口130万。明治维新以后由军人组成垦田队来到这里,开发建设,现已成为一座现代化城市。当年的建筑,现在还保留着。我们来到这里,正赶上休息日。札幌市的街心公园,一家家人带着妻儿老小,在这里娱乐休息,草地上铺一块塑料布进餐。

当天下午,安排团长王学仲先生演讲,题目是“中国人心目中的日本书法”。听课的人来自北海道的各个地方,讲演厅里坐了三四百人。王学仲团长一边讲,一边放幻灯片。这是王先生提出来的。为了准备幻灯片,他们从大学里借来了教具,试验了多次,终于收到了很好的效果。王先生一共准备了五个题目,因时间关系他只讲了一个。他讲日本书法发展变化的历史,特别引起日本书法家兴趣的是,日本前卫书法,是受了“空海”的影响。空海在唐时来中国学习书法,成就很高,日本称他为是日本的“王羲之”。他写的一个“慎”字,那一点,周围是飞溅的墨点,是人们想起了手岛右卿和宇野雪村先生落笔时的一刹那——这在中国书协代表团听着也非常新鲜。他讲完之后,金子听松先生说,他以前以为只有日本人才知道日本书法,没想到中国人对日本书法也这么熟悉,这么精通,他非常感动。因为还有一些时间,王先生希望大家提出问题。坐在中间的一位书法家提出，中国对繁体字、简体字如何认识，如何使用。王团长说，请张虎先生回答这个问题。我说，日本最早也是使用汉字，现在也简化了不少。比如“卖”“会”“县”等，中国简化字的“国”还是吸收了日本的简化字。汉字从诞生到现在，无时不在变化和发展。现在指的繁体字和简体字，是指 1956 年中国政府颁布的语言文字改革委员会简化了汉字。当时，人们认为，中国科技落后，阻碍发展的因素之一是繁体汉字，但到了 20 世纪 90 年代人们才发现，汉字输入电脑是最简易的，而且较之英文有无比的优越性。2 000 多个汉字，可以任意组合成新的词组，而英文则不同，每年在不断增加词条，词典不断加厚。韩国总统金泳三曾建议，汉字改革，需要中日韩三国共同商议，汉字在这些国家的使用应统一，以便于科技文化交流。日本一位先生提出，21 世纪应是使用汉字的时代，如果世界上都使用汉字，虽语言不通，但写出来谁都能领会其意思，不是更便于交流吗？中国书法家的书法作品一般都写繁体字，展览中如有繁、有简不予入选，为的是强调整体性，但在新闻出版和日常应用中则使用简化字。

演讲会结束后，那位提问题的人拿着本子让我签名，希望我用繁体字写自己的名字，然后再用我平时书写签名。看来，他们很关心繁体字的使用。后来我才知道，他提的这个问题是北海道书道联盟集体讨论、研究后由一个人提出的，可见对问题多么关注。

当天晚上的宴会，在一个富丽堂皇的宴会厅举行。北海道的 350 多名书法家和各界代表济济一堂，欢迎来自友邻的中国书协代表团。宴会由北海道书道会理事长小原道城主持。小原道城先生曾多次来中国进行书法交流。1993 年，他率团到吉林举行他和他的学生书法展。1994 年，北海道书道联盟在北京举行书法展，是通过他联系的。去年，他因个人书法成就以及对中日书法交流的贡献而获得札幌市政府文化奖。这次我们到来，他显得特别热情和忙碌。据他讲，他们为了迎接我们的到来，准备了半年多的时间。主人的热情、周到，使我们始料不及。在宴会进行中，突然宣布：“今天是王学仲先生的生日，特意为王先生准备了生日蛋糕和蜡烛。”我们几个非常惊讶和感动。15 年前，王学仲先生在筑波大学授课时曾来过这里。这次以中国书协代表团团长的身份旧地重游，今晚又得此殊荣，更是特别兴奋和感慨。

在双方热情洋溢的讲话后，主人邀请我们每个人当场挥毫。因为，像中国书协这样的代表团还是第一次访问北海道，他们想亲眼观赏中国书法家们是怎样创作的。

为了让在坐的人都能看见书法家是怎样创作的，在挥毫时，你的每一个动作立刻出现在宴会主席台巨大的屏幕上。效果非常好。王学仲先生书写了一副隶书对联：“北海有良友，生辰无限欢”，我和朱关田、王镛先生分别用行草书谢了“北海道风光最美好”“金昆玉友”“冰雪澄怀”。每一位书家写毕，都获得了一阵热烈的掌声。就连书道联盟副理事长金子听松在台上讲话时也说，他站在那里讲话，后面有他的形象，在东京还没有见过。

宴会结束后，大前年北海道书法家来北京举办书法展览的五六十人，一定要与我合影留念。为了显现出每个人的形象，我们在前边坐下来，在闪光灯频频闪烁中，留下了人们那难忘的一刻。

第二天，小袁先生陪我参观了他的事务所，书画文具店；然后，又到北海道的玫瑰园游览。玫瑰园坐落在山坡上。日本的、中国的、法国的、美国的，共有 370 个品种，3 700 多株。“朝云”“女神”“紫香”“朱王”“金阁”，多彩多姿，都有一个美丽的名字。欣赏着斑斓玫瑰林，鸟瞰尽在眼底的札幌市风光，别有一番情趣。

当我们从北海道回到东京，第二天去成田机场乘机回国时，因时间还早，主人安排中国书协代表团参观成田山新胜寺的书道美术馆。1994 年，我曾随中国青少年书法团来这里进行过书法交流，受到以贯首鹤见照硕倪下的热情接待。这所寺庙有 1 000 多年的历史。20 世纪 80 年代，中国书协曾组织 504 位书法家献书，名字已镌刻在碑上。为使书法后继有人，这里每年组织一次青少年书法大赛，从几万名参赛的选手中选拔几十名获奖者去中国进行交流，至今已有十余次。这几年我一直担任他们的评委。

这里的书道美术馆，是日本唯一的一个专门有书法展览的场馆，环境非常优雅。一进门，即可以看到展览大厅的显要位置悬挂着文化部原副部长刘德友同志赠送这个馆的《纪泰山铭》的拓片，足有三层楼房那么高，气势恢宏，巍为壮观。中国书协代表团在异国他乡看到了它的全貌、无限感慨。这里还经常不定期展出历代和当代书家的作品供人参观。要知道，这不是在东京，而是在日本的千叶县；一个县能有这样一个规模，这样一个展馆，足见他们对书法艺术是何等的重视！

1998 年我出版了一本散文集《休闲漫笔》，我问王老师能不能为我写个序，王老一口应允，王老当时已是七旬以上老人，后知是抱病为我写序，他写后即寄给我，他在信中说，他是写好序以后就去医院治疗了，这不禁使我顿生敬意与不安，以后又不断与王老联系，他为人正直，为文渊博，每每想起来都是敬仰，更是感动。

王学仲与日本篆刻家梅适舒

缅怀恩师——黾翁王学仲

刘 珺

2013年10月，我们在医院焦急地盼望着王学仲先生的病情好转甚至有奇迹的发生。8日一早，突然传来噩耗，国学泰斗、我的恩师王学仲先生故去了！

这是我们无法接受但必须面对的现实，我强忍悲痛，在病房安慰着悲痛欲绝的师母，此时时间像是凝固了，往日王先生和我们在一起的音容笑貌变成了帧帧画面，一幕幕从我眼前划过。我在王先生身边十余年的岁月，很多的往事涌上心头，不觉已是以泪洗面。当想到还有很多话和好消息要和先生说的时候，我的脑海便是一片空白，因为此时留给我的也就只有怀念了……

记得新千年伊始，我有幸从天津美院中国画系考入天津大学王学仲艺术研究所，成为了王学仲先生的研究生。当时，王学仲先生身兼中国书协副主席等职，社会活动繁忙，但王先生把他的时间调配得很好，加之所里的学生不多，搞专业的也就两个研究生，所以王先生无论早晚，总是能把他的渊博学问和书画心得循循善诱地传授给我们。他教导我们"一定要把时间用在画画和学术研究上，要努力，要勤奋"。王先生说，"黾"字之意为"勤勉"，就是勤奋之含义，父亲将这个字送给他做字，他也要以此来教育学生。20世纪90年代，王先生创立了黾学，囊括了他在书、画、诗、文以及哲学思想等方的创作和论述。

王学仲先生1925年10月出生于山东省滕州市，那是一座钟灵毓秀的历史名城，也是墨子的故里。他的曾祖王启方是清末秀才，能诗善书；父亲王履安，也是当地有名的书法家。王先生在这样一个书法世家中度过了他的童年，耳濡目染，中国博大精深的古典文化早已深深融入了他的血液中。私塾"毕业"后，王学仲先生考入北平京华美术学院，后转入国立艺术专科学校墨画科，新中国成立后并入中央美术学院绘画系。1953年毕业后，被分配到天津大学任教。前后20余年的系统学习，和名师徐悲鸿等的精心教导，以及个人的刻苦努力，让王学仲先生在艺术上成为一位中西贯通的全才。

王学仲先生在书画方面的成就有目共睹，他在文学写作方面的造诣更为世人所叹服。我在王学仲艺术所学习工作的这10年里，频频听到来访的朋友将先生冠以艺术大师之类的称谓，而王先生却说自己只是一个教育家，一位诗人。说王学仲先生是一位教育家，那是因为他自1953年至今60年一直在从事教育工作，桃李满天下。王先生是诗人，在他的书画作品中也总能体现出浓浓的诗意，艺术的高尚精神和诗人的忧患意识贯穿着他的艺术创作。王学仲先生是当代为数不多能作骈体文的学者之一，从他在诗、词、文、赋等旧体文学上的造诣反应出王先生扎实的国学根基，能具备如此修为是和王先生的家学、天赋、勤奋分不开的。王学仲先生从小受家庭的影响,特别是受到其父及表兄等在古典文学上的严格熏陶。这一点他在教学上对我们学习古体诗文同样提出了严格的要求。从读研的学习中,我们也能体会到王学仲先生家学之严谨,我们在对古诗文的研究中常会参看王先生的《王学仲书画旧体诗文选》。一味研究古人的文学作品对我们这些青年学子而言比较难以理解,但我们有时觉得很幸运,因为身边就有跨越了新、旧时代的大学者王学仲先生为导师,向王先生探讨研究他的诗更能让我们领会到诗文之内涵与时代感,同时使我们深深体会到一位跨时代的文人对中华传统的传承与发展。王学仲先生在青年时受新思潮的影响,作过很新锐的文章和新体诗。先生在给我们讲他当初热衷于进步运动时常会提起这类新诗。王先生那些年也一直在作新体诗,比如前些年出版的《王学仲短诗选》和《三只眼睛看世界》。除此之外王先生还于2002年出版了他青年时写的一部长篇小说《吼哈》,受到文学界的普遍关注,王学仲先生讲那是他青年时期社会的一个缩影,小说的主人公也是生活在他身边的一个活生生的人物。

王学仲先生所创之虛学,涵盖了哲学、文学、美学等方方面面,在与其探讨和对其著作的研读中令我领悟了很多东西,特别是王学仲先生对《周易》美学的探讨对我影响颇深。这样的学术似乎只能在我们这样宁静的小院里才能缓缓地生发出来。

60年的教育生涯中,王先生培养出的许许多多学生,很多都成为书画界的杰出人士。同时,他还笔耕不辍,著有散文集《虛勉集》《王学仲散文集》,诗集《三只眼睛看世界》,书画集《王学仲书艺》《王学仲画集》《王学仲文集》等。先生获得的荣誉无数,包括鲁迅文艺大奖、世界和平文化奖、中国书法兰亭奖终身成就奖、俄罗斯美术研究院名誉院士、第七届中国造型表演艺术大奖等。但是,面对这样的成就,王学仲先生却显得十分淡定,他常常对别人说:“我不是大师,我只是一个教育家。”2011年,王学仲先生更是带头成功申报了社科基金国家级重大项目,为天大在该领域研究弥补了多项空白。2013年6月,当我们和王先生在天津美术馆观看自己的个展的时候,我能感觉到王先生的欣慰,必定要在天津举办自己的展览是老人家长久以来的一个愿望。

我读研时,我们是70、80后的青年,对王学仲先生而言我们都是些小孩子,他能以很新的思维与青年人沟通,关心当代文学青年的成长。闲暇时王先生和我曾对当时一些时事进行评论,也对一些当下的文化现象等进行过讨论,甚至关注过当下的新文学、网络文学的传播。王先生的诗词、文章、书法、文人画皆不入俗格,这也正是王先生高尚的人品和深厚的文化底蕴之充分展现,更是令我们弟子高山仰止和为之奋斗的标程。

“学校的教育只是帮助学生激发出某一方面的才能,其他方面的发展还是要靠学生自己选择,”王学仲先生说,“但是,也正因如此,造就一个艺术家非常的难。”一个艺术家的成功不光要有天赋,还要有适合其发展的环境,更要有不懈的努力和对艺术执着的追求。王学仲先生希望我们能有人静下心来,认真钻研艺术,将中国的传统文化传承下去,并能结合现实,与时俱进,使伟大的中华文明再创辉煌。作为王学仲先生的学生,我秉承先生教诲十年如一,从事书画创作和理论研究。在单位这些年,处处得到先生的支持与鼓励:前几年,我的第一本画集出版时,王学仲先生为我题签、写序,还在作品上作跋;2008年,我在北京举办的个人第一个画展,导师为我展览的成功而高兴,在之后我的几次展览里,王先生更是给予了大力支持,令我感激涕零。

我能够入职天大任教，也曾经是王学仲先生最牵挂的事情之一，没有王先生对我的厚爱与支持就不会有我的今天。当我工作之后，更加珍视王先生对我的谆谆教诲，他对我的言传身教，把我从一个青涩少年，历练成为人师表。这对我的人生是重要的蜕变。

往事一幕幕，王学仲先生的音容笑貌总是浮现在我的眼前，令我无法停止对王先生的缅怀与怀念。想到先生对我的批评与教诲、想到先生对我的关心与爱护，悲伤之情便会涌上心头。我们对先生无以回报，唯有感恩！我在艺术所的灵堂里，为先生守灵三天，为先生送了最后一程，望先生一路走好。王学仲先生现在虽然离开了我们，可他对艺术的虔诚和执着，必将成为艺术界和教育界的楷模，他在各方面的成就与高尚人格，更是我们晚辈一生之标程。他的学识和人格魅力将永世长存！

王学仲与本文作者在黾园

黾勉从事成大家

胡若隐

黾翁王学仲,是我非常敬重的艺术巨人。他生前是“轮椅上的巨人”——晚年借助轮椅活动的他,思想穿越多维的时空,艺术只是他思想的点缀。虽然他全面而卓越的艺术创作成就鲜有人能够与之比肩,但他更为重要的贡献在于开启了对中国传统书画文化的艺术哲学式的思考并且使之成为独立体系“黾学”。

黾翁癸巳寒露而逝,是日泰安吉利,想必是上苍对先生的眷顾。此前三天的下午,我去天津看望孙伯翔先生,欣赏了他最近花了整周时间才得以碑楷巨制而成的《怀素自序帖》,请他审阅拙作《孙门弟子的艺术突围》,并与他商榷了师徒相承和天津碑学建设的构想,其间谈话多次涉及黾翁。

碑学不是天津的特产,却在津门艺术大地上植根深厚。近现代以来,碑学历经漂泊,经名流康有为、徐悲鸿师徒相承,王学仲先生得其真传,口授高徒孙伯翔“要把魏碑写得像钢打铁铸的一样”。师徒长期定居天津,其艺术实践为后学弟子提供了激励和样本。中兴津门碑学的当务之急,是树立尊重大师之风尚,发挥大师之影响。然王孙二公年已80有多,行动不便,仍可堪艺术引领大用。莫等闲,看轮椅上的巨人日渐倒下,空悲切。

重修并中兴津门北碑重镇,方可促进天津和全国其他地区碑学艺术的研究互动。在笔者熟知的书家中,张海先生有着深厚的碑学功力,胡抗美先生曾赞许“好的碑学作品能让人的眼睛忽然为之一亮”,王镛先生时刻不忘从民间碑学中汲取营养,张旭光先生推崇孙伯翔、王镛并在京常常和好碑学子切磋碑帖融合……若各路名家乘京津高铁穿梭,王黾翁、孙伯翔皆不会感到寂寞,中兴津门碑学当为期不远。

黾翁仙逝后,我在《光明日报》和《书法导报》先后发表过题为《师承魏碑有书家》《黾翁弟子孙伯翔》的文章,以为纪念。黾翁的艺术成就卓尔不群,熟知他内心世界的莫过于入室弟子孙伯翔先生。虽然近些年来孙伯翔声名远播,却总是感言当年黾翁的领路大恩,“是黾翁为我开启了魏碑之门,没有黾翁就没有今日之伯翔”。他还说,黾翁确实有过人之处,神来之笔足以惊世骇俗。比较他们师徒相承的艺术历程,会发现孙伯翔毕生奉为碑学经典的《始平公造像记》是当年黾翁认可和推荐的;孙伯翔主张的“形质由古取,性情应时生”“书写正大气像”诸理念和黾翁倡导的“四我精神”一脉相承,是“扬我国风,励我民魂,求我时尚,写我怀抱”的续篇;甚至在欣赏孙伯翔书法作品时,有心人能够感受到黾翁书艺思路“大字贪丑拙,小字求妩媚”的活灵活现。黾翁去世之日,天津大学黾园里悬挂着黾翁面带慈祥笑容的照片,两侧是孙伯翔的魏碑行书挽联。上联曰“毛园恩泽育桃李”，下联曰“夫子翰墨传后人”。其用语简约，笔墨到位，情感厚重，可谓大师和弟子之间的最后一次对话。天下师徒有如此成就，有如是翰墨一生者古来寥寥，有这样的结局也算幸福了。

关于毛翁感人的故事，多年来在与张海先生的交往中也听说过一些。自从20世纪80年代以后，张海先生逐步操持河南省书法活动的要务。时人记忆中的往事并不如烟，至今回味着如火如荼的书艺场景，称之曰“友石斋里有三老，气象蓬勃于中原”。友石斋关乎张海。“三老”者，张海先生“未行拜师之礼，实结师生之谊”的恩师费新我、王学仲和沙曼翁是也。中原书风的强劲，与“三老”的鼎力助推有关。早在1973年时任河南安阳市群众艺术馆的书法专职干部张海，就邀请费新我到安阳讲学办班。1980年应河南省书协邀请，王学仲先后在安阳、新乡、郑州、开封、洛阳等地讲学一个月，并举办“王学仲书法观摩展”。1982年沙曼翁应邀担任河南省书协在安阳举办的篆刻学习班导师，培养篆刻艺术骨干。1983年王学仲等人在郑州举办“墨林五家书展”。至今在“张海书法艺术馆”馆藏图录“三老”序言中，评价“王老熔诗书画为一炉，合才情功力成一体”。张海回忆说，在一次长达20天的书法理论班上，毛翁登台讲学，动手示范，用心良苦。讲学结束后，他分文不取，我们送给他一块几十元的毛毡表示心意。为了表达心中对恩师的敬意，张海撰写了怀念王学仲教授的长篇文章《灵魂若有在，凯哥唱未休》，并发表在今年11月11日的《人民日报》上，综合评述了毛翁作为艺术家、文艺理论家和教育家的大家风范。

毛翁是为艺术而生的。他因天才禀赋脱颖而出，甚至他的论文也总是洋溢着智慧和激情。在我的家乡湖南零陵，知道怀素的人很多，知道毛翁的人也不少。1980年他在《书法研究》上发表论文《漫话书法的形象性》中谈到，“颜真卿常和怀素讨论各自的生活体验。怀素的狂草书，曾从嘉陵江水声、夏天的白云、墙壁的裂缝中寻求变化”。毛翁青年时代在国立北平艺专求学时，他的诗书画习作就得到恩师徐悲鸿的肯定：“延生方在少年，其书得如是造诣，禀赋不凡，盖由天授；与之古人，在唐则近北海，宋则山谷，明则倪文正、王觉斯，而非赵、董世俗之姿可相并论。”1993年毛翁突发脑溢血时，还是以诗人的情怀关注着国家的命运：“我自有心力未遒，陆台分峙子民忧。丈夫报国满腔血，可惜空于颅内流。”我们今天从诗作中感受到的，有他无可奈何的淡淡悲情，更多的是他人格的崇高美在通过艺术美而呈现。

毛翁的思想独到而深刻，逍遥于深邃的艺术天空。凭借独立思考和超常的悟性，毛翁从艺术哲学的高度来审视传统文化的现状和未来，他的许多论述深入浅出却从来不失“毛氏语言”的风格。

其一，视野开阔，出语惊人。他提出的“世界美术思潮中心东移”“东学西渐、欧风汉骨”等许多切中时弊的论断，掷地有声。他坚持认为，现代文人画作者需要高修养、深功力、好人品三者并重，文人画非一味标榜“逸笔草草、不求形似”，只知追求小情趣的无学之辈所能为。从他的第一张画《小红低唱我吹箫》，到后来的代表作《垂杨饮马》《怀思》《刘公岛》等，无不蕴含着传统山水花鸟画的神韵。他告诫自己的学生，“凡学我者都难成功，凡以我言为谬者都有所成立，凡恭敬相信我者都不能有所树立”。这些话看似极端，实为毛翁故意发出的警示之语。

其二，反弹琵琶，弄拙成巧。他所发现的艺术理念“善藏其拙、巧乃益露”，蕴含逆向思辨的逻辑。他艺术理念是其哲学思想“蔽明论”与“归衡说”的理论发散。他追求创作实践中的打破常规，而又不失险绝平衡。从他的书法艺术看来,碑楷不刻意追求以笔代刀,也不一味强求笔意的放纵,端庄杂流丽,刚健含婀娜,富有经典魏碑的审美性格;草书有"癫张狂素"的豪放,却不失自己的法度。创新是他人生中的永恒旋律。黾翁晚年仍有很多与西画相结合的创新之作,油画作品中多有印象派风格。"双眼自将秋水洗,一生不受古人欺"。他主张法古而不泥古,提倡发挥人的创造性。

其三,黾勉从事,终成"黾学"。他的学术思想逐渐形成了一个备受关注的学术体系"黾学"。"黾学"简单概括为一画、二合、三怪、四我、五象、六学、七艺。依笔者粗略看来,前三者和"五象"谈及书画艺术本身,强调文人作品的意象结合,"艺必己出";"四我"作为艺术的最高宗旨,强调艺术态度和民族精神;后两者给出了"卓然大家"的标准,要具备融通的社会科学知识尤其是国学基础,通晓诗书画印和多种文学艺术门类。"黾学"描述的艺术境界,实现境界的途径,以及艺术人的高素质标准,是学问滋养、融会贯通的艺术大家才能达到的。按照"黾学"的艺术标准,成为"大家"太难。黾翁自己也从不自封雅号,他把"中国书协副主席、联合国专家组成员、国学大师、鲁迅文艺奖"等等头衔当作社会各界的认可。

我钦佩黾翁的独立人格,他是一个纯粹的艺术工作者。他淡薄名利,多年来向各大艺术馆、博物馆捐赠了自己珍藏的名人字画700余件。他说这么做有利于艺术的弘扬。他不能忘情的只有艺术,称自己不是一个时间上的富翁。黾翁有行草力作曰:"昔年稚(原诗为'种')柳,依依汉南。今逢摇落,凄恻(原诗为'怆')江潭。树犹如此,人何以堪?"此作内容为古代诗人庾信暮年之作《枯树赋》结尾部分,既伤心树木凋零,更叹息人生易老。无论成败英雄,垂暮之年都会感伤人生际遇。晚年主席甚爱此赋,何况黾翁乎?黾翁鼓励后生敏学者多,称赞名流者寡。

我相信黾翁一生中因为艺术见解不同和别人发生过争论,但他不大会与同行计较权力上的得失。他说过,不要求自己的绘画与理论都能被同代人理解,学术探讨的是与非当不计较一时之得失。在认知艺术境界上达到这样高度的任何人,当不会为身外之物计较。黾翁支持作品而设立的艺术馆遍及天津大学、江苏徐州、山东滕州和曲阜,它们奉行兼容开放的艺术原则。2011年10月20日至25日"沈门七子书法展"在滕州市王学仲艺术馆举行。此次共展出七子书法作品84件,中国书法家协会名誉主席沈鹏欣然为该展览题词祝贺。同是大师,不同形式,总是要对话的。这是时代的特征、艺术的幸运。

我同样受到过黾翁带来的困惑。黾翁在艺术上对自己的要求是近乎苛刻的,对普通艺术爱好者还算是宽容甚至有几分迁就。黾翁之"黾"是王学仲父亲为其所取之名,典自《诗经·十月之交》"黾勉从事,不敢告劳"之句。他一生勤勉成就斐然,作品中却是这样评价,"余自束发受书习书习剑,皆未有成,自愧资质愚陋"。社会上有书画爱好者说他出手太紧,写得好的都存着,放出去的不是精品,他的家人也不好打交道。市场人士说他的东西价格不算很高,但没有炒作机会。我们今天欣赏到的黾翁书法艺术,大多表现为他惯常书写的行草书作品。即便来到天津书画店里,也只能看到黾翁少量的作品。两年前北京一家书画杂志社记者采访黾翁后写道:"王老一口山东话,说话很实在。他解释自己为什么近来总写大路货风格的字,说是为了满足求字者的需要。是逢场作戏,反正真正独创的他们也看不懂,而且不喜欢。"在我看来,黾翁也曾经勉强过自己,只为迁就普通的艺术爱好者,他也有无能为力的事情。作为艺术巨匠,在引领人们走出庸俗——雅俗共赏——更高更雅的心路历程中,黾翁毫无疑问是文化市场高地的精神领袖,但他做得并不彻底。

可以断言，如果世人够理性，当理解黾翁为何冷落市场。如果市场够聪明，当理解世人为何寻找黾翁。在当今杂乱混沌的艺术市场条件下，黾翁生前一直熟视无睹“别人画钱”，只顾“自己画画”。而且黾翁晚年行动不便，只能精耕细作，难以过多地照顾到市场需求。他的书画作品大量捐赠到了艺术机构，投入市场的数量本就不多。奇货可居，而又稀缺难居。这种情况让那些意欲囤积炒作者有些尴尬。黾翁过去可能失去了一些钱财，而他注定赢得一个时代的尊重。

2013年12月26日初稿于北京

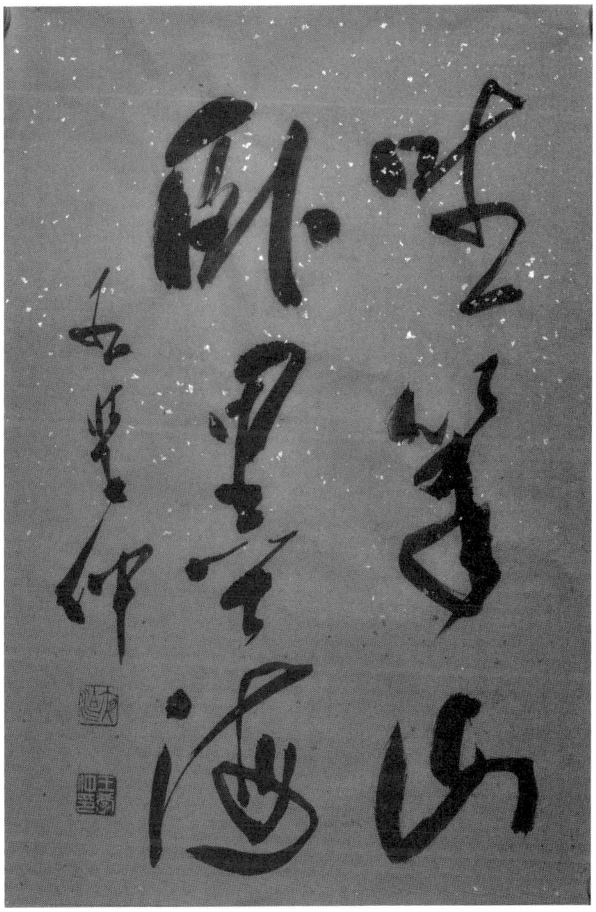

行书坐笔山卧墨海

日日梦乡关，荆河绕廓湾

——王学仲先生的荆河情结

鞠忠武

我是喝着荆河水长大的，每次外出采访，在外地发展的滕州游子几乎都这么说。在他们心底深处，那条流经善国大地的一脉碧波早已融进他们的血液，成为心灵的故乡，灵魂的家园。

在这方面，王学仲先生可谓深得其中三昧。大约20年前，我偶然看见王学仲先生写到一首小诗《滕县思》，至今历历在目。“日日梦乡关，荆河绕廓湾。风光何处好，还是旧家山。”小诗不长，仅仅4行20个字，却以魂牵梦绕的荆河为意象，道尽游子思乡的万千情愫。反复默念《滕县思》，觉得朴实无华却句句珠玑，堪与李白的《静夜思》比美。李白写的明月光古今中外处处都有，王学仲先生写的荆河却为我们滕州独有，这真是我们滕州人的福气，也由此可见王学仲先生对家乡荆河浓烈而又绵长如醇酒般的感情。

一晃，王学仲先生已经离开我们半年多了。回顾王学仲先生的治学与往事，觉得王学仲先生的荆河情结真的值得一说。一个人对他人或一件事看得很重，往往以生命相托，生死相随。王学仲先生对荆河就是这样。生依荆河畔，死亦伴荆河。用这两句形容王学仲先生对荆河的感情一点也不为过。

话还得从20世纪80年代说起。早在那个时期，王学仲先生的书画之名即走出中国，誉满世界。1981年，他相继收到日本国立筑波大学、美国马塞诸塞州大学以及国外十多所高校的讲学邀请。王学仲先生想起恩师徐悲鸿先生和傅抱石先生均到日本受到艺术的洗礼，再说日本深受中国文化影响，到日本去便于进行文化交流。于是，1981年9月，王学仲先生应邀到日本国立筑波大学讲学，开设的课程是大学生、研究生的必修课《书法》和选修课《中国画》。名播东瀛的王学仲先生回国后，其弟子更加感怀先生的书画神技，为弘扬先生的书画艺术之道，1984年秋，安田熏等日本友人专门投资，在天津大学建设了“王学仲艺术研究所”，王学仲先生亲自题额曰“黾园”。

王学仲先生的弟子、在青岛工作的何宝真到天津看望先生时，看到别致的黾园十分兴奋，提出也可以在家乡给先生建一所艺术馆，以弘扬先生书画艺术，让家乡人民都知道王学仲先生。对此提议，先生心动，日本友人亦同意赞助。在何宝真的牵线搭桥下，1986年，经人大会议表决，在滕州城东部、龙泉塔下建设王学仲艺术馆的倡议得以通过。王学仲先生闻讯后，热泪霎时涌满眼窝，他太熟悉荆河、龙泉塔那片地方了，小时候放学后在那里寻访古碑的情景再次浮现在眼前。

一年后，由滕州人民政府拨款，日本友人集资捐助共同兴建的王学仲艺术馆奠基，1988 年 3 月，春暖花开时节，王学仲艺术馆落成，王学仲先生捐赠了书画精品以丰富馆藏。在开馆仪式上，王学仲先生热泪盈眶地说："欣逢政通人和的盛世龙年，家乡的领导为我建立了这所艺术馆，使我的画魂有寄，诗魂得托，才有可能把我前半生收藏与心血，奉献于家乡，以此报答故乡人民的养育之恩，使之落叶归根，了我夙愿。我衷心地希望这所艺术馆将成为联系中日文化友谊的纽带，滕州和国内名士学者往还的兰亭胜地。"

此后，王学仲先生往来滕州更频繁了。每次来滕州，即使再忙，他都游走荆河畔，遥望龙泉塔，感慨一番。荆河从城区东部流到城区南部时，早些时候曾经决口漫流，造成大片滩涂。滕州市委、市政府决定依地势河道而为，建设荆河公园，王学仲先生闻讯后，即兴题下"荆河公园"四个大字，至今仍镌刻在荆河公园大门匾额上。悠悠五千载，荆河绕廓湾。多少兴亡事，涌上心头来。1987 年春，从南方绍兴北返路过家乡，王学仲先生诗兴大发，挥笔写下长篇骈文《滕州怀古文》，从"滕之为滕，肇自黄帝"说起，写尽滕州先贤名士和故土风物，一直写到自己负笈津门，说"聊托意于怀古，寄深情于乡邦云尔"。一篇文章说透滕州史，文采斐然，让人百读不厌。现在，在荆河公园刻有《滕州怀古文》。

1996 年，王学仲艺术馆添了一尊王学仲先生半身雕像，雕像基座上刻着全国人大常委会原副委员长王光英的题词："诗文书画，四美俱臻。"雕像后方的石壁上，刻着王学仲亲手书写的"扬我国风，励我民魂，求我时尚，写我怀抱"。对尊雕像，王学仲先生十分满意，他笑着说："百年后，这就是我啊！"先生话里有话，原来，雕像中间刻有小室，可以盛放先生的骨灰，先生愿意长眠于荆水之滨古塔之下啊！

晚年，王学仲先生身体越来越差，但他依然情系家乡。尤其是家乡后学，他勉励有加。2013 年，马建钧、丁修洁、马召彦、倪萍义、王志林、杨雯六位青年书法家想联手举办国际巡展，请先生题签。先生半身不遂，累及右手，早已不能写字，几乎也不能说话。然而，先生闻讯后，竟然焕发出神奇般的力量，写下"荆水流觞"四个大字。还是荆河，还是荆水，荆水时时流在先生心中啊！

1660 年前发生在兰亭的曲水流觞，留下千古书法精品《兰亭序》，同时留下以墨会友的千古佳话。20 世纪的 1987 年，王学仲就应邀赴兰亭遗址，出席中日书家曲水流觞书道会，同行的有当代书法大师启功、舒同、沈鹏等人。从曲水流觞到荆水流觞，千年不休，源远流长……

2013 年 10 月 8 日，王学仲先生逝世。逝世百日追思会上，按照先生遗愿，先生家人捐 200 万元为起始资金，设立王学仲人文教育基金，主要用于天津大学、同济大学等 9 卓越联盟高校的优秀学生奖学金。先生生前特意嘱托，对家乡致力于文学艺术的青年才俊要倾情相助。

先生健在时，曾数次表达过百年后回归故里、长眠于荆水之滨、龙泉塔下的想法。"日日梦乡关，荆河绕廓湾。风光何处好，还是旧家山。"但愿先生遗愿早日得偿……

小记王学仲先生

康　健

王学仲先生是书画名家，担任过中国书法家协会副主席。我曾和先生见过一面，那一面的印象极深，拙文《王学仲印象》中有详细记叙，此处不再赘述。

这里叙述的，是我和他的几次神交。

2004年，自牧编成了一部王学仲先生的《黾园书简》，他知道我爱读书信，便寄给我一册，并请我闲时写篇评论，还说王学仲先生会以一幅书法致谢的。

文章我写了，题目是《信里滋味长——读王学仲〈黾园书简〉札记》。全文长达5 000余字，写完寄给了自牧先生，请他处理。自牧先生很快将它编发在《齐鲁英才》一书之中，这本是一次极好的向王学仲先生讨取书法作品的机会。可是，那时候的我，还很蒙昧，并不懂得名人书法的价值所在，更不知道书法大家的作品多么值钱，也就不曾将这篇文章寄给王学仲先生。

好在自牧先生比我“懂事”，他将刊有《信里滋味长——读王学仲〈黾园书简〉札记》这篇文章的《齐鲁英才》寄给了王学仲先生，老先生看到以后，十分高兴，专门致信自牧先生，转达对我的由衷感谢。自牧先生乘此机会，请王先生为我即将出版的《高远集》中的“走近大家”一辑题签。王学仲先生题好以后寄给了自牧，这为《高远集》增了光添了彩。

这年年末，王学仲先生给我盖章寄来了一帧他的书画介绍册页，供我清赏。而那时的我，仍很愚钝，并不曾想到向先生索字，总觉得无缘无故地要人家作品，难以张口。

也许是由于对“名人与日记”专题研究的偏爱，一日夜间，我忽然想到，何不致信王学仲先生，请他谈谈他写日记的一些情况？此念一生，立即行动，找出一本旧著《名家谈日记》给先生寄了去。没想到，几天后百忙中的先生居然回信给我——

康健君：

你是研究日记的，想你会知道济南有一个《日记报》，地址：山东济南市纬一路480号《日记报》。

那里是研究日记的总汇，请他们代你组织专家研究。“文革”日记查抄后我不再写日记。

问好！

王学仲

12月6日

一回生二回熟，虽然我没有向先生索要书法作品，但请先生题写斋名的想法却是有的。因此，我借这次回信的机会，请先生为我的“高远斋”题额。先生写了，但在题额的下方用铅笔写道：“因住院，书不成字，请谅。”

有一年秋天，于晓明先生到我家做客，我将此题额翻找出来请他欣赏。晓明看了，不禁感慨：“王老自律真是严格，字写得这么好还说书不成字，这种认真自律精神真是太难得了。”他还说，就目前来说，这幅字最少值三千元。

钱多钱少我不在乎，我最在乎的是王学仲先生作为一位老艺术家对于晚生的这份厚爱。人情无价啊！故专门撰写此文，以示谢忱！

2013 年 2 月 28 日于京东燕郊•高远斋

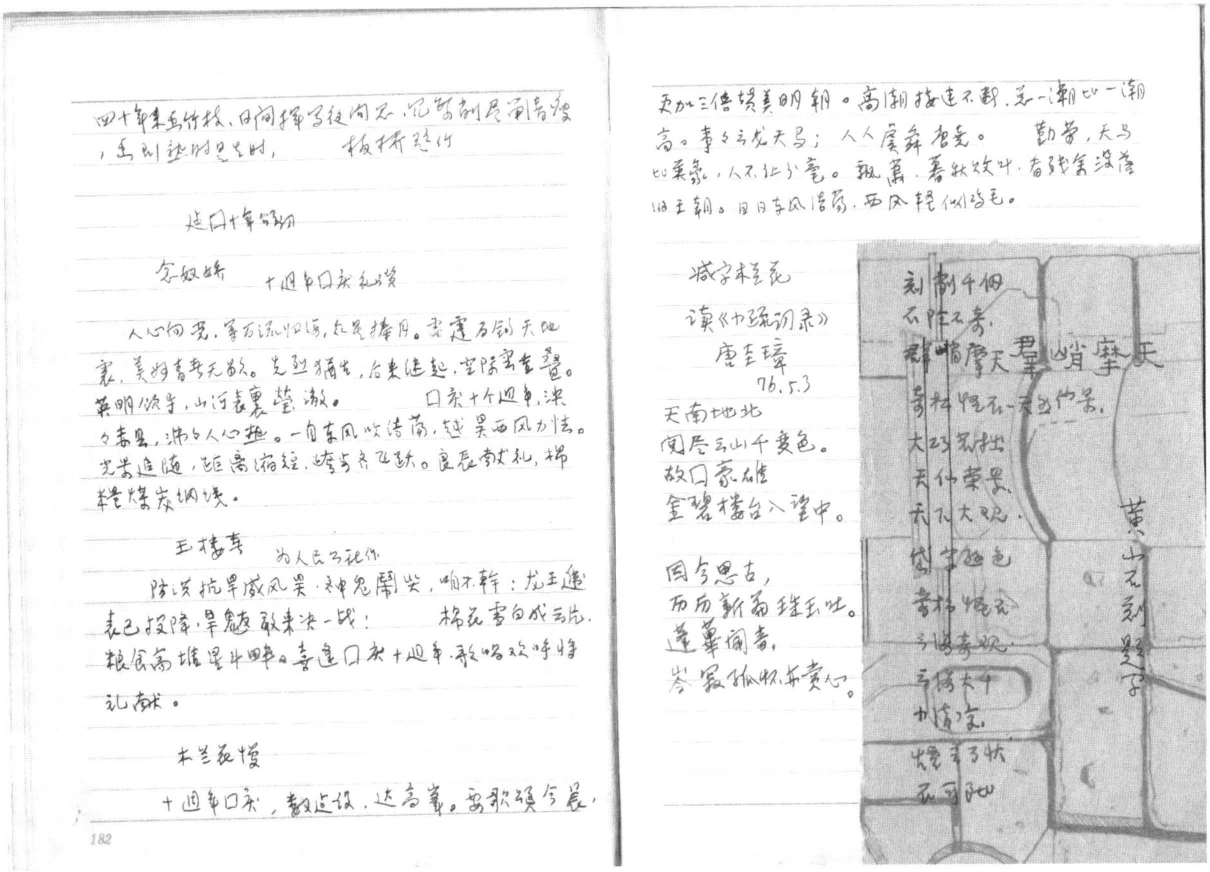

王学仲诗抄

王学仲曾关注“安乐死”

孟宪武

惊悉国学大师王学仲先生病逝,哀痛之际,又闻先生遗嘱有约:“不设灵堂、不搞吊唁、不接受花篮……”更为先生豁达的生死观扼腕赞叹。这令我忆起一件往事,足见先生早就看破生死,故能淡泊名利,赢得世人敬仰,那就是当年先生对“安乐死”的关注与赞同。

1989年,我供职于天津市卫生局宣传处,在处长张鸿铸教授的指导下研究“安乐死”等生命道德课题。一天,局办通知我们说,天津大学的王学仲教授请我们到他那里,要垂询有关“安乐死”的问题。于是,我和张教授来到了天津大学王学仲艺术研究所。

在颇具园林风韵的“皂园”客厅,初识先生。见先生一身中式便装,面含微笑,精神矍铄,“儒脉、道骨、佛心”,气度不凡;张教授也是谈吐儒雅,高士形象。二人一见如故,随即就无拘无束地谈论起“安乐死”话题。当张教授向先生介绍我说“孟大夫是我国当前较早写‘安乐死’文章的几个作者之一”的时候,先生高兴地颔首称赞。其实我最早“研究”的不是“安乐死”而是国画,20世纪60年代初我跟叶东旭老师学国画的时候,就临摹过先生署名“呼延夜泊”发表在《天津画报》封面上的一幅山水画。只可惜自己没有绘画的天分,只能琢磨些生生死死的话题了。

先生开始问曰:“《孟子·告子章句下》中有‘然后知生于忧患而死于安乐也’的字句,意思是‘忧愁患害使人生存发展,安逸享乐会使人死亡’。你们研究的‘安乐死’不是这个意思吧?”张教授答道:“是的,《孟子》里说的是社会道德问题,我们研究的‘安乐死’是指那些患不治之症、身心极端痛苦的病人在垂危状态下,由本人和亲友要求,经医生认可,用人道方法使其在无痛苦状态中结束生命过程。这属于生命道德问题。”先生沉吟一下,缓缓说道:“张教授,我觉得这死亡或是‘安乐死’,既是生命道德问题,也是社会道德问题吧,您说呢?”张教授点头称是:“任何道德问题都可涵纳在社会道德之中啊!”

其后我们和先生谈话更多的具体话语记不清楚了,但总的印象是,先生是赞成“安乐死”的,并鼓励我们把这个课题继续研究下去,认为这是有利于人们树立正确的生死道德观念、有利于社会道德进步的好事。

回想起来,那时当我捧着先生赠予的书画册随张教授走出绿竹摇曳、池水一碧的庭院,看到一石柱上镌刻的“四我庭”三个字的时候,还没感受到先生垂询“安乐死”话题的含义,以为不过是他的雅趣而已。今天,读到他的遗嘱,才蓦地感悟到,先生生前的“四我”:“扬我国风、励我民魂、求我时尚、写我怀抱”和死后的“不设灵堂、不搞吊唁、不接受花篮……”不正彰显着先生践行社会道德和生死道德的高风亮节吗?

伟哉,王学仲大师!

立德　立功　立言

——怀念王学仲先生

王牧天

在我的书房里，悬挂着学仲先生于20世纪70年代末赠我的一幅《漓江山水》立轴。这幅大作，神韵流动，意境淡远，清空安和，诗意幽微，取法于自然而高于自然，是一幅具有古典气韵的典型的文人画。睹画思人，而今与先生天人相隔，令我倍感神伤。

我与学仲先生相识，源于学兄张寒朗先生的介绍。学仲先生与我的老师陈礼堂先生是同学，所以我对学仲先生向以师辈视之。学仲先生是一位饱学宿儒，蔼然仁者，气质优雅，待人宽和，与先生交往，如沐春阳，如润时雨，每每皆获教益。回想起来，我与先生过往，多属文字之交。早年，先生偶有私事相嘱，我均尽力为之妥善办理。我虽然不是先生的私淑弟子，更不敢与先生谬托知己，但先生对我却一直厚爱有加。与先生结识不久，先生听说小儿子喜爱绘画，随又以一帧《鱼乐图》相赠。20世纪90年代中叶，先生赐函并寄来他的多种著述，欲让我协助寒朗撰写先生的艺术评传，因我当时文债较多，又觉与先生过从较少，自感力所不及，与寒朗商定，便由寒朗独立并出色地完成了《王学仲评传》的写作。出书之后，好评如潮，我应约写了读后评介文字，由先生交由《天津日报》发表。之后，先生的长篇小说《吼哈》出版，我又应约写了《浓浓乡土情　淳淳民间风》的书评，由《滕州日报》发表后收入《黾学大观》一书之中。2008年，黾学研讨会在徐州王学仲艺术展览馆举行，我的学生孙士华主其事，我应邀躬逢其盛，并被聘为研究会理事。前此不久，滕州王学仲艺术馆扩建，承先生厚爱，他拜托文联主席马建钧先生、艺术馆长李广兰女士安排我，嘱我为扩建后的艺术馆起草前言。多次的文字交往，让先生对我加深了了解。为了对我有所奖掖，先生以抱病之身，主动为我书写了“赞语”赠我，其文曰：“善国人，滕州住，看透书，阅透事，学生师，文有趣。”文后称“牧天乡人·王学仲赞”。

先生有超乎常人的人格力量，从先生一生的努力和奉献中，可以让人们认识到，大师，就是像先生这样从平凡走向不凡的。

徐悲鸿在结识先生之初，就发现先生“禀赋不凡，盖由天授”。先生之不凡，渊源有自。除优渥的家教之外，先生自幼就表现出过人的聪明。他对传统的诗词书画，有一种特殊的喜爱，“目所一见，辄诵于口,耳所瞥闻,不忘于心”。先生年届而立,就已取得了独立高步、超然人外的不俗成就。

先生自号“黾翁”,“黾勉鞠瘁”是先生一生遵循的信条。毕其一生,先生“苦行僧”般地上下求索、奋力求成,以“坚于志、苦于艺、恒于心”的韧性,走过了艺术创造的漫漫长路,终于得以将现实人生、自然风物、眼前世界、梦里家山汇为笔底波澜,织成心中锦绣。发而为书,笔力灵劲、别有天地;发而为画,气格高华、意象清新;发而为诗,词赡韵美、境界高远;发而为文,文笔清朗、哲意深沉。此后,先生终以“诗文书画,四美俱臻”之称享誉于世,在艺术领域攀上了至高之境,开创了独造之域。

学仲先生在学术上的大成之象,更表现在先生博大的胸怀和历史的担当上面。先生深明人生宏旨、春秋大义,是一位敢于担当人间道义的精神战士。先生首倡的“扬我国风、励我民魂、求我时尚、写我怀抱”的“四我”主张,是先生崇高人格和伟大心灵的回声,它展示的正是先生的全球视野和天下胸襟。

先生的一生,是“为生民立命”“为往圣继绝学”的一生,是传统文人“立德、立功、立言”的一生。而今,先生已驾鹤西去,但先生之风,山高水长,先生的传世之作,将会继续为千家万户带来文化的回望与艺术的温暖,并将长久地守望于大地,行走于天下。

桂林柳艇山水

陈礼堂与王学仲的友情

刁统安

怀着对王学仲先生敬仰的心情，我数次走访了陈礼堂先生的后人，了解、搜集到了王先生青年时期的部分艺术活动史料。

陈礼堂先生，滕州西赵沟村人，生于1923年。出身书香门第，祖父、父亲教书务农，均善书。受家庭熏陶，幼年的礼堂就喜欢书画。这与学仲先生的出身颇为相似。共同的爱好、追求和温良恭俭让的品格，使他们结为知己。从20世纪的30年代至50年代，他们从乡间到负笈京城求学直至新中国成立初期，相互关心，相互学习，同舟共济，亲如手足。

陈礼堂先生的长子和三子深情地叙说其父与学仲先生的往事，并向我展示了礼堂先生留下的三个小册子，即《影子集》《展册宛然》和《夜泊速写》。

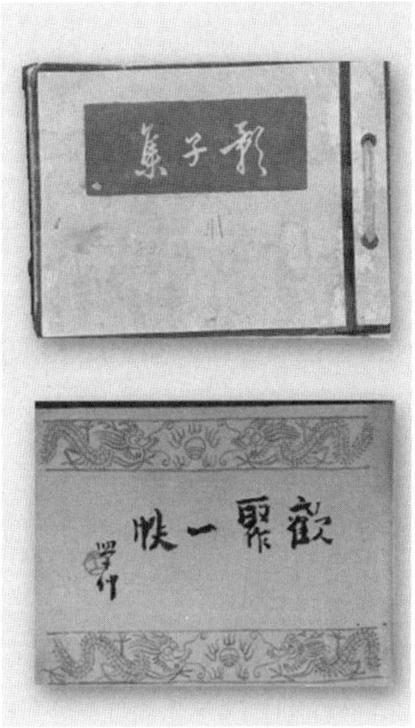

陈礼堂《影子集》扉页王学仲题字

《影子集》是礼堂的相册，扉页上王学仲先生题写了“欢聚一帙”。第一页上镶嵌着《京华美术学院毕业纪念 · 三十四年六月》师生合影。片头字系邱石冥院长题。这幅已泛黄的毕业照上共有师生47人，其中学生40人，学仲与礼堂分别站立在后四五排。这幅珍贵的照片真实地记录了65年前京华美院学子的风采。我将翻拍的京华毕业照奉寄给王学仲先生，先生感慨万分，当即给我写信：“统安君：接到你反转的毕业照，心中无限欣喜！原因是我的那张学士照也毁于‘文革’劫火了……”

在《影子集》里有三幅学仲先生青年时代的照片。在一帧全身照下面，礼堂先生用毛笔字写了几行小字：“礼堂十七岁识王君，但王君此照非当时相赠，而为近几年所摄，一九五三年六月重赠”。这就是说礼堂与学仲先生早在1939年就结识了。礼堂先生在影集里还写道：“余十七岁由家塾走入学校，过起了羁旅的生活，同学往来日

王学仲为陈礼堂塑像并合影

众,与诸友人游于城郊间名胜,几为足迹踏遍,时而观摹书画,兴来快书一通,为一乐也。"在诸友中,礼堂与学仲先生是最亲密的知己了,从结伴城郊间名胜游到曲阜、泰山访碑;从济南拜师访友到北京求学,他们相处时间最长。直到新中国成立初期,学仲先生中央美院二度求学和在天津大学工作,仍然与在滕县书院小学教书的礼堂先生保持密切的联系。

陈礼堂的长子陈友用回忆说:"大概是1953年左右,学仲叔中央美院毕业前夕,在书院小学为我父亲塑像。这尊半身像与父亲等身,形象生动,特别有气质,我父亲非常喜欢,常置于他的书房内欣赏。亲友观后都称赞塑得很传神,栩栩如生。很可惜,就在1956年被我奶奶摔碎了。因为奶奶封建思想严重,说活着的人不能塑像,只有庙里才有塑的鬼神。当父亲从城里面回到家知道塑像被毁,心里很难过,好几天都闷闷不乐。所幸有一帧他们两人在这尊塑像前的合影,现在人们还能在照片上欣赏到这件艺术品。可以窥见他们两人当时的愉悦心境,可以想象青年时期的学仲先生为好友塑像倾注的极大热情和高超的艺术才华。从这幅照片里,我们了解到王学仲先生不仅是一位诗、文、书、画大家,同时也是一位杰出的雕塑家。"

《展册宛然》是一本书画册页,里面有30多幅花鸟、山水、人物小品,多为京华美院师生绘赠。其中有两幅山水画,一幅山水画上题款:"萧悬用笔如此 黾"。另一幅山水画题:"仲黾"。这两幅山水小品大概画在1945年,即学仲先生京华美院毕业前夕。

《夜泊速写》封面由陈礼堂先生题写,共有20多幅王先生画的速写,以铅笔速写为主,有几幅用毛笔速写。内容有人物、动物、静物、风景等。有一幅速写画的是说大鼓书的场景,一男士操坠子琴,一女子左手持月牙板,右手击板鼓在说唱,下面画了几个听书者,目不转睛盯着说唱者,面带笑容,像是着了迷,情节十分生动,真像《老残游记》里描写的"明湖湖边美人绝调"那样。看了这幅画,最能让上了岁数的人回味起鲁南地区庙会上的说书情景。

礼堂先生的后人还珍藏着学仲先生的几件手抄、诗稿、墨画等。"五四材料"为八开新闻纸,钢笔抄写,标题是"五四材料——摘自民国八年报 夜泊",约有3 000字。这份手抄可能与王先生创作《火烧赵家楼》有关。寒朗先生在《王学仲评传》131页里写到:"他在九月份(1949年)整装北上,又在北平艺专复学,见到了敬爱的恩师徐悲鸿先生,在学校里他又潜心于艺术创作的探求,创作了国画《火烧赵家楼》。"这手抄报摘可能为创作《火烧赵家楼》提供了素材。礼堂先生生前喜收藏名人字画。据礼堂长子说,仅学仲先生赠礼堂的书画不少十余件,其中有一幅《虎啸图》,礼堂先生很珍爱,只在春节才取出悬在客厅。"文革"初期学仲先生赠礼堂的书画连同古今名人字画约百余件,被村里造反派抄走,有的被焚,有的被抢。仅有一幅50厘米×36厘米的学仲先生创作的工笔人物幸存下来,画面上是一位古代贤士,手持卷轴,神采奕奕,形象生动,左下题款:"一九五零年三月二九,第一次墨画,呼延夜泊"。在陈家还发现了王学仲先生的一首残诗稿,内容是"□乐峰前沙似雪,受□城外月如霜,不知□处吹芦管,一夜□人尽望乡。呼延夜帕,印章为白文夜帕",缺4个字。

从以上礼堂后人珍藏下来的王学仲先生青年时期的艺术资料看,可以想到礼堂先生对学仲先生的学识、艺术造诣是十分钦佩的。他们的过往和友情,张寒朗先生在《王学仲评传》里有详尽的叙述。

由于陈礼堂先生过世较早,年代久远,加之"文革"劫难,学仲先生赠给礼堂先生的诗文书画大都散失，仅存零星小品，但依然可窥见王学仲先生青年时期非凡的艺术才华。

半个世纪过去了，学仲先生念念不忘同窗之谊。1998 年秋，王先生得知礼堂夫人还健在，子孙满堂，十分高兴，寄书问候，并着专人备礼前往陈家探望。2000 年 4 月，陈礼堂先生的子孙拜见王学仲先生，王先生勉励其孙要继承祖父未尽的事业，学有所成。

无题山水

王学仲先生逝世百天祭奠

马运文

受人仰慕的王学仲先生于2013年10月8日,在天津武警总医院平静地停止了呼吸,终年88岁。

当我得知王学仲先生逝世的讯息时,心中隐隐作痛。我连夜乘北去的火车赶赴天津大学为恩师王学仲先生吊唁送行,好在心如所愿。王学仲艺术研究所大厅内,一排鲜花环绕的前方,悬挂着王学仲先生的遗像,我在先生的遗像前垂首拜礼默哀许久,次日又到天津殡仪馆和大家一齐用鲜花向王学仲先生的遗体告别。王学仲先生将带着人民送别的花香荣归故城!

王学仲先生虽然远离我们而去,但先生临行前,已经将自己毕生所创造的精神财富奉献给了社会;奉献给了国家;奉献给了可爱的故乡——滕州。我们将永远怀念他!

至今天津大学王学仲艺术研究所及滕州市王学仲艺术馆仍保藏着王学仲先生捐献的精典论著及精典诗、文、书、画。另外还有传递到我们心中的那份——永恒的爱!

一、恩师徒步私访到我家

1992年,夏日上午,天气有点炎热。王学仲先生回家探亲之余,独自一人徒步到我家,此时我正在馆内工作,我获悉后,慌慌忙忙赶回家,刚进前院大门,发现身穿传统白布衫的王老早在前院内等候多时了,我赶忙礼让先生进屋、让座、沏茶一杯,让先生稍休片刻,便和王先生攀谈起往事,我饶有兴趣地问先生:“您青年时代曾三进京华,立雪徐悲鸿先生门下求学,后又转自天津大学任教多年,为何乡音未改呢?”王老微笑着回答说:“我学普通话,学不好,反而不伦不类,既便是学好了,对我而言,仅像其表,不如多下点功夫修文、作画更为充实。”我非常钦佩先生的观点,做人不能浮华,要踏实,要质朴。平易近人是亲切,率真待人是真实。

二、万亩榴园深,大师留诗句

20世纪90年代,建馆以后的某天,我随周广成先生,一起陪王学仲先生到枣庄万亩石榴园参观,我们边走边看,边观景,待观完景以后,园内领导把我们带到一间休息大厅,稍作休息后,突然有位服务员将宣纸往大厅中间的案上一展,恳请王老给榴园赋诗一首书写留纪,只见王老将手放到嘴边,作了个捻动胡须的姿态后，便挥毫书写了一首自己立时吟的四言绝句：“绿满园畴际早秋，山泉岩水淙淙流。千姿青拙绕壇寺，万亩红酣醉石榴。”我们齐声拍手叫绝。诗意概括、真实、清晰，而又幽默。王老不断指着厅外的石榴树说道：“您们看那石榴树，被红红的石榴压得东歪西斜，就像喝醉了酒一样。”这是我首次看王老依景立时赋诗，叹感曰：“当世奇才矣。”我便私下问王老：“您的诗意来得这么快，万一哪一句想不起来怎么办?”王老说：“写诗工夫在诗外，文心可雕龙，要不断积累知识能量。读万卷书，行万里路。日积月累自然能吟得好诗。”

三、勤可补拙，俭能养廉

1989年，我在天津大学跟王先生进修时，体察到王老工作非常勤奋，他从来就没有打过牌、下过棋、钓过鱼，也没有星期天、寒暑假、逢年过节的概念，整天吟诗作画、写字、教书、授课、著书、立论、进行学术研究，这些事情填满了整个日程。正如王欣荣教授所言：“哪怕是先生外出旅游，也不会空手而归，总有新的诗、词、文、赋进账。”

王老对自己平时生活要求也不高，但有饭必备：一根大葱，一盘豆腐，一碗稀饭，这是王老最喜欢吃的饭菜。他既不好酒，也不好烟，一杯清水既可。并非王老刻意求俭，而是先生从小节俭质朴养成的生活常态，他把精力都用到了对理想与事业的追求上了。

四、不拘一格励后生

我在天津向王老求学的日子，一晃半年有余。暑假过后，我去看望王老，返程时，王老伏案给我画了一幅兰花草，并题赠言：运文在津进修半载，颇有悟心，今将归里，晓此一法。我双手捧着接过这厚重的勉励并道谢！我将永远存于心中。

广兰馆长让我谈谈对于王老师诗的感受，我认为王学仲先生诗有千千篇，篇篇精彩，我感觉先生的诗，有时粗豪惊四座，有时婉约适独座，他的诗才带有一点浪漫诗人的气概，大才矣。他是继郭沫若大师之后的又一“见景生情，既情赋诗的诗仙”。

谨此，我们向大师致以崇高的敬意！

长毋相忘

尤欣欣

2013年秋天,在西藏旅行的王冈(字芃橙)接到了一个电话。电话那头传来了令他震惊的消息——“王学仲先生逝世了”。放下电话,他乘最近的一班飞机,赶去参加追悼会。两年后的今天,他清楚地记得当时的细节,他把从西藏带回来的哈达献在王学仲的额前,蹲跪着为王学仲祈福。王冈说:“对我来说,王学仲先生并没有离开,他永远活在我心里。”

王冈用“近邻”和“忘年交”来定义自己和王学仲的关系。在天津大学居住期间,王冈常去探访王学仲。一次次促膝长谈,一次次题字相送,王冈和王学仲的感情越来越深。

“长毋相忘”四个字是王学仲送给王冈的。王冈回忆说:“王学仲先生写‘忘’字,特意改去上面的‘亡’,他认为,‘人要一直留在心上’。”王冈一直珍藏着这幅字。回忆这十几年的交往,王冈说:“很朴实、简单。王学仲先生既是友人,又是恩师,每当看到‘长毋相忘’四个字,他的音容笑貌又浮现在我脑海中。”

王冈和奥林匹克结下了不解之缘,常年为奥运工作奔波,王学仲很关心他的成长以及中国奥林匹克事业的发展。2001年申奥成功后,王冈请王学仲为奥运题字。王冈说:“王学仲先生一气呵成,我就站在他旁边,感觉到那种中国人的自豪感都蕴藏在字里。”在王冈的记忆里,王学仲先生为人低调,沉默内敛,很多感情都通过“字”来传达。王冈说:“我可以看到王学仲先生字里的奔放和潇洒,还有十年如一日地坚持。我想,这也和奥运精神相得益彰,都体现着开拓进取和永不放弃。”

王冈常年担任吴经国的助理。2003年,吴经国来天南大讲学期间,在王冈的安排联系下,拜访了王学仲。王学仲题诗“蝶来风共舞,人去月无聊”相赠，“蝴蝶”的到访，使平静的生活增添了生气，以此表达了对吴经国的欢迎和欣喜。2007 年，第 13 届奥林匹克收藏大会在北京举办，时值萨马兰奇生日。王冈建议王学仲为萨马兰奇题字，王学仲欣然题字——“千秋万岁，皆老寿”。王学仲说：“我和萨马兰奇岁数相近，我很敬重他，‘皆老寿’也是同贺同福吧。”王冈说：“当时翻译没有完整地去解读这个句子，只说是祝福长寿，但是萨马兰奇还是高兴极了，特别喜欢这幅字。”

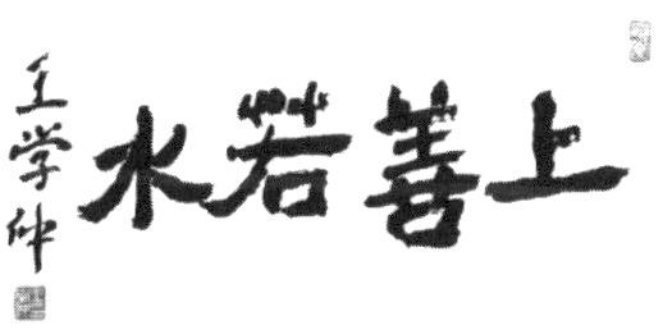

“上善若水”是王学仲晚年送给王冈的一幅字。当时王学仲已经生病了，王冈带着王学仲最喜欢的“丸子”前去看望。王冈说：“当时，王学仲先生已经记不住人了，但看到我还笑得特别温暖，我知道他一定没有把我忘记。”“上善若水”四个字蕴藏着王学仲对王冈的殷殷期盼。上善若水，从善如流。在奥委会工作期间，王冈牢记着王学仲的教诲。他说，“国际奥委会委员是不拿薪水的，做这份工作是因为热爱和热心。王学仲先生的‘上善若水’一直激励着我去坚持，相信有一天，这些点滴小善会汇聚成大海。”

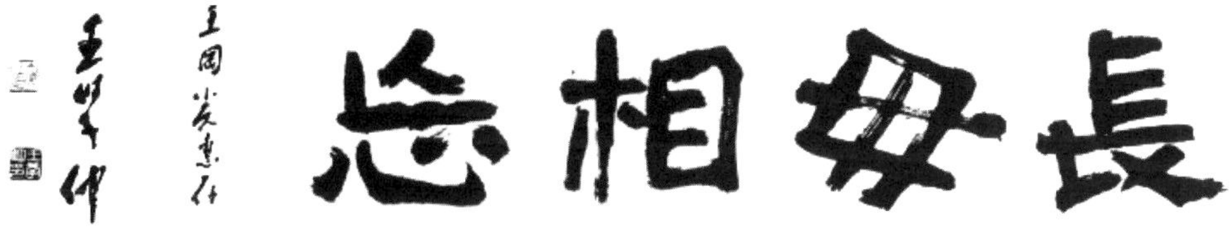

王学仲题赠王冈书作

怀念王学仲老师

韩左军

10月8日是王学仲老师逝世的日子，转眼间他已离开了两年。此时，与王老师的交往之事一桩桩一件件地涌上了我的心头。

和王老师于毛主席故居合影

1968年，“文化大革命”已进行了两年多，形势平和了一些。于是，天津大学校革委会决定抽调力量搞一次“毛主席革命教育路线展览”。校革委会组织了一个包括美术、文字编辑、摄影等专业人员和讲解员一行共32人的团队，从天津出发，经由北京、武汉、长沙、韶山到达广州，做了一次实地考察采风。这32人大多数是学生，只有少数几位是教师，王学仲老师便是其中最具权威的一位。那时，王学仲老师是天津大学土木系建筑学专业美术教研室主任。同学们热爱他、尊重他，照相的时候，把他安排在了最中间的位置（照片中排左起第六人）。那时，我是精密仪器系的学生，负责天津大学校刊摄影社的工作，被派随团摄影。照片是我（中排右一）用蔡氏柔莱福莱自拍的。

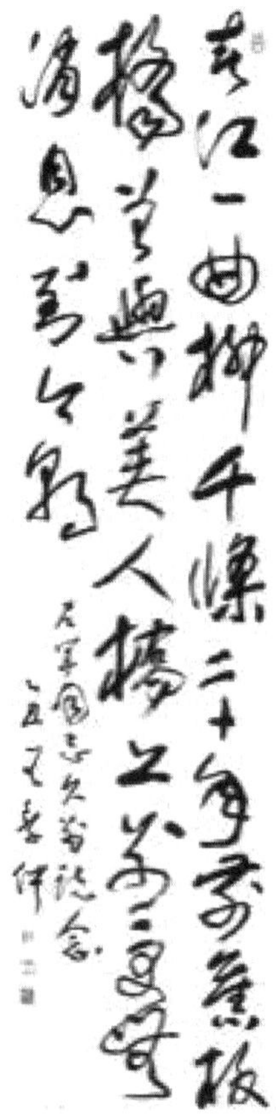

王学仲题赠韩左军书作

1985年，王学仲老师当选为中国书法家协会副主席。那年我因出差回到了阔别近20年的母校，看望王老师时，将这张照片重新洗印送给了他。旧事重提，王老师感慨万千地说：“韶山朝圣，恍然如昨。”一席畅谈之后，王老师铺纸濡墨，写了一件刘禹锡《柳枝词》条幅赠给我：“春江一曲柳千条，二十年前旧板桥。曾与美人桥上别，恨无消息到今朝”，款书“左军同学久别留念”。（见下图）真是语重情长！近30年来，我一直珍藏着这件条幅。

和王学仲老师（中排右五）于毛主席故居合影

约我协同考察经派书法未果

1991年4月，王学仲老师给我写了一封信，说有一事相商。信中他写道："我是研究经派书法的，从我掌握的文献看，太原附近的经派刻石有两处——'崍嶝'一处和'风峪'一处。唯历史的州县沿称代有更改，现究竟在太原何处，并不清楚……"同时提到，要我"下番心思，耐心调查"，设法搞清楚这两处经派刻石的详细地理位置和交通路线，以便陪同他一起考察那里的经派书法。信中还说："如果年纪再大，就无法胜此重任了。"其时王老师已66岁高龄。从这封信中，我看出了王学仲老师想在有生之年完成考察以上两处经派书法的急迫心情，于是便着手按照老师的提示进行调查。经查诸资料："风峪"在太原市南，蒙山与龙山之间，与交城县接界，石壁有穴洞，洞中有北齐天宝年间佛经刻石126柱，五代后唐庄宗刘后与申王李存渥"自晋阳走风谷"即指此。今风峪尚存有李存渥墓。而关于"崍嶝"一处的具体位置，我查了《太原市志》《山右石刻丛编》《资治通鉴》《山西地名录》等史料以及《辞海》《辞源》等工具书，并走访了张颔先生、徐文达先生、林鹏先生、靳生禾教授等山西省著名学者专家多人，历时一个多月，仍未获丝毫信息。无奈只好写信据实告诉了王老师。那时王老师正忙于准备参加山东省摩崖讨论会的发言材料，嘱我："鉴于目前材料尚不充分，先安排好本职工作，俟进一步查询后，分出精神再理此事。"于今20多年过去了，此事未果，成为憾事。

《来约不应的说明》的感慨

1998年春节来临，中国普天侯马电缆厂出版了我的一本大对开书法挂历，我寄给了王老师一本。王老师接到后回信说："收到贺岁挂历一件，当即悬挂于办公室中，因为是你的书法，倍感亲切。"我颇受鼓舞。两年后，故乡襄汾县汾城镇修葺街心鼓楼，镇政府委托我负责征集全国书法名家书写鼓楼四门的匾额，其中有一匾《东眺塔汾》是请王学仲老师写的。匾额刻完后，我将拓片寄赠与王学仲老师。王老师在回函中谦逊地说："我书得悬汾城鼓楼之上，皆仰推毂之力。"并说"以前为写件多次受骗，故我一般无忠实可靠的中介，决不自寻烦恼浪费笔墨了。"还随函附寄了一份以"王学仲艺术研究所"署名的公开信《来约不应的说明》。文中说："王学仲先生为当代书画名家，抱着为社会服务之精神，凡属社会公益事业，不辞高龄眼花，均热心服务，不取分文。因此一些单位及个人（文中例举了多桩骗事）以为有机可乘，先后被骗走作品不计其数，为了让你们了解用各种手法骗取字画的手段，本所已抱定一概不应的态度。这都是由社会不良风气所造成的，当能予以谅解。"文成于2000年8月，而我求王老师题书"东眺塔汾"是在此之后，王老师能拨冗书此已无限感慨，况谦称"皆仰我的推毂之力"，实在汗颜。

2013年，王老师离开时，我因远离津地，当时没能亲自送老师一程，颇觉遗憾。值此王学仲老师逝世两周年之际，谨以拙笔记述与先生交往中的几件琐事，作一瓣心花献上，聊志师生情谊！

哲人其萎，呜呼，一代艺坛大师！

2015年9月13日于景云子居

怀黾翁

任愚颖

去年10月初起，朋友贺成在江苏淮安、连云港两地办展，邀我同行。10月9日在淮安农村采风时，贺成忽得天津大学王学仲艺术馆孙国喜、孙列短信，云学仲师8日7时17分在津门驾鹤西去。闻之甚为哀惋，因展览在即，不能亲赴津门吊唁，当即与贺两人共发短信问候曹师母，并寄果盏若干，亦请曹师母阖家节哀。

与学仲师相识并拜在其门下，始于20世纪的1990年。这年春天，山东枣庄文化部门决定成立枣庄籍书画家联谊会，因我祖籍山东滕县，贺成祖籍为山东峄县，两地同属枣庄，贺成让我一起参加。当时学仲师亦到会，被推举为名誉会长。贺成把我介绍给学仲师认识，因相谈颇为契合，贺成和我商定，正式拜学仲师为师。学仲师同意后，我们就在下榻的人武部招待所，置案扣首，行传统跪拜礼。贺成先拜，我次之。学仲师将我二人一一扶起，恳切说道，既然为我门下，就要按照我的"四我"主张(扬我国风、励我民魂、求我时尚、写我怀抱)搞好自身的艺术创作，同时，以自身的杰出作为，丰富"四我"主张。我与贺一一应诺。

拜在黾翁门下的二十余年时间里，深感黾翁学识渊博，书画艺术炉火纯青，每有悟谈，获益良多。有时在电话里黾翁能谈一个多小时，或谈艺，或教我做人，亲切仁让，甚为感佩。现得长短句有五，依次而述之，俸在黾翁灵前......

临江仙

北去枣城吟古柳，后飞携手临风。相逢一笑酒千盅。无需敬俸，置案拜泊翁。
翰墨有缘书艺好，津门领袖群英。一编图卷论旨宏。后学多有悟，把管舞鲲鹏。

1990年4月，与后飞庐主人贺成一起驱车去山东枣庄参加"枣庄籍书画家联谊会"。学仲师与会，被推举为名誉会长。余与贺成立雪黾门。学仲师自号黾翁，早年有"呼延夜泊"名号。悲鸿先生呼之"夜泊仁弟"。

醉花阴

池水澄澄花正瘦，更怕风狂骤。几句透心言，却待回眸。展纸摹国手。
孤檠消夜天已昼，若墨池游走。不是未经心，只怪才疏。愧我丹青丑。

1999年黾师为我题“任颖写牛”四字，两旁有文注道：“入师牛堂而不囿于一家，苦吟诗文，采风造稿，力求不群，此吾门人愚颖也 王学仲题 印：“鲁王”“学仲”。另，黾师为我写牛画作题字、补柳等多幅，不赘。

蝶恋花

向晚驱车车尚稳。且去京华，一展《丹青引》。十件巨幛称宝轸，三千诗话连唐韵。
济济一堂非遣闷。四野八荒，都道识才俊。无底丘壑高万仞，京华不藐人豪饮。

20世纪90年代黾翁在中国美术馆举办大型书画展。作品百余幅，或书或画，力能扛鼎。特别是十余幅巨幅山水佳作，更是耀人眼目。余为之制《丹青引》专刊助阵。京华政界、艺术界名人莅临观赏，热闹空前。

沁园春

雪霁晴明，
彩萼迎春，
嫩蕊放苞。
去师牛堂上，
谈今论往，
唏嘘长叹，
品正格高。
未看青山，
不听泉响，
泼墨烘云险弄涛。
林间趣，
知龚家遗韵。
路远迢迢。
独行幽燕听潮。
荐一代大家看绣雕。

且挥笔理纸,
奇峰搜尽。
苍岩竞秀,
漓水添娇。
井冈云峦,
黄山渔礁,
无尽江山腕底描。
凭栏望,
有《万山红遍》
青史名标。

一年冬天,黾翁居京华有日,余与贺成前往探望。后相约去三里河可染先生处看望邹佩珠师母。提起当年可染先生北戴河休养事,邹师母指着黾翁说,还是你这个学生推荐去的呢!1959年黾翁在天津搞新中国成立十周年创作,在北戴河整理画稿,暇时,向北戴河负责人李越之推荐可染师到北戴河疗养。李给可染先生去信约请,1961年起,可染师每年盛夏即到北戴河,后来出手的许多重要画作如《漓江》《万山江遍》等,均在此完成。

一剪梅

云岭归来不看秋。
轻展文牍,
乐在心头。
衷肠肺腑赖豪端,
几句相嘱,
五内长留。
忆起凭栏新雨收。
绿了芭蕉,
润了田畴,
壮魂励志兢沙鸥,
再铸新篇,
无愧良俦。

余时而携带画作去津门向黾师求教,黾师细观之后,一一指出瑕疵,余深感五内。不日,写出《愚颖画牛》文章,得字四百寄余,余心花怒放,心中时记黾师教诲也。文章有句云:“…… 任愚颖师从李可染,不求其博而专取其精,专学李老画牛之技,愚颖深知,李老画牛表面看是熟练之技巧,而从深处考究,则是李老画牛既得其温驯而又得其倔犟之特性，表现了牛的坚韧耐劳之品德……愚颖半生从李老学画牛，而不改他技。他是一边学李老画中之牛，一边看江南水乡之牛，愚颖的用笔活脱，其金石重拙之气尚不及李老，当然也不必复制李老，所以其画看似出于李老，然细审便知愚颖用笔狂姿，也有嬉笑怒骂，李老的牛妙在执着，愚颖的牛则妙在任性了。”

2014年1月8日于风储堂上

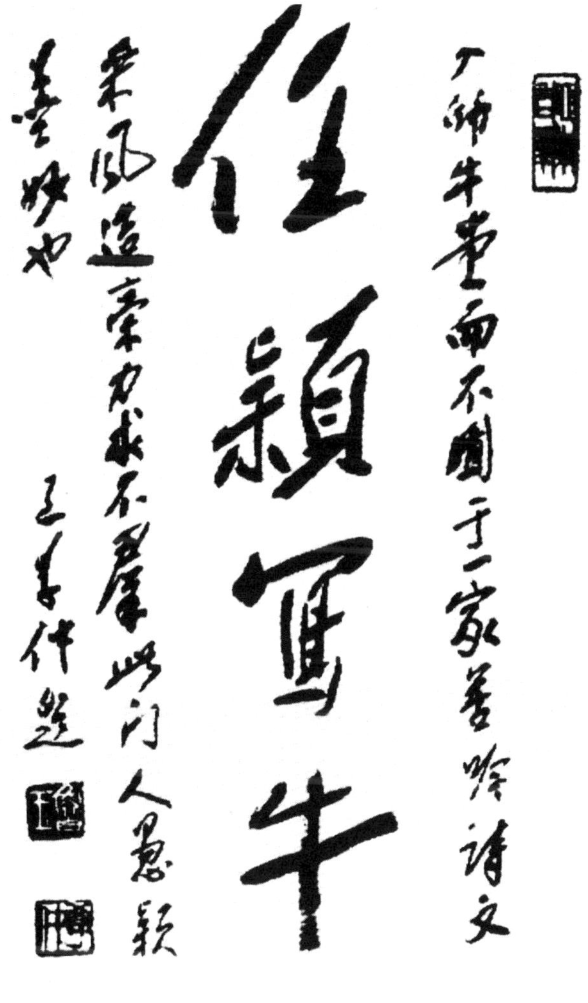

王学仲为本文作者题词

从黾园到黾学:我认识的王学仲先生

张重宪

王学仲先生逝世大约有一个多月的时间了吧,其间,我一直想写一点东西,而且我确实有写点东西的必要,但却一直没写,大抵是因为说来话长、写来笔重、想来心痛的缘故。

左起:靳常胜、王学仲、张重宪

一

2013年10月8日当天及以后,我注意到,在有些讣闻里,王先生被称为中国当代国学大家、艺术大师。这是我首先要替王先生说点意见的地方。如果和当下那些在台面上的所谓大师(有些是册封,有些是人封,有些是自封)相比(抱歉,这本来是不可比的),王先生的大师地位是当之无愧的。但这些所谓大师虽能沉渣泛起,终会泥沙俱下,是不可能成为历史坐标系的。如果和王先生当年师承的徐悲鸿、黄宾虹等真正的大师相比,王先生终究是略逊一筹。然而我要指出的是,所逊之"筹",并不是王先生自己的原因,而是那个时代特定体制对他的限制甚至钳制。王先生走的无疑是大师之路,在这条路上,他踌躇满志——"圣人踌躇以兴事"(庄子语),但也踌躇不定"蹇淹留而踌躇"(宋玉语)。这种踌躇,是所有像王先生如此善良的人在那个时代难免的宿命。

王学仲题赠张重宪画作

二

我结识王学仲先生，是因为一次采访。1988 年 2 月，我在《天津青年报》作机动记者。出于对书法艺术的自然关注，了解到王先生以中国书法家协会副主席的身份地位，在中国团结了一大批年轻人，倡导和探索现代书法的创作。遂以“现代书法与青年”为题，对王先生进行了专访。文章发表在 1988 年 2 月 20 日的《天津青年报》上。在这篇专访的最后，王先生说道：“对于现代书法，我是半路出家。具体说是我预见到或者说使我意识到它的存在而后才这样做的。而如果不说不做，就是一个书画家的失职。现代书画是要出现的，要成熟的。”然而，在中国，现代书画出现过，却远没有成熟。我觉得，现代书画仿佛就像摇滚一样，被官僚体制和主流媒体所屏蔽。所不同的是，中国摇滚还有崔健这样的代表人物存在，而今却没有一位真正意义上的现代书画家。这一点，也是我为王学仲先生感到遗憾甚至遗恨的。

三

自那次采访之后，我和王先生的联系多了起来。1989 年初，我开始同时编辑《天津日报》的“星期专页”和《天津青年报》的“周末沙龙”两个版。王先生第一次表达“世界艺术思潮东移”重要思想的文章，就发表在《天津日报》的“星期专页”上。以东方人的美学思想和哲学道理贯彻到文人画创作中，是王先生长期的探索和追求。我当时建议王先生把这类创作整理出来，在《天津日报》副刊开辟专栏，一画一文，形成系列。王先生欣然同意，专栏就命名为“我说我画”，陆续在报上发表，持续了将近半年的时间。

我认为，这个系列创作是王先生非常重要的作品，这是真正意义上的文人画，也是真正意义上的现代书画，几乎每幅画中都蕴含了深刻的人文关怀。例如，在“释《抱瓮灌园》图”一文中，王先生写道，那时人们已完全掌握了机器灌园的道理，但菜农预言了‘有机事者必有机心’以及几千年后人类所深感忧虑的问题。20 多年后的今天，我在雾霾中写下这样的句子，依稀感到，这不也是王先生为中国所做的预言吗？

四

1989 年以后，我再也没有见过王先生。今年的早些时候，当时和王先生过从甚密的我的两个同事约我一起去看望王先生，我因事耽搁，而他们不愿拖延，径去了。据说，与王先生相谈甚欢。临别，应他们的请求，还用硬笔为他们书写了赠言。为霸气者写“上善若水”，为机灵者写“己所不欲，勿施于人”。其时，王先生已行动不便，然其思敏捷，其心深邃，其性旷远，令人唏嘘。遗憾的是，我竟然再也不能像过去那样和王先生切磋斟酌了。

但我也有收获。同事在带回的王先生的《黾园书简》（青海人民出版社出版，2004 年）中有意外发现。王先生于 1989 年 8 月 24 日致青岛四方汽车修理厂工程师何宝真的信里，特意向他提到我，还作了“极有作为”的评价。我知道，王先生之所以保留这封信、这句话，是对我的一种挂念和安慰。

五

倘若我有机会和王先生讨论问题,我们会讨论什么呢?我想最有可能的是谈“黾学”。据报道,20 世纪 90 年代,王先生创立了“黾学学派”。当时,我正在全力以赴创办天津第一份休闲类周报,未及关注。“黾学”,依王先生的解释,可以概括为:一画、二合、三怪、四我、五象、六学、七艺。

具体是,“一画”就是文人画。文人画要以诗书画印为基础,倡导野逸美,表现其古朴自然、野趣雅谑的美学价值和人文精神。“二合”是指意象合一。书法意象非常重要。书法是笔墨艺术,它不仅仅是一种线条的艺术,重要的是它渗透着书家哲性的思想。“三怪”一词源出徐悲鸿先生。先生称王先生的诗书画“三怪”。黾学的美学基础是诗书画三位一体。“四我”是黾学的精神支柱。王先生提出“三自一超”主张,即:发现自我,认识自我,轶出自我,超越时代。作为一个书家或画家,不应该停留在对自我的表现上,必须把“小我”与“超越时代”的“大我”联系在一起,与国家、时代、民族联系在一起。“五象”即表象、意象、气象、空象、色象。“五象”把佛、道、儒三家的哲学观融合为一体。“六学”包括文学、美学、文艺学、宗教学(经学)、哲学、历史学等。六学的理论基础是国学。“七艺”即绘画、书法、诗词、治印、雕塑、散文、小说等。

“黾学”并非如人所谓是一个学术体系,它是一个另类的、有独特价值的架构。它既整合了王先生个人的资源,又融合了传统文化的渊源,既能博大精深,又可循序渐进,为中国新一代文人提供了一个艺与学的修行模式。当然,它有值得探讨的地方。例如,“七艺”中的“小说”,我以为这是通俗的别艺,应不在此系,而应由一个重要的艺能——“论”所替代。如此,“七艺”为诗、书、画、印、雕、文、论。虽已不能与王先生谏一言,却可以黾学践七行,并以此告慰王先生。

25 年前,王学仲艺术研究所在天津大学落成时,我写了一篇随笔,标题是“从黾园到黾园”。我想表达的意思是,从家乡的地窖到北平的水榭,从日本的客居到天大的艺研所,这都是王先生的“黾园”,也是一个艺术家艰辛、诚实、善良的道路。其后,就在我疏离王先生的 20 多年里,王先生又把自己的道路延伸了、提升了。这种更为艰辛的延伸和提升,如果仍用一个标题来表现,那就是“从黾园到黾学”。

白文印:黾

无名山接筑波郡　黾学弘扬仰后昆

——怀念王学仲先生

王　鑫

和王学仲先生相识源于无名山。无名山曾是江苏省徐州市铜山县政府驻地一座不起眼的小山，2000年初铜山县政府决定在此基础上建设无名山公园，来满足当地人民休闲娱乐的需求。因为工作的原因，我被委任负责筹建该项工作。为了增加无名山公园的文化内涵，提升文化品位，创意建设文化名人场馆，故三上王学仲先生故里山东滕州，请有识之士孙士华先生个人出资建设徐州王学仲艺术展览馆。在筹建徐州王学仲艺术展览馆的过程中，我才认识了王学仲先生，一步步走近先生的艺术世界，从此感受着先生高尚的艺术情操，沉醉其中不能自己 ...

初见先生，是 2001 年夏天在北京美术馆的画展上。那时的我，对先生的了解少之甚少。只看到先生穿着洁白朴素的短袖衬衫，右手拄着拐杖，满面笑容，就像一个慈祥和蔼的长辈，对从全国各地慕名蜂拥而至的书画爱好者一一满足提字、合影拍照的要求，没有一点名人架子。北京美术馆画展上，我也是第一次欣赏先生的画作。虽然时光已经过去了十多年，至今我还清晰记得当时的感受。记得当时站在一幅幅的山水画作前，并不懂得怎样从艺术的角度去欣赏，更不懂从色彩、笔墨的专业角度去解读，我从中读到的是一种激情澎湃的情感，一种震撼人心灵的冲击，看到最后，我热泪盈眶却不知所以。可能这就是缘分吧，也就是那一刻，我下定了决心，觉得有一种不可推卸的责任，必须要全力以赴协助孙士华馆长在无名山建立起王学仲艺术展览馆。

第二次见先生，是 2002 年的夏天，陪同县里的有关领导赴天津大学给先生汇报建馆事宜。当时的我因为工作需要已经被调离了无名山公园。当先生知道我工作调离的事情后，给领导提出一定要我回到原来的岗位来建设王学仲艺术展览馆。这也是先生给铜山县领导提出的唯一一次要求。先生从未对我提过任何批评和指正，也不给设计条条框框，而是特别的平易近人，让我有足够的胆略去发挥和创新。正是先生的这种信任和鼓励，让我一直坚持着把满腔的热情都倾注在建设无名山公园、徐州王学仲艺术展览馆和繁荣铜山文化事业上来。从2001年10月15日先生给铜山政府写来建馆推荐信,历经2年半的时间,孙士华馆长卖掉了自己在滕州的房子,举毕生之力在铜山无名山为先生建馆,并在馆内设立黾学书院。2004年5月12日徐州王学仲艺术展览馆开馆暨首届黾学国际研讨会成功举办,当时国内150多位文化界名流以及俄罗斯、日本、新加坡等国际文化学者、三十多家国内新闻媒体汇聚无名山,盛况和规模是徐州铜山文化历史上空前的。他和文怀沙先生在黾学书院开坛讲学,轰动整个文化艺术界。如今的徐州王学仲艺术展览馆已经成为铜山重要文化名片,无名山公园也因为有此被评为3A级国家风景区。

2006年夏天,我陪着先生重登云龙山,从淮海烈士纪念塔到云龙山的最高峰观景台,先生游得兴起,为我讲述了他对徐州铜山不一般的情怀。他说徐州可以说是他青年时代生活和工作的地方。先生早期的文化活动多起源于此。一九四六年夏天,于京华美术学院毕业来徐任教的王学仲先生和当时徐州文艺界知名人士张之仁、卓启俊一起,组织了一个书画会,取名“中原艺社”。并在《徐州日报》和《中原日报》上开辟了两个专栏,一个叫“艺苑”,一个叫“艺潮”。由他和张之仁共同主编,定期见报。在徐州,年轻的王学仲先生创作兴致极佳,创作了不少的新诗和散文。其中最著名当数成名处女作《铜山夜宿》:“鸦去高枝我去家,清霜一席静无哗。寒蝉泣露河星落,啼破荒鸡满月斜。”也是在这期间,王学仲先生完成了长篇小说《吼哈》的初稿,并加入徐悲鸿先生倡导中国画改革的辩论之中,在徐悲鸿先生鼓励下,北上北平国立艺专深造,赢得徐公“三怪”名。途中在我家休憩时,先生看到我收藏悬挂客厅里他书写的行书对联“往事无凭空击楫,故人何处独登楼”时,很感慨地说:“此时此刻这幅对联特别能代表我的心情,感谢你借助现代化的工具让我再次登顶云龙山”。先生回忆起了他青年时代的老友,回忆起了他写下的《双声子.徐州》、八四年重登云龙山写下“四十年来思旧踪,布衣无恙登云龙。亭存鹤去英雄老,淮海烟烽犹荡胸”的诗句,和寄宿黄毛冈踏遍云龙山访碑问帖的经历。先生不顾旅途辛苦,对我收藏的作品一一解读,使我欣赏书画作品的水平得到了前所未有的提升。还欣然为我写下诗篇《赠王鑫》:“慧心慧眼女中英,我识王鑫在彭城。名列三金本富贵,家藏翰墨傲公卿”。并称我是“无名山计划设计师”。如今先生为我手书的这两幅作品悬挂在书房里,时刻鞭策着我去做有益于人民、有益于社会的事情,我想这也是先生对我的期望。

从2003年初春第一次造访无名山,到2006年仲秋,先生不顾年事已高、行动不便五次来无名山下徐州王学仲艺术展览馆,授艺讲学,制印章“无名山人”、“黾学书院山长”。再一次写下不朽诗句《再宿铜山》:“六十年前登鹤亭,黾学书院草青青。老来重拾庄生梦,夏雨槐花落满庭”。每一次来都不“讨扰”当地政府,不给政府添任何麻烦,每天粗茶淡饭,生活极其简朴。

先生一生著作等身,他的艺术成就像一座山峰,让后人难以超越。他的作品倾注了对祖国对人民深厚的感情,就如俄罗斯美协主席西多罗夫.瓦连京.米哈依洛维奇评价“看王学仲先生的画,就像听到中国国歌”。他的黾学思想博大精深,是对国学传承和创新的典范 。他传道授业六十载,培养书画人才无数。他对生活要求简单,对艺术追求孜孜不倦。他对自己吝啬,对家乡对人民却慷慨大方,从不计较个人得失。就像他的恩师徐悲鸿所说“每一个人的一生都应当给后代留下一些高尚有益的东西”。是的,王学仲先生留给我们的，是他高尚的情操和充满真善美的黾学思想。“无名山接筑波郡，黾学弘扬仰后昆”，是他对无名山寄予的厚望，致力于黾学传播，将是我毕生的追求。

王学仲艺术研究院院长
徐州王学仲艺术展览馆副馆长
黾学书院副秘书长
王鑫写于彭城
2013.12.30

本文作者与王学仲夫妇摄于徐州淮海烈士纪念塔

啸傲江山一笔箱

口述实录

王学仲:黾勉求之

——张公者对话王学仲

● 时 间:2008 年 6 月 18 日

● 地 点:天津·天津大学王学仲艺术研究所

● 采访人:张公者

张公者(以下简称张):您前一段时间在上海美术馆举办一次展览。

王学仲(以下简称王):这些不是个人意愿,我自己也没这个能力了,我也老了,是吧。

张:谢谢您接受我们采访。中日建交之后,您是最早被日本大学邀请去讲学的中国内地学者之一。

王:当时是日本的筑波大学,它的前身是日本东京教育大学,聘我为那儿的教授,中日邦交正常化是在 1972 年,恢复后我是第一任受聘日本筑波大学的。当时报纸也报道了这件事情,引起了不小的社会效应,我个人对这个也没有太大兴趣,我终生都在搞艺术,教书任教,我也很愉快地接受了。

张:当时今井凌雪是艺术系主任。

王:对。

张:今井凌雪的大篆写得很好,入古出新,是当代日本书法的代表人物。

王:我们是老朋友了。

张:他如何评论您的艺术和教学?

王:我是诗书画都涉及,他是在写的方面好,所以他挺看重我这个诗书画较全面的人。他们(日本)写字就是写字,画画就是画画,作诗就是作诗,没有全面的修养,缺少这种全面的人才。我诗书画比较全面,这在中国也是挺少见的。

张:您上课的时候他也去听?

王:也去。

张:那时跟西川宁交往多吗?

王:那时候他都是自己搞,很少出外参加活动,他被日本人称为日本的"书神",是日本的顶尖人物。交往不久这个人就过世了。

张:您怎样看待日本书法?

王:日本从历史上来看,有些老人,像西川宁啊,有日本的古典和传统,别的都已经不记得临摹(古人碑帖）了，但是书法很“中式”，接近中国书法的修养。

张：1980年底在日本举办了“中日书法20人展”。

王：最早举办的“中日书法20人展”，日本出10人，中国出10人。那时还没聘我这个中国大学的教授。

张：当时您与谢稚柳、李长路先生一起前往日本参加开幕式。

王：对，邦交正常以后，中日文化有所交往。在日本出席了开幕式活动（我口齿不清，讲得也不清楚，比较差）。

张：您讲得很好，我们听得很清楚。唐朝时，日本就派遣唐使来中国，其中也包括对中国书法的学习，当时唐太宗把王羲之的手札摹本送给日本人，诸如现在仍藏于日本的《丧乱帖》（《二谢帖》《得示帖》《孔侍中帖》）等，也是目前王羲之摹本中保存最为完好、摹得最精的。到清朝时杨守敬也对日本产生了很大的影响。20世纪以来中日文化的交流出现了一个断带期，20世纪70年代后，中日文化交流又开始逐渐恢复着。

王：过去的中日文化，包括新中国成立后，有过一段断带的状态，由于制度的不同，日本跟中国没什么联系，那么我当时受聘日本筑波大学也是破冰之旅，从没有交往到聘任我为书法教授，这是一件很难的事情，也是很让人高兴的一件事情，这个事情在政治上也有特殊的意义，由于当时的情况，没有广泛披露，影响也不大，所以这个事情一直默默无闻。

张：当时在日本的反响是极大的。您教学结束离开日本时，日本的重要报纸都在极其显要的位置来报道这个事情。您觉得日本在传统文化的教育方面如何？

王：日本对中国文化的解剖从唐代就开始有了，其他艺术慢慢就失传了，但是书法我觉得还是很有传统性的，像西川宁他们那些老的艺术家都是在传承模式。那时中国的书法已经是一种即将湮灭的状态了，日本对我也是一个发现。日本人说，你们的中国文化在西方没有任何影响，而在日本从唐代就有一个传承的关系，不是一天两天。也有人说从鉴真东渡就给日本传承了东西，带去了一些文献，其中也有书画，这在日本东京好多大寺院里现在还有流传。我觉得日本对古代的文献很有贡献，都保存起来，很重视古代的历史传统，我们自己倒是有点传承不积极。我受聘以后，在中国多少有点小的影响。

张：影响是很大。那时很多书画家先是在日本出的名，然后国内才产生影响。

王：从那以后，中国也开始有了书法协会的建立。

张：日本一直保持着对（中国）传统文化的重视。

王：日本的传承没有改变，一代一代，我们受各种因素的左右，这我就不便评论了。

张：日本在书法教学教育方面，您觉得哪些方面值得我们借鉴？

王：日本有一些不错的。日本也有一个叫现代书法的，这个就没有一定的传承，他们有些历史的演变我不太同意。

张：哪些东西您不太同意？

王：很多啊。有一些现代书法，就是日本人搞的一些随随便便的东西，这我不太同意，因为书法的传承性很强，不同于文字改革了（我因为有病，在说话方面不能很好地表达）。

张:您表述得很清晰!您觉得他们比较好的方面在哪里?

王:日本就是有个创新精神,实际上他们也有文字的改革,他们的文字好多也简化了,简化也是一种文字改革,是吧?

张:在当代的书画家当中,能够作旧体诗的已经非常少了,您诗文书画俱能。您怎样看待当代的书画家在诗文方面的修养?

王:这个我认为可以免谈了。因为现在的教育制度不一样,不是一个做事方法,现在的考核是数理化,过去重视的是诗词文字,历史的变革使其不复存在了,这种变革不是以人的意志为转移的,我也比较同意。你看他们现在一点也不懂平仄韵律,但是时代不同了,不上这些课也没有办法,现在的教育都是(学)西方的教育方法,我们没法改变这个现状。人家让怎么做就怎么做,你能改变教务?不可能。人家说高考,你不能说高考不对,该怎么考就怎么考。这我也没什么意见,我觉得这对个人来讲也是无能为力。

张:当代书画家尤其是书法家在这方面修养的欠缺会不会影响中国书画的发展?

王:这个问题一样很难回答。因为美术协会和书法协会它是国家的一个社团,不是以你会不会作诗、懂不懂韵律为标准的。

张:几届书协主席有几位会写旧体诗。

王:在我看来现在的都不会。

张:是按照您的要求和古人的要求来比的(都不会)。

王:这个事情可以免谈。时代变了,不能对一些事情乱加指责。有些东西也无能为力。

张:您提倡当代书法家要懂、要会诗词。

王:我提倡这样。(但)你的诗词格律再好没多大用。现在诗词格律什么也不懂的照样当书协主席。但我没法介入啊。

张:当年您去考京华美术学校的时候,那时的系主任是吴镜汀,您怎样来看吴先生的山水画?

王:他是画传统的,那个时代跟现在没办法同一而论了,那时完全是一个师徒传授。

张:齐白石、黄宾虹都是北平京华美术学院聘任的老师,齐老还为您画过画。您常看齐老画画吗?

王:那时去学校上课他也画一些。

张:给大家做示范,还要讲解吗?

王:不讲。

张:黄宾虹先生呢?

王:他也不讲,那时候也都已经老了。

张:徐悲鸿先生是您的恩师。

王:他能讲。

张:您如何评定徐先生在中国美术史上的地位?

王:他是既有传统又有创新,对于改变中国画大的格局起了关键性作用,是很了不起的人物。从历史上看,他在中国美术史上确实起了很重要的作用,对教学以及美学的改革,在"五四"以后有很大的影响。像胡适等人在中国书画方面都没有这么大的建树,胡适就是画着玩儿,没有那么大的瘾,他们认为书画是小道儿(我因为口齿问题,我怕讲不出我的意思)。

张:徐先生的教学方法对中国画的发展产生了什么样的作用?

王:中国画最大的改变就是写生,然后临摹,这是很简单地说,要是从文学角度说道理就多了,但是简单来说也很简单。中国画从临摹到写生这是个最大的改变。我觉得徐先生不但是个艺术家,还是个改革家,把中国画由完全的传承临摹改变成写生,这是他的一个巨大的功劳,别人都没有做到,像吴镜汀、邱石冥都没有做到,就告诉你怎么临摹就完了,上课就画好给你临,都这样。

张:徐先生怎么讲课?

王:他见你拿着画临摹,他说不!他就告诉你要写生,跟别人有很大的不一样。

张:徐先生做演示吗?

王:很少。有时他拿出人的头骨让你画,他不同意你照画去临摹。

张:他很反对"四王"。

王:对。

张:徐先生与您在一起时间多吗?

王:他弟子多,很少亲自接见学生。那时跟现在不一样,老师跟学生很少沟通。

张:但徐先生还是写信鼓励您,那时学校每月还会给您寄些补助。

王:对。

张:阮元提出了南北碑帖论,您后来又增加了一个"经学"。

王:历史上的阮元南北碑帖已成定论了,但我觉得他概括得还不全面,中国的"经"没有概括进去,石经刻了很多,山东有很多,河北也有,但是阮元没有把这个概括进去,我觉得这是一个很大的缺陷。而且经都是大字刻的,像经石峪啊,字都很大,他们没总结进去这是一个缺陷。我把他提出来,把特别的字总结出来,就算我对书道有一个新的创建吧。

张:您觉得经学和碑帖有哪些不同?

王:过去以书法取仕,要求文章写好,又要求字要写好。我父亲和我祖父一开始写这个小楷字,为了考取功名。经学这些大字就没人注意了,阮元没有提出这个,不提倡。我就提出这个碑帖之外还有个经学,很多都没人注意。

张:王老您会外语吗?

王:我会日语。

张:在去日本之前会吗?

王:也会点,但不太好。

张:现在还有精力和时间去写诗吗?

王:比较少了。

张:文章也很少写了?

王:手不应心了。

张:还写字画画吗?

王:写字画画也少,又没买的。

张:您的画在市场上很贵的。

王:不是我要画……

张:每个人都要生活,要生存……王老谢谢您接受我们的采访。

王:我口齿不清,讲得不好。

本文作者为黾翁刊姓名印蜕

就书法学派、流派问题答《书法家》编辑部问

一、书法形成学派、流派应具备哪些条件？其基础有哪些？

王学仲：首先声明，关于建立我国的书法学派、流派，是自然形成的问题，是一个争鸣的问题，我这里只谈一己之见。

学派流派产生的重要条件是，起作用于流派的大师与其独开一面的书风，学派要有不同于前代的立说和理论体系，以及综合知识的基础，流派则能有独张一帜的书风。

试以清末民初的流派为例，不少人认为清代是书法的没落期，我则认为是振兴期。较之于元、明书风更趋多样化，特立独出的大家流派众多。从理论上讲，阮元提出了南帖北碑论（尽管还有不同看法），对推动由清到民研磨北魏的风气起了作用。晚清，康有为提出了尊魏卑唐论，这都形成了以理论开书风的先声。实践家则有邓石如、黄小松。邓石如临遍了古刻汉碑，完全抛掉了唐帖，功夫在室内；黄小松爬遍了嵩山荒岭，到处访碑，功夫在室外。理论上有人张目，实践上有人创造。清代最有个性的流派当推板桥、冬心二体，这二体在元明是不可能出现的。

由于三百年书法理论与金石考古之学的推动，这才形成了康有为和徐悲鸿等气象恢弘的一派，提出了“尊魏卑唐”的立说。张裕钊和他的日本弟子宫岛泳士，提出了兼陶古今，被誉为“化北碑为己用”者。李端清和弟子胡小石一派，用笔杀纸，运用篆隶精神，不用钟王的软美。于右任以标准草书为一派，提出“易识、易写、准确、美观”，各有自己书派的美学标准。

吴昌硕以石鼓兴篆书，再“强施篆隶为行草”世称海派，其书法余波，如灼灼的闪光灯，至今还影照着一些书法家的命笔。他们又共同形成上一个时代书风，即尊碑扁帖，追求金石气，朴拙美。由此看来，学派流派的产生，应具备下列一些条件。

（1）学派、流派应有一个巨擘大师为指导；

（2）提出不同于前人的美学观；

（3）明确的创见和立论，提出学说或卓见；

（4）书风有突出特点；

（5）对国内外书坛有影响。

二、当代我国哪些地区已具备这些条件或已经形成流派？他们的美学特征是什么？

王学仲：目前我国的名家林立，有成就的老一代书家多近耄年。中青年新秀经过“文革”的困扰，困之流派的迹象尚不够明显，加以本人连年在国外任教，缺乏到各地考察（的经历），我认为正是流派的孕育期、生发期，正处于前奏或萌芽之中。已知有不少地区的中青年正在脱颖而出，进行着多式多样的探求。

世所共知的，像上海以吴（昌硕）沈（尹默）为流派之代表，正持续其影响，其范围还越出沪渎之外；陕西长安画派所衍生的陕北乡土书风，仍觉尚有人在；杭州早已形成的西泠印社，作为金石篆刻的中心，仍将保持和发展；河南正处于书法的中兴期，中青年肆力书道者很多，显示中原由传统求出新意的中原书派；北京部分中年人，以中外新兴的流派艺术，取其掠影入书中。正在尝试开阔书风的新途径，以适应国家在一切领域中的改革，反映时代之观念，以上的新秀辈起，有志振兴书道，但流派尚未形成，似都在草创之初。

三、您对我国书法界将来形成多种流派、理论上建立不同学派的设想是什么？前景如何？原因是什么？

王学仲：随着我国文化建设高潮的到来，书法将呈现千姿万态的流派是肯定的，预测将会以三种观念和多种流派并存的局面出现。这三种观念将是：

（1）严守传统观念与书风者；

（2）在继承传统的基础上求创造者；

（3）由于中外艺术的不断交流，国外艺术新流派将会影响到中国，这也是将要出现的。

出现多种流派是必然趋势，将可能由中青年一代完成。这不应视作坏事，书法繁荣的前景非常乐观，因为它代表着中国人的审美观，有深厚的人民基础。情人梁巘评定各个时代的风貌，认为晋人尚韵，唐人尚法，宋人尚意，元人尚态。我订为清、民（民国）人尚气（金石气），还不能预测当前和未来尚什么。元代赵孟頫提出了”用笔千古不易“，也可能要变，即将会有新笔致、新形质、新空间。将会变化字、行、篇的千年布局，出现更多前人未曾有过的新面目。当然，也不一定持继清末民初的金石趣味，而被历史忽视的经派书及不断发掘的文物，均将被引入书法。目前出现的硬笔书，以及书家操刀刻石刻木者，也将大量涌现。

黾兮所之　静水流深

——当代国学大师、著名书画家王学仲访谈录

马汉跃　《中国书画博览》总编辑

马汉跃(以下简称马)：王老，我这次到天津，看到您健康恢复得很快，非常高兴，希望我的采访不会占用您太多的时间。

王学仲(以下简称王)：谢谢你来黾园。听说你来，唐云来主席也过来了。你看，我现在精神很好，有什么问题你可以直接提。

马：您作为一代硕儒，国学大师，是从何时开始习书、画画的，又是怎样对美术产生兴趣的？

王：决定我毕生从事书画之道，并非偶然，这与我的家世有关。待我出生后，父亲就从《诗经》中“黾勉从事，不敢告劳”中取“黾”作了我的“字”。这个字成了我入世的先兆，即我生来无才，全靠勤勉努力，勤以补拙。我习书很早，也源于家学。我祖籍山东临沂琅琊。据《滕阳王氏宗谱》记载，我王氏家族为西晋琅琊王氏望族之后，王羲之一支渡江南迁后，另一支则散居山东、山西。王家先祖自元代迁至滕县郭河店后，仍然传琅琊王氏注重书道的遗风，以书法作为是否琅琊真传的标志。王家子弟不善写字，会觉得有辱先祖风范。我习画在我上小学的时候，受家族表兄的影响，他长我20多岁，擅画兰竹，也常教我画画，我很痴迷，自然而然就产生了兴趣。

马：回忆一下您的童年生活好吗？

王：我有关童年的记忆是和我学字学画的记忆联系在一起的。我五岁开始习字，习字与识字差不多是同时进行的。父亲对我的启蒙教育不是让我临摹碑帖，而是让我写下25个楷体字的范本：“上大人，孔已己，化三千，七十四，尔小生，八九子，佳作人，可知礼也。”记得八岁那年，我生病辗转数月，几度昏迷。我父亲一天在城里买了一本精拓的《黄庭经》给我看，我在病榻上翻阅这本梦中冀求的好字帖，竟然精神为之一爽，恢复了健康。等我稍大一些时，对书法的爱好有增无减，我十五岁那年，和同乡一路北行，找到邹县城东的小铁山，拓印了安道壹写的摩崖《匡哲刻经颂》，这些从幼年积累的访碑活动也是我后来创写《碑、帖、经书分三派论》的重要依据。

马：还记得您的第一张画吗？

王:我的第一张画要算是那张《小红低唱我吹箫》了。

马:在您的艺术道路上,您曾受到哪些画家或作品的影响?或者哪位艺术家对您的影响最大?

王:徐悲鸿。他既是我在中央美院就读时的老师,也是对我形成自己艺术思路起重要作用的人。同时,他创造的山水倒影的画法也给我留下了深刻印象。

马:那么您最崇拜的艺术家和作品是哪些?您认为当代最有代表性的画家又是谁呢?

王:我最崇拜的画家是顾恺之、王维、李成、范宽、梁楷这样的画家,他们的作品有《溪山行旅图》《泼墨仙人图》和元代的黄大痴、倪云林。我认为当代最有代表性的画家是傅抱石。

马:您的绘画风格是从什么时候形成的?最得意的作品有哪几幅?

王:我绘画风格的形成始于我在中央美院求学之时。徐悲鸿先生是我的老师,他曾对我讲到"文人画产生时很有创造性,但时间久了,有的人就不去创造,而是抄袭了。你的画将来再往前发展,一定要形成自己的面貌……"这番话我至今仍能清楚得记得。我的有代表性的画作有:《垂杨饮马》《怀思》《刘公岛》等等。

马:谈一下您所创立的现代文人画好吗?

王:我首先是一名学者,又是一名画家。因此我的画被普遍认为是学者画、文人画。但我以为,我的中国画应定义为现代文人画更为准确。我提出的现代文人画与所谓新文人画决然不同,现代文人画需要高修养、深功力、好人品,三者并重方可为之,而非一味标榜"逸笔草草不求形似",只知追求小情趣的无学之辈所为。我之现代文人画是文人之时代性作品。我的创作立足于传统,但时代使然,必当有所创新。因此,我的那些文人画作品中依然流露的是一个文人雅谑机趣的情致。

马:对您现代文人画中"野逸"的画风应怎样理解?

王:谈到"野逸",人们往往会想到黄徐,五代的黄筌,南唐的徐熙。他们因画风、境遇不同而被世人称为"徐黄体异"。徐熙画风野逸,没有濡染黄家的富贵气象。我的画风继承了徐熙野逸的风格,将中国画"荒寒索漠"的笔墨情怀寄于我的作品之中。我的作品更注重抒发个性,但不取霸悍纵横之气,不染沉郁苍凉、俗甜富贵之气。绘画如做人,我的绘画作品在洗尽尘俗后,与我的人格是相一致的。

马:人们都评价王老为"清流人士",您能不能就此谈一谈?

王:新加坡书协主席在一次学术研讨会上谈到我时说"如今中国还有如此之清流人士"。是啊,我今年八十岁,从未追求过金钱名利。我喜研老庄,功名利禄不过是黄粱一梦。我也敬仰魏征,宁做当世之"清流"。我的书画不进入市场,不去炒作,不主动应和大众的品味,作书作画只为抒发我的文人情怀。我在《我画我画歌》中曾写到:"我画即我姓,我写我所爱,牙慧不欲拾,凭人说好坏……"但是,我曾是连续三届中国书协副主席,天津美协副主席,天津书协主席等等,这些都是由群众选举产生的,我又是联合国世界科教文卫组织专家组成员,获世界和平文化大奖,以及国学大师、鲁迅文艺奖等等。这都是社会各界对我学术方面的认可。我之清流绝非空谈。前些年,我在文艺界第一个带头关注下岗工人,向他们捐款。"非典"时,两位医生因救"非典"病人殉职,我向他们的孤儿捐款两万元以完成他们的学业。做人应该胸襟博大,怀慈悲之心。我虽然乐善好施,但我同家人始终过的是极为普通人的生活,我排除家庭干扰,把有限的积蓄都做了公益事业。我仰慕魏晋之清谈贤士,崇尚屈原、嵇康、陶潜之风骨,他们性情高雅而静默。我现已暮年，犹以淡泊之心，面对纷繁世事，唯有孜孜治学而笔耕不辍。

马：王老，刚才您说的很让我们感动。您能不能说一件您最受感动的事情呢？

王：山东老家来代表看望我这件事着实让我感动。前几天，山东滕州市委领导及我滕州艺术馆馆长等人来所里看望我，除了向我带来家乡人民对我前段时间生病的问候，还带来了厚礼。家乡人民此次给我带来了100万元人民币，为我捐画之酬劳。我哪可能收！家乡人民对我的一片热心令我激动不已，潸然泪下。我是个学者，是位纯洁的艺术家，一生为中华文化的传承奉献着自己的能量，这和急功近利的世俗之徒不可苟同。拿人民的钱，即便是出于家乡百姓的诚挚之心，我也断然不取。我在家乡的艺术馆是当地政府兴建的，我这些年的六百余幅得意之作及我平生所藏书画和各类文物均被我无偿捐献给艺术馆。我为人民做事，从来不图回报。作为从家乡出来的学者，为家乡献一片心，哪能要钱啊！而家乡人民此番心意，实在让我感动！

马：您确实为社会、为您的家乡作出了很多贡献。那么，很多人把您看作山水画家，而对您的人物画了解不多，您能谈谈吗？

王：其实，我在人物画上的成就并不为人所知。我的人物画肇始自我的学生时代并刻苦研习过。我的人物画能呈现今天的面貌，从师法渊源上讲，是受到南宋梁楷、石恪的启发。人物造型有谐趣，但很少在社会上传播。我的简笔人物画主要是创作在日本讲学的那几年，后又于简笔人物画中溶入了重彩的成分。我在人物画的题材选择中，画得最多的也是赋予哲理内涵的作品，所以不宜被人们所理解。我的人物画和山水画、花鸟画一样，立意高古，画风野逸，与我受顾恺之影响的细笔人物画都成为我现代文人画的特有面貌。

马：您在您的艺术以及平时的言行中，都渗透着一种哲理禅机，您是否能谈谈在您创立的黾学中所包含的对哲学的理解。

王：我创立的黾学是一个立体综合的学说体系，其中包括艺术理论与艺术实践两个方面，哲学、诗歌、小说、书法、绘画等诸多艺术种类都包括在内。黾学中哲学的中心思想是蔽明论与归衡说。欲明则蔽，以蔽释明，任何科学家、政治家的学说政言都绕着弯阐述，不能浅白的说，哲学及众多思想亦然，借托他物以言之，否则不成为科学理论："天意显示高轮回与天之高速运转，人的思力不接近时即以归衡的尺度重归旧章"，好比两个人发生争执，结果总要以一方胜、败或两方和平求得结局，归于平衡，万事万物都是这样。其中提出的物识特性是中西哲学家所忽视的问题。我在哲学著作《黾子》中分述了天道、物道、人道、神道篇；阐述了人与人、人与自然、人与社会之间怎样建立和谐的关系：作为人类，应该尊生爱物，面对自然也好，社会也好，要给予，而不是过多苛求；对于整个世界，应该怀有一种民胞物予的情怀，建立一个充满爱心的奉献的美好社会。

马：听说您于去年创作整理了一部长篇小说《吼哈》，能谈一下有关这部小说的一些情况吗？

王：《吼哈》的创作始于我的青年时代，经过了几次整理和续写，历经几十年，终成完璧。我作为一位画家，一生致力于探求中国书画精髓之归。而《吼哈》同我的文人画一样，应该视为我的"文人小说"。这篇小说中的内涵是多元化的。我的小说中洋溢着对人、对物的悲悯之心，应该是一篇流露着乡土气息的哲理小说，更是我记忆里家乡鲁南风情的一轴长卷。曾有学者评价《吼哈》的时代性和文学性可与《老残游记》媲美。

马:王老,您平时的小说作品都是手写稿,那您现在还有手写的书信稿吗?

王:有。我这里有我写给我的同乡王欣荣的信札手稿,你可以拿过去看看。

马:您作为中国著名诗、文、书、画大家,听说早年曾师从徐悲鸿先生,徐先生称赞您的诗、书、画为“三怪”(三绝),三者完美结合,显现中国书画“道”之精髓。徐悲鸿纪念馆馆长廖静文评价您的画具有浓郁的民族特色,在诗情画意中表现中国的民族的美。评论家李一称您的画具有十足的东方神韵。您所提倡的“欧风汉骨,东学西行”以及“扬我国风、励我民魂、求我时尚、写我怀抱”的“四我”主张,所建构的以黾学为主旨的东方美学审美构架,深及时代以及世界跳动的脉搏。您的现代文人画理论与山水画积攒中国传统文脉又蕴涵现代趣味,与国际接轨,搭建中国之于世界的文化沟通桥梁。那么,您能具体谈一下在艺术诸方面所取得的成就吗?

王:成就谈不上,倒是外界对我的书画做了很多的肯定和评价。这里有一些资料,你有空可以看看。一会,我还可以带你到后面的四我庭转转。

马:好的,王老,黾园是一个内蕴深秀文脉聚涌的所在,我一直也想来园中汲取点灵韵之气。听说澳门梁披云先生还为您题了字呢。

王:对,题了四个字:义献心传。

马:您空闲下来都做些什么?

王:我爱旅游,也珍视生命。去年,我就去了趟欧洲,带着我的速写本、相机,回来写了本《三只眼睛看世界》,就是这三只眼睛了。书里都是我在欧洲旅游时的见闻心感。用了随笔诗这种新的诗歌体裁来记录。这是一种新的体裁,不同于白话诗或打油诗、格律诗。

马:您对西洋美术有何看法?可以谈谈中西美术的比较及其结合吗?

王:西画重视写生、形体结构和色彩,讲究器;中国画讲究道,谓之气韵。很多西方人以为中国画家不懂色彩,其实不然,是因为大家追求的境界不同。我在国画创作中,就很讲究将二者融合。我的很多绘画作品也呈现这样的面目。

马:您对中国传统文化精神是怎样理解的?

王:国画、京剧、中医是中国传统文化的精粹,是中国历史在雅化过程中形成的符号表征,应该继承传扬。

马:文人画,强调诗、书、画、印的统一,当代画家是否要讲究书画之外的学养?

王:中国画,不仅是文学的,而且还是诗的,《文心雕龙》说“先博览以精阅,总纲纪而摄契”,艺术家对历史和现实生活的逻辑了解和理论认识常常自觉不自觉地渗透到以后的形象思维中并构成艺术家整个感受和感受的内容和基础。书画之外的学养,是书画精神的重要源泉,对书画家而言,练意是很重要的。

马:您在创立黾学的同时,又提出经书学派,引起了理论界的轰动。是否就此谈一点看法呢?

王:我认为在碑、帖之外,还存在一个经书学派。经书存世一千多年,未得到充分认知。我在《碑、帖、经书分三派论》中提到:经派书自成体系的原因主要是:一、石刻摩崖为使佛教不灭这个思想,由写经进而刻石成为大型摩崖;二是其书法由经生体转化为摩崖体;另外,它的书写阶层既不是帖学的贵族士大夫，也不是北碑乡土书家，而是一些写经生、僧人和佛教信士。如果把六朝经派书加以概括，其一是经生体，其二就好似摩崖体。无论是经生体还是摩崖体，在今天看来，既不属于帖学系，也不应属于碑学系，而应独列为经学系的书法，才可以名副其实，我们也应确立这一书学系统的研究。关于现代书法的缘起，我是从书法与艺术发展史的角度提出的，在当时我认为是社会需要，也是历史发展的必然。我在写字上的追求是：一字一翻新。每篇都有自己的面目，不重复。

马：王老，您作为老一辈艺术家，对年青一代中国画家有何看法和建议？

王：中国文化博大精深，中国画家也如此。作中国画要注重画中的文化含量，不可只识其“器”而失其“道”。我们研究中国画要立足传统又要有所创新。而当今画坛有些混乱，很难说有什么标准。对于青年一代，一定要潜心为学作画，不要急功近利。多读书，多研究才可以画出好的作品。

马：好的，感谢您对我们这次采访的支持，祝您生命永驻！艺术长青！

王：谢谢你们！也祝你们杂志越办越好！

磨穿高卧七言篆书联

当代中国书法高等教育系列访谈

——对天津大学王学仲教授的访问

周俊杰　张啸东

●时间:2002 年 9 月 29 日

●地点:天津大学王学仲艺术研究所——黾园

王学仲，1925 年 10 月 23 日生于山东滕县，又名夜泊、黾翁、黾子等。当代著名画家、书法家、诗 人。于 20 世纪 80 年代之初由友人、弟子提出“黾学”，其构成为：哲学著作《黾子》提出蔽明论，美学著作《美学笃论》以“黾园三论”组成，文学著作《吼哈》长篇提示无辜人生哲理，书学著作《碑、帖、经三派论》首创经派书论，绘画理论有《现代文人书论》。20 世纪 70 年代中期在北京首创现代书画学会，出版有《夜泊画集》《小墨油画集》等四种画集。

2002 年金秋时节，适逢天津第二届中国(天津)书法艺术节开幕，笔者陪同周俊杰先生专程到天津大学黾园拜访了王先生，并就多年来黾园教学体系及王先生有关美学、创作诸多问题，向先生作了详细请教。

周俊杰：王学仲老师和河南关系很深，可以说，河南在 20 世纪 80 年代之初邀来讲课的老师中，费新我的字我不喜欢，那他是张海先生的老师，张海写费新我，那写得可以完全一样，但从一开始我就不太喜欢他的字。沙曼翁我觉得不错，那篆隶创作，用笔路子很正。王先生这个比他更博大一些，更具文化底蕴。因为沙曼翁就是写字，手下功夫好，感觉有，字后面的东西就不行了。所以你看，王老写那个大作品啊，如《中原书法大赛记》什么的，这些沙曼翁不行。当时我编《书法家》杂志，跟沙氏约稿，他说你知道我不作文。作文不行，文化素质就偏低。所以在当时这几个老师当中，我独钟王老师。我可不是今天当着先生的面才讲，啸东他们都知道，您对我的影响可以说非常大，我的隶书、草书、小楷包括诗文之风，受您创作风格影响极深。

张啸东：在来黾园的路上，周先生把今天的拜访称为历史性的会晤，确实是这样。周先生连同河南许多同他一个时期进入书坛的先生，都讲您对他们的影响是巨大的。

王学仲：哪里！哪里！那是河南诸君的抬爱。现在身体不好，哪儿也去不了了，河南那里估计已成为历史了，后来其他地方再邀去不了，也没有河南感情深呀。

周俊杰：确实是这样，学习书法、参与书法界活动这么多年，我一直认为王先生是对我影响最大之人。

王学仲：河南书协你们几个人都有所长是吧？人的手指长短不齐是吧？张海他的组织能力，包括中国书协都承认，他们一直想调他都没调成嘛，还有河南也不愿意放。他有这个长处，有这个也是很不得了的。他这个思路高，能想出所做的题目来，能从宏观里头把握书法是吧？这是他的过人之处。有的研究工作做得好，王澄、李刚田的创作也有特色。

周俊杰：这些年我们配合得很好，没什么矛盾。当然，我们都应当算王先生的学生。

王学仲：我这一代人，要完成我们的责任，扶上战马送一程，现在大的活动就不多参加了，我终归是老年层次的人了，对不对？有点遗老遗少的这个阶层是吧。现在就是说，担当主要任务的就是你们这一代人了，历史就这样造成的，没办法。人衰老总是要衰老是吧？现在担当主要责任的就是你们这一代人，这没办法。所以说呢，我真是连这次会都不愿意参加，处于一种无奈，没办法。

周俊杰：但是，这个活动你要不出来的话，好多人就会很失望啊。要是会在北京开您就可以不去了，但会在天津开，王先生是要出来的。

王学仲：这次展览，天津对我寄予很大的愿望，希望我出面啊，对不对？你看我选择或准备拿一些像样的作品没有？我就是随便就拿一张应酬的字就是，我至少现在得出个书法集呀是不？我都没出一本集子，我对这个什么已经淡化了。

张啸东：王先生大作品集好像一本在国外印的，一本在国内印的，都是画集。

王学仲：对，好多人也提出帮着出书法集，我也没多大兴趣了。

周俊杰：你那个书作最好那五家的作品呢，后来在省书协被人偷去卖了。有人拿着你两件作品，魏启后一件，拿到我家想让买。我实在想买，但我不能买。我要买，本来书协仓库里的，我在书协上班，我实在想要，我不追问你从哪儿来的，但我不能要。我跟你们说清楚，你们的作品原来在哪儿，我非常想要。魏碑八尺条，你的作品写那么大，还有中原书法大赛记，我后来不是写你一篇文章嘛。对着那样的作品我就感觉一个东方艺术家，书法家和西方贝多芬，听着那个英雄交响曲，找出一种共同的感觉。确实，我非常喜欢贝多芬的东西，所以你不仅是一种大气，还有那种文化品位，我可以说，目前在国内能够和先生比肩者几人而已。

王学仲：孙其峰的隶字写得好啊，他写得真好。他那个画，我不推崇，他那个隶书我推崇。

周俊杰：沙曼翁的隶书、篆书我也非常喜欢，但是他文化品位不行，确实少一点深度，我非常喜欢他的东西。国内对我影响最大的，也就是你跟沙曼翁两个人，因为我也是写隶书为主嘛，还有草书。你最早的草书，1978 年，“四人帮”刚刚被打倒，你在天津艺术博物馆有展览，有一些大草，写的一首五言诗我印象极深，可以说从那时起我就在研究书法艺术了。所以讲先生的艺术，我应当是有发言权。

王学仲：将来出书法集的时候请你给写个序言。

周俊杰：我不是写序言，而是我要写成研究文章，我已经为几个人写了大文章，你这我要写得更慎重一些。

王学仲:现在来说,我别的优点没有,要说现在来讲,我再搞艺术呀,从心里没有什么杂质的。就是说我写字为了换钱,为了讨一个书协名号,为了在人间哗众取宠,这种心情我已经彻底没有了,这个已经净化了。

周俊杰:真是,这不到一定年龄呀,达不到这种境界。

王学仲:现在,这种市场经济以后物欲横流啊,谁还沉浸在写字画画里呀,人先是要出名,出了名赚钱,赚钱之后就吃喝嫖赌,就达到这种地步。所以现在我老觉得咱们现在给年轻人设置的大环境太差了,诱惑太多了,无法让他们沉下心来。像你们这样还在写文章,搞专业杂志呢,太少啦。我们这次天津咋没请陈振濂啊,没请,是吧?

周俊杰:那不清楚,这都不是我们能了解的啦,我遵命,叫我来我就来。

王学仲:这次在提及名单时问我,有的我都没吭声,因为有好多我都不参与意见了,包括河南那个时候,在陈天然那我还像孟子到滕县一样,还问政,出出主意,说说意见是吧,现在我一概不说了。这个活动也只是出席出席也不发言,什么也不弄,也不多讲话。你的学术讲座我也坚持出席了,但我怕你讲完以后,还得表明意见,赶紧走。

周俊杰:你要不走的话,最后,你肯定要说两句嘛,也可能有些问题要问你。

王学仲:早上于曙光他们还说,那周俊杰的讲座你出席了,丛文俊的你就不出席了,不公平吧?我说不一样吗,年纪大了再一个说我身体真的不行,吃不消的,多谅解吧。再说我第一届书法艺术节时听过他讲座。这也公平对待。

张啸东:王先生,原先许多人都把您这个体系当书法的体系,其实您的这个研究所在天大带的是美术学,哎,您能不能谈谈这个体系建立的工程。我们向高教部申请这个硕士授予点的时候,以为我们当时申请得比较早。申请博士点呢,都要这个,教授配套不够,师资不全,整个教授配套以后呢,才能申请那个博士生点。我们就申请了个硕士生授予点在这个地方,成立了研究所,批准成立得比较早,作为天津啊,是最早批准了这个硕士授予点的。因为作为研究生来讲呢,那时候,批准比较严,就是说,书法不审批,没那个专业,恐怕现在也没有正式的专业。

张啸东:对,好像还是把它放在艺术学内,它也就是艺术学里面的一门。

王学仲:对,就是一门,我们第一个建了美术学术科硕士授予点。

张啸东:天大您这里的点是什么时间申请下来的?

王学仲:是1985年申请下来的!

张啸东:1985年啊,一直到现在。

王学仲:哎,一直到现在。

张啸东:截止到今天为止,大概培养了有多少硕士?

王学仲:专业硕士生也就是二三十个吧。我们收得比较严,现在散在各大学教书,有在南开大学的,有在汕头大学的,广州大学的,还有个考了一个张仃的博士研究生的。不知道清华怎么申请博士的。还有浙美和首师大。按国际惯例来讲呢，美术呀，你看要是理论啊，还可以，是吧，申请硕士、博士学位。但是你光画画申请不下来，因为什么呢？这美术属于艺术了，这艺术技术性难评分，它不是很严密的科学，学科不严密。比如说，他考这个硕士或博士，是吧，你就看他好，我就看着不好，这怎么统一？对不对，它标准比较难定。而它作为一般人文科学它标准就比较好定，现在咱也不愿意评论别人，就是你们没审下来，人家咋审下来了，比如说，现在那个北京的首都师大吧，他们那里既有博士，还有博士后流动站，但我们的没申请，他们认为，这不合教育部的惯例，这就是说这种情况很复杂的，也是很难说清楚的事。就是我们这儿呢，整届招的都是美术科，一个书法也没有。

张啸东：像天大是个综合大学啊，跟中央美院，跟原来的浙江美院或首师大都不大一样。那您这个学科跟它们不一样的地方，也就是您这一体系的特点是什么？

王学仲：当然，我们现在招也受局限，就是说你想招的这个理想的学生吧，他随着天津大学外语的那个考分进，一般来说，录不上了。所以，就录上来的说吧，他外语很好，别的挺好，理论也挺好，但是他技术差一些，哎！所以说呢，从我们原来的学院设想，就是说弄这个研究所主要是研究我本人这个艺术领域一些学术问题。现在也有研究生写这方面的论文，由于这里他是外语领先的，进来的都不是能够符合人意，也就是说将就着的。应该说是研究我的学术思想，我的这个黾学的特色，我的主张是吧。因为我的，我有哲学的著作，有美学的著作，有书画的著作，还有文学的著作。还有诗词的著作是吧，现在来讲，我说个实话，我们这届专业生都干啥呢，都是化学系专业的，他外语都到好几级了。

张啸东：对，本科考到四级，还六级！

王学仲：哎，对不对，考得都很好了，翻译都精通极了，还有口语，都很好对吧。也有些我的，南方有一个杂志啊，一期就一个人的那个杂志啊，我那个研究生写的要登，我就给周老师寄一份，给你寄一份，那个都是这样做的研究。但是呢，他是理论有啦，手头又不行了，所以说，一直我是不太满意的。

张啸东：考试的时候也不考绘画，就是直接考个美术史啊，考三门，是吧？跟普通研究生招生是一样，就是主要还是从事文艺研究，研究您或是研究其他理论。

王学仲：哎，这很遗憾，就是不能从绘画技巧与修养方面加以考察。当然，不一定是纯研究我啊，选题你可以自己选，我们除了金维诺那个佛教艺术不研究之外，你研究什么美术史啊，美学啊，艺术哲学啊，这都可以，我们都可以设课，都有老师。唯独绘画、书法自身我现在没找到师承我这个本人艺术的学生，另外从日本的制度来讲，我完全可以搞一个就是民间学会是吧，个人名义搞，你有工夫你可以搞。现在，大学老师也不兴这个，国家也不设这个体制，所以也没敢搞学会。国家现在对这个没有说法。现在还都是这个画院，画院制，美协制，创作组，都是这个是吧。没有这个体制，我们现在来讲，也是很特殊，现在来讲呢，因为教育部，要验收，大家都学外国啊，要求学科齐全。天大现在来讲，也是一个劲儿增加人文学科，现在又增加了一个人文学院，又增加了一个冯骥才文学艺术院。我这个老牌了，比较早，占便宜，你看咱们的研究所建在天大中心地带嘛，他们现在只好去一些偏僻的地方建了。

张啸东：记得先生在第一本谈书艺的著作——《书法举要》中就用较多篇幅谈了书法的象形问题，后来您又在不同场合对这一观点作了强调，今天关于书法的问题也从这一学说开始好吗？就请您谈谈对书法象形说的梳理。

王学仲：是的，中国文字哪，是来源于这个象形的，这是从希腊就有了形式逻辑，讲文法及拼音模式，所以说呢我们的文字，既是文字又是一种图画。那么或称为象形文字，这是中国文字的一大特点。你知道外国文字大部分是一个字母的符号来做文字，以声音为主，那么中国字哪，是以象形为主，到现在还没有脱离某些象形的原则。除掉这特点之外，中国字在完成它作为记事符号功能的同时，不管是最早的刻划的符号、或者是甲骨文、金文、小篆也好，也不管是用刀刻的甲骨文呀，或者是用手写的那个毛笔字啦，都注意把这些图画的文字加工美化，是指艺术化和装饰化，有意识地把文字加工成为艺术品。这个艺术品是什么哪，就是我们现在称谓的书法艺术。成为中国所特有的书法艺术形式。书法既然作为一门艺术而存在，那它就必然具有艺术规律的一些共性，而构成这个艺术共性重要之点，就是它与生活的关系，以及艺术的形象性，就像艺术就有形象性，音乐和舞蹈也都靠形象性去表现是一样。

张啸东：当代许多书学家、书法家，好多人一直都在感叹书法界现实生活的狭窄，在先生而言，书法的形象性是它与生活的重要关系了。

王学仲：古人已经对书法的形象性作过一些探讨。我们今天在这里谈书法与生活的关系不得不提到它的“双重性”。

一是它的实用性。书法从开始，一直到现在，不是为了完全是为了艺术存在的，它是为了交流，这个作为一个沟通人际之间一些关系来使用的。这个已是常识，你们知道啦。二才是它的艺术性，关于它的实用性哪，文字的音和义，以及形体的变化，这个是属于文字学研究的范围。而我们写书法的所要研究的，就是它的形式美和它特有的艺术规律性。那么历代的书法家，他们师徒相授，也就是传授他们的经验，都是偏重于学习前人，也就是学习古人。通过这个师徒相传呀，一直到现在吧。那么，除了老师传授之外，就是自己去临摹法帖，勤学苦练，当然，这是最重要的一环啦。而另外一点哪，还没有太引起人们的注意。那就是作为艺术形式的书法呀，它的源流关系，也是啸东刚才讲的，它跟生活有没有关系。

艺术源于生活，这个说法显得有些老了，但仍有它存在的道理。书法也不能例外，是不是呀？所以说呀，我们现在来观察书法的现象，要学习前人，根据他们彼时彼地所创造的经验，同时呀，我们也要观察我们此时此地的生活实践之所得，也应该有所发展，所以创新，而不可泥古不化，墨守成规。从生活劳动的需要出发，进入了形象，创造了文字，具备了中国书法形象性的发展的属性，那么继续发展就成为意象。中国这个形象性呀，没有因为进一步地发展成为符号化，就是像英文一样，成为一个符号呢，然后形成拼音文字。是很多字的观念呀，更加深了，也就是说把汉字的形象哪，虽然是这个看起来形象不是明显啦，不绝对形象啦，但是呢，它有一个很重大的发展，对书法很有帮助。那就是由形象转向了这个意象，一个创造。嗯，由形象的思维产生了一大飞跃，这飞跃就是我刚才讲到飞跃到意象、一个创造。因此呢，研究中国书法，由形象向意象来发展里，这个脉络跟轨迹就是学习研究书法的重要课题之一。

中国文字在它发生的应用的期间里，是随着中国原始社会的发展而发展的，社会生产力的提高，又使这个文字的演变发生了革新。文字的创造，不像外文的形式逻辑法，从先民的一面观察自然，一面吸取文字形象的活动开始了最古老的记载。这个记载，就譬如《易经》里所说的："仰则观象于天，俯则观法于地，观鸟兽之文，与地之宜，近取诸身，还取诸物。"这一段话非常重要，它说明这个书法跟自然、跟生活的关系。它创造文字之前，它的这个方法就是仰则观象于天，就是说，抬头哪就看着天象是什么样子，因此，比如说日月星辰对不对，都是观象于天。俯哪观法于地，那么低下头来看哪，就是观察这个，这个一种方法呀，就是创字的方法，在地上来取法。法呀，就是说取法呀，模仿这个地理上各种的东西。观法于地。观鸟兽之文，与地之宜。另外哪，还观察这个鸟兽，一些动物的，回头我们可以讲到这些的形象，它观察的结果记录在文字上。鸟兽的这些，啊，这个来创造文字，与这个地上存在的一些，具有文字的一些雏形。这样的话，就是说进取诸身，那么对近处来讲的话哪，就是以自己的这个身体呢作为一个创造文字的根据。就从近处来说，从远处说，还取诸物，从远处来讲的话，就是万物都是它来创造的根据、依据。那么这个，就是最能够，很浓缩地说明文字创造的开端的一些法则。

随着生产和生活实践的深入，人们不仅要有实用价值的文字，而且还要欣赏富有艺术趣味的书法。为了适应这种要求，书法家便从丰富的自然界吸收，感受他们所认为有用的东西，充实自己书法的笔法跟感情。音乐家是借助于音乐的旋律，书法家得借助于书法的点画跟节奏感，造成书法的艺术形象。那么什么叫点画哪？一点一画就作为这个，最基本的书法是点画。光点画还不行，还要有通过这个点画一个节奏感，一个节奏的点画。它的这个节奏哇，没有美术啊，那么完整，可视性那么强。唉，但是他所构成的形式感，具有着抽象美，有丰富变化与艺术感染力。因此，在书法中也可以反映出书法时代的精神与人的情感。我们许多中国的书法家在有创造性书体之前，都有他本人观察生活作为根据而创造的书法。像汉代的蔡邕，因观察到这个粉刷工人粉刷墙壁，而创造了"飞白书"。这个传说中，王羲之因为爱鹅，而观察白鹅，并且，他游历了江北的名山，名人欣赏他的字，就发出这个感想，说：他说错意就是注意的地方，皆自然万象，都是自然界这个万象啊，就是刚才说的《易经》里说的万象作为他的依据，来创造书法。他写《曹娥碑》，使人看到一个少女漂流于波浪之间，他的这个《曹娥碑》哪，给人感觉就像一个少女在波浪间漂浮一样，有那种节奏感。唐宋时代的书法家，对生活的观察也是细致深入的，像颜真卿朴茂沉雄的笔姿，则是受到"屋漏痕"的启发，特别是唐代在美学上，喜欢这个肥貌丰厚，评价这个美人呀、建筑呀、绘画书法呀，都有这一个审美的趋向。我们现在看到唐俑啊，都比较雍容大雅。"屋漏痕"是什么呢？就是在屋上漏下一个水点以后，渗渗渗，这种感觉他取到书法里头，这也是生活对他的一种启发。他呢，创造了一种特别丰腴的艺术特色。经常跟怀素讨论各自的生活体验。怀素的狂草书，他自己说：从嘉陵的江水声，夏天的白云，墙壁的裂缝中，得来的心得。总之一句话，我的书法就是四个字："吾重意象"。我是比较注重意象之书。能通过书法哪能表达出自己的意境来，自己的想法来，这才能够具有这个时代感，有我们现代的气息。我们初学既要认真地师法临摹古人融进帖里头，进到这个帖里头去学习。我们进到帖里头学习，这不是最终的目的，最终的目的是我们临摹、观赏、学习和吸收了众多的碑帖之后，目的是什么呢？要有我的字，要有自己的风格，自己的感情流露，创造自己的意象，这个阶段哪，就最终达到一个有点成绩啦,这叫“出帖”,从古帖里面走出来,走出来以后哪,就树立了自己的意象。所以我综合四个字,那就是“吾重意象”四个字。

接受采访时的王学仲

所谓丹青 所谓人生

马　驰

王学仲先生号夜泊，字黾子，晚号黾翁。1925年生于山东省滕县。王学仲现任天津大学教授、日本筑波大学客座教授、王学仲艺术研究所所长、中国书法家协会顾问等职。曾任中国书法家协会第二、三届副主席。他早年曾在京华美术学院、北平国立艺专、中央美术学院学习。受业于徐悲鸿、黄宾虹、吴镜汀等前辈名家。被徐悲鸿誉为“诗书画三怪”。王学仲先生在哲学、美学、书学、文学等多方面均有卓越建树，曾获“鲁迅文艺奖”、“世界文化和平大奖”等，是国内集诗人、小说家、书法家、画家等多种文艺门类于一身的国学大师、国际名人。

王学仲在天津大学内的黾翁书屋

最近，王学仲先生可谓“三喜临门”。除了荣获“中国书法兰亭奖终身成就奖”之外，在前不久举行的第八届中国文联第一次全委会上，王学仲先生被推举为中国文联荣誉委员，是天津各艺术门类的老艺术家中在本届中国文联全委会唯一获此荣誉称号者。此前，天津著名艺术家骆玉笙、孙犁和王莘曾获得此项荣誉。同时，王学仲先生今年还荣获俄罗斯美术研究院荣誉院士称号，这一称号是前身为俄罗斯皇家美术院、具有200多年历史的俄罗斯美术研究院授予外籍艺术家的最高荣誉，迄今为止只有30余位外籍艺术家获此殊荣。

王学仲先生今年已经八十多岁了，在他从艺的六十多年里，他潜心治学，辛勤耕耘，著作等身，实在是令人敬佩。尤其是，他还创建了黾学学派，对继承、弘扬我国优秀民族文化，丰富发展我国的书画艺术，作出了巨大贡献。

这些毛笔，记载着王学仲的艺术人生。

王学仲先生1925年10月23日出生于山东省滕州的一个书香门第。滕州与曲阜近在咫尺，同样是钟灵毓秀的历史名城，也是墨子的故里，王学仲祖籍琅郡，就是现在的山东省临沂市，他的远祖与晋代大书法家王羲之同属王氏一脉。王学仲的曾祖王启方是清末秀才,能诗善书,王学仲的父亲王安履,也是当地有名的书法家。王学仲在这样一个书法世家中度过了他的童年,耳濡目染,他五岁学写字,六岁学画画,七岁上学读书,自幼受到良好的文化熏陶和家庭教育,也颇得家人厚爱。王学仲在十几岁时,就常常跟随他的父亲到曲阜、泰山等名胜古迹寻碑访古,在心摩手记间,既开阔了眼界,也积累了大量的碑帖资料,为后来书法的学习、研究和创作奠定了牢固的根基。

王学仲先生平易近人,丝毫没有大师的架子。

本文作者与王学仲

1942 年, 17 岁的王学仲考进了当时的北平京华美术学院国画系,在 1949 年,他又应徐悲鸿先生之邀进入了当时的国立北平艺专墨画科, 1950 年,王学仲又进入了中央美院绘画系学习油画,并在毕业后到了天津大学任教。在长达十几年的中国最高水准的美术院校的学习期间,他不但受到了正规的艺术教育和严格的科班训练,尤其是得到了徐悲鸿、齐白石、吴镜汀、黄宾虹、蒋兆和、叶浅予等艺术大师的亲身传授,当年的徐悲鸿先生独具慧眼,认为他将来必成大才,曾挥笔称赞:“呼延生方在少年,其书得有如是造诣,禀赋不凡,盖由天授,与之古人,在唐则近北海,宋则山谷,明则倪文征、王觉斯,而非赵、董世俗之姿可相并论。”当然,王学仲先生也没有辜负恩师徐悲鸿先生的期望,终于成为艺术大家。

王学仲先生不但在书法和绘画方面造诣很深,而且精于治学,他早在上世纪 70 年代就总结出了三则治学主张,即:二言——欧风汉骨,东学西行;四感——文化的厚重感,历史的沧桑感,诗人的苍凉感,艺术的高贵感;四我——扬我国风,励我民魂,求我时尚,写我怀抱。由此可见王学仲先生于国学素养方面的厚重与积淀。

从来没追究过造假画的人

新报:现在许多有识之士都在呼吁中国传统文化的回归,作为一位国学基础深存的艺术家,您觉得中国文化的最大魅力在哪里?

王学仲:中国的传统文化是中国独特的文化,像中医、京戏,再有就是书法和绘画,这都是中国特有的,是其他国家没有的,这就是独特的民族传统。它有不可替代性。

新报:可是现在的年轻人还是大多以新鲜的事物为时尚,通常忽略掉传统文化,您觉得这是一个矛盾吗?

王学仲：我们生活中的商品和我们的一些生活用具，这些肯定会随着时代的改变而改变，这也是社会的进步。时代风气改变生活，无论你接受不接受，这都是客观存在的。比如在唐朝时，女孩子们以胖为美，到了宋代，人们又开始崇尚清秀的样子了，当然到了现代，这种变化的节奏就更快了，这也是没有办法的事情。但是传统文化应该更多的是一种精神中的内涵，人们在生活中形式的变化会很多，但是精神上的变迁，还会以传统文化为根基。

新报：一说到画家、书法家，就会谈到收藏，谈到他们的作品值多少钱，您怎么看待这股收藏热？

王学仲：首先，艺术品收藏肯定是一件好事情，因为这证明大家的生活安定、富裕了，才会有收藏艺术品的雅兴。中央台的《鉴宝》节目我也看过，现在许多媒体也在介绍艺术收藏，这是一件好事，但也不能过分炒作，不要把书画变成投机的工具。

新报：在收藏市场中，假画是一个大问题，现在仿冒您的假字画也非常多，您怎么处理这个事情？

王学仲：对于造我假画的人，到现在我还没有追究过。我觉得造假的人也是为了谋生。现在社会上，只要是有价值的东西，就都会有仿冒的，假的名牌服装、鞋帽也是到处都是。只是有一件事情让我很烦恼，就是总会有人找上门来让我鉴定字画，打扰你的工作和生活还不算，你鉴定完是假的，买画的和卖画的就会有经济纠纷，你鉴定完是真的他还会要求拿着字画和你合影，然后又去卖钱。这真是一件很烦的事情，我知道不光是我，好多画家都有这个烦恼。

最难忘恩师徐悲鸿

新报：作为老一代艺术前辈，您怎么看待中国书法与绘画的创新问题？

王学仲：这是一个老问题了。创新也是自然的发展规律。齐白石画的画和八大山人、和石涛完全不一样，现在的画家们画的画和齐白石又完全不一样，这些都是创新。不但是中国画，京剧、戏曲也都存在这么一个问题。

新报：就您一生来讲，对您影响最大的人是谁？

王学仲：对我影响最大的是我的老师徐悲鸿先生。在我的青年时代，他就告诉我们不要光是临摹传统，还要重视写生。作为他的学生，他的教诲是一生受用不尽的。当然在艺术界，对他也存在不同的看法，像以前的刘海粟和现在的吴冠中，都因为不同的艺术见解对他有着完全不同的看法。这种不同流派、不同学术主张的不同看法是很正常的。就像有人说我的画好，有人说我的画不好，这都是很正常的。

新报：您还创作过一部小说叫《吼哈》，为什么是您青年时期的作品，到了前几年才完成？

王学仲：这部小说的人物、场景大部分是我青年时期的经历，这部小说写到一半的时候，社会上就开始有了各种各样的政治运动，许多小说家也因为创作而遭到批评，我当时认为这是险途，就放弃了创作。现在社会环境和以前完全不一样了，我又把它完成、出版。其实这部小说一半是小说，一半是我的回忆，回忆我以前走过的道路，也是对当年鲁南社会生活的一段真实记录。回忆本身就具有美感。

也有过遗憾

新报：当下有一个争论，就是“艺术大师”这样的称谓究竟该有什么样的标准，您个人觉得什么样的人才能称得上“大师”的称谓？

王学仲：我前几天在电视上看季羡林有一个讲话，他说他自己担当不了“国学大师”的称号。老先生们对这一点还是很在乎的。中国的传统文化太深厚了，经史子集，二十四史，许多人读都没读过，更谈不上理解，也没有真正的著述，就说自己是“国学大师”，这肯定是立不住的。我觉得像王国维那样的水准，才能叫“国学大师”。

新报：您觉得您平生中最大的遗憾是什么？

王学仲：我最大的遗憾是还没有形成自己的创作体系。因为这么多年以来，我都在从事教育工作，书法绘画只是在业余时间来创作，虽然也创立了自己的风格和面貌，但是我整体的创作体系还没有建立起来，这算是我平生最大的遗憾了。

采访手记：

虽然刚经历过病痛，但是王先生气色尚好，他讲话时发音很清晰，我知道他因为害怕我听不清楚而放慢了语速，我一再表示，“没问题，我听得清楚。”

在黾园里，老先生的办公室比我想象的要简朴得多，国画家的工作室我去过很多，大多放满了名贵的红木家具和珍奇的古董，和他们相比，王先生的画室简直是太过于朴素了，但是谁都知道，凭王先生的书画作品在市场中的昂贵价格，他要是想得到这一切真是太容易了，但是他没这么做，再想到关于他经常的对社会各界捐赠自己的作品和财物，实在是令人钦佩。

到了这把岁数，王先生还是愿意提及他的“黾勉治学”，强调勤奋二字对一个学人一生的重要性。对待自己要求严格，生活朴素，淡泊名利，而对待那些做假之辈，又是那么的宽容。怎能不让人感慨。

能够和这样一位在海内外享有盛誉的艺术大师，在这样的一个简朴的工作室里，聆听着他的智慧与人生，是一种不可多得的幸运。

“黾学”丹青

——王学仲访谈

朱中原

学无专师 中西融会

朱中原（以下简称朱）：您出生于20世纪20年代，经历过无数社会运动和文化运动，这些社会思潮、学术思潮和文化思潮，是如何影响到您的艺术创作与学术研究的？能否简要梳理一下您的学术与艺术经历？这些经历对您的艺术思想、学术理路有怎样的影响？

王学仲（以下简称王）：我的前半生爱好广泛，喜欢写文章，吟诵诗词，爱看戏剧，也喜欢撰写对联。书画更是生平乐事，大概除了运动竞技是我的弱项之外，大凡文艺之事，我都很着迷地投入过。我无意于为自己的学问科别排座次，仅从我生平对时间的分配使用来说，大概作画、读书用的时间最多，作文、作诗次之，书法又次之。但给人错觉似乎我写字最多，大概是我的读书、作画、作诗都难于大量用于社会应酬的原因吧，这样轮番耕作砚田墨圃的生活从来没有停顿过，没有悬梁刺股，但每日都不曾懈怠。回想起来，也还算得上是少年勤学，青年奋进，中年著述，老而弥笃了。

在我没有受到艺术专门学校教育之前，有幸能够接近苗君实、鲁景奚、唐旭谷、张寄庵、边秋水等等这些大都名不出乡里的艺术家们，是他们哺我以艺术的奶汁，这汁水中浸透着民族的血统和灵魂，我将永远不会忘记他们。

我在美院求学时代中，见到了张海若所拓的散氏盘，吴昌硕手临的石鼓文以及张伯英所书的北碑，都十分吸引我。经系书派学说的构思就是那时产生的。逐渐形成自己的艺术主张是在天津大学任教以后，启发我的两个人是达芬奇和韩愈。前者“谁能到源泉去汲水，谁就不会从水壶里去取点水喝”和后者“惟古于词必己出，降而不能为剽窃”这两个警句，是我定名自己的住室为己出楼的原因。当时我觉得中国画的发展逐渐在趋向衰落，走着忘神传形的末路；书法则走向重临帖练笔，也忘却了与自然形象的贯通，它们都失去了传统中最可贵的灵魂。

到天津大学的前20年时间，是我沉寂20年的面壁生活。《论中国文人画》《山左四圣论》《漫话书法的形象性》《画语诠释》《中国画学谱》和《王学仲书画诗文选》等是这个时期的主要成果。后来针对开放后我国青年人倾心西方现代派艺术的倾向，我提出了“东学西渐，欧风汉骨”的主张；在日本讲学期间，《碑帖经三派书法论》《中国画三体论证》《儒释道三家书风论》《世界美术思潮东移论》《日本浮世绘画与中国年画》等是日常教学创作之余的成绩。

朱：20世纪是一个学术、思想与文化凸显的时代，您生逢此际，并曾受业于徐悲鸿、齐白石、吴镜汀、黄宾虹、蒋兆和、叶浅予、容庚等前辈大家，请问这些前辈对您哪些方面影响最大？能否谈谈此中经历？

王：1942年，我考入北京的京华美术学院。除在课上学习外，我还经常喜欢到容庚、吴镜汀、黄宾虹等老师寓所登门求教。

吴镜汀先生的教学方法是让学生们观摩他的作画过程，每周发给学生一张山水画稿，学生临摹后连同习作上交以换取新的画稿。

黄宾虹先生的画作，当时并不能为北方的画家和收藏家所认知，他很寂寞，但一直坚守自己的艺术主张不动摇。在落寞之中，他把全部精力都投入到了理论研究上。他的艺术到了20世纪50年代以后才逐步为人所了解。黄宾虹先生对我启发最大的是怎样融合中西艺术。

齐白石给我们授课时，已七八十岁。在当时沦陷的北京，他隐居遁世，门上贴着“画不卖与官家”的字条。先生画案的笔池内养着活虾，水经常换，很清洁。1950年，齐白石九十高龄，我作为北平艺专的学生，随李可染老师去拜访他。他送我两幅画，其中一幅是虾。他说：“为了画虾，直到现在我还在观察虾。”“为万虫写照，惟鳞属之龙，未尝亲见，不敢大胆妄为也。”齐白石先生重独创、重实践的精神，对我的影响是巨大的。

我是一个学无专师的人，但对我影响最大的就是徐悲鸿先生。

1949年1月，我在北平国立艺专有幸成了徐悲鸿先生的学生。他对书法、国画的改革，都有自己的看法和主张。他的一些论见，如“文人画在产生时很有创造性”，“尽精微，致广大”等等，都很独到，他提倡个性与独创。

朱：徐悲鸿先生对您的帮助和影响很大，这其中有没有让您特别难忘的事？

王：有一件事对我的人生道路起了重要作用，当时我由于生病而辍学，甚至产生了悲观消极的想法。徐悲鸿先生指示工作人员多次给我汇钱，用于治病和继续上学，他亲笔写信说：“病症静养可愈，须具信心，多食葱蒜并节思虑，自易恢复。愈后仍需来院学习，以竟前功，所谓玉不琢不成器，鼓励勇气以奏肤功，望弟自爱。”

我已八十六岁，各位老师对我的教诲犹历历在目，他们的治学精神，优秀品格，影响了我一生。

“碑、帖、经”三派论

朱：在书法方面，您率先提出“碑、帖、经”三派论新学术概念，能否谈谈您的这个学术理念？

王：书法艺术是中华民族传统艺术园林的一朵奇葩，是中华民族艺术特征最鲜明的一种艺术样式，她反映着每个时代的社会精神面貌和审美精神，至今仍有其强大的生命力。

同时，书法学又是一门亟待整理的学科。历史上书法理论非常丰富，使之体系化、条理化、科学化非常有必要。

在碑、帖原有派别之外，我经过大量研究考证，认为当增加“经”派，即“碑、帖、经”三派。

应该说中国书法出现最早的并不是碑与帖，从早期的陶书、甲骨文、铜书、石刻书、漆书、简书、帛书，对后世书风影响最直接最大量的则为简书，晚出的碑刻文字，从名人信札发展起来的帖、经生抄录下的大量写经都出于此。在碑、帖原有派别之外，我经过大量研究考证，认为当增加“经”派，即“碑、帖、经”三派。

“经”派之所以可以自成体系，原因很多，大体有三：一、石刻摩崖基于佛教不灭这一思想，由写经到刻经，进而刻石成为大型摩崖；二、其书体由经生体转化而为摩崖体；三、其书体阶层既不是帖学的贵族士大夫，也不是北碑的乡土书家，而主要是写经生、僧人和佛教信士，是一些佛教界的书法家，因此如果把六朝经派书加以概括，主要有经生体和摩崖体两种。简单列举几种比如：代表经隶体的《诸佛要集卷》《道行般若经》、晋《摩般若波罗蜜经》、甘露元年的《譬喻经》；代表经楷体的有《杂阿毗昙心经》《大般涅槃经》、《成实论经》等，摩崖体如铁山、葛山、岗山、尖山、泰山经石峪、响堂山等。

朱：除此之外，您还提出了视觉导向造型原则，推出书法艺术空象观，提出了表象、意象、气象、空象、色象的“五象”说，请简要解释一下。

王：艺术是生活的再现与表现，其最基本的体现方式是表象。意象同灵感、意境、境界关联密切，体现出最为浓缩最为集中的美学意念。意象蕴之于内，气象发之于外。气象为内涵所派生，也为内涵所决定。“空”为“物”之相对体。艺术之空象指物象依存于空间所表现的艺术存在。色象是美在视觉上的显现。

朱：您是一个学术与艺术、创作与研究、东方与西方、传统与现代兼融的学者型艺术家，或学者兼艺术家，这恰恰是一种对中国传统文人精神的回归。但是当下的艺术创作却呈现出一种职业化的取向，艺术家与学者、文人身份相脱节，现在很多艺术家都成了职业书法家、画家，您如何看待艺术的职业化？

王：艺术家职业化的现象古已有之，无论是历代画院还是民间画家等不胜枚举，他们都创造出了属于时代和自我的独立艺术世界，可想职业的专一性为他们提供了更多的时间和空间来追索艺术，所以艺术家和职业化之间不存在矛盾。

我想你说的“职业化”可能所指更多是“商品化”，这里面就存在了很多问题。我曾经在《崇敬行为与艺术价值兼艺术市场诸问题》的讲座中谈到过，艺术家尤其是年轻的书法家、画家也需要像其他学科的专家一样，用自己的艺术劳作换得生存之资，以发展自己的求索之路这是时代赋予的良好条件，但自己要在当下艺术市场相对稚嫩、混乱时期做到心中清楚。

艺术品有商品的特征，但本质上不是商品。有一句话能说明这个问题，艺术应该是森林，而不是菜园子，森林有自己的生长规律，自然界的风霜雨雪也会影响其生长规模和形态，但菜园子的职责很明确，种瓜得瓜种豆得豆，售之即可。

艺术价值与商品价值之间不能画等号，所以艺术家应该务本，而不可逐末。

“欧风汉骨,东学西渐”

朱:您曾提出“欧风汉骨,东学西渐”的艺术思想,并把西方风格的绘画精神融入中国山水画中,形成了自己独特的绘画风格及个人式样。您更大胆地提出“世界美术思潮东移”论,如此提法的根据是什么?

王:“世界美术思潮东移”论,是我在对日本及西方艺术作了若干年考察和认识之后提出的。

从19世纪东移就已初露端倪。1867年,日本浮世绘打入法国万国博览会时,著名画家马奈、莫奈、高更等首先认识到了东方绘画的神奇,他们极力模仿其人物和线条,对日本安藤广重的色调佩服得五体投地。

日本从古老的民族文化遗产中找到了最纯净的艺术,诸如书道、茶道、花道、棋道等。继之,人们寻根溯源,终于发现“重道轻技”的中国艺术才是最理想的艺术形式,如中国文人画、中国书法、篆刻等。

到了现代,西方世界对中国艺术有了更新的认识,很多著名的大艺术家、美术评论家、美术理论家,在这方面多有论述。溢美之词,无以复加。毕加索曾对张大千说:“真正的艺术是在中国,令我困惑不解的是东方人为什么喜欢到外国去学艺术。”毕加索还用毛笔画中国画,其中仿齐白石的画就有五大册。常书鸿在法国的老师告诉他:“世界艺术的真正中心在你们中国,中国的敦煌艺术才是世界艺术的最大宝库。”

印象派的创始人马奈和莫奈与近代艺术的开山鼻祖毕加索,身居世界美术中心的法国,却都醉心于东方绘画之美,这说明已生发出一股地下潜流,其中心正涓涓地向东方渗透和移动。从19世纪中叶到现在,这种发展趋势已经愈加鲜明。世界美术思潮东移是历史发展的必然趋势。

朱:目前,在书画界,部分人在呼吁回归艺术的中国精神、中国气派、中国元素,对西方艺术流派和艺术思潮大加挞伐,甚至有人认为中国现在的艺术创作,已经完全被欧风美雨所侵占了,您如何看待这种观点?

王:20世纪80年代初,我在日本筑波大学任教时,一位法国教授来访,当我问及他在日本最高兴的事时,他说:“最高兴的事是在一家日本旧书店里买到了一本《老子》。”这个普通事件显示了中国文化在国外的思想价值和独特魅力。

我们的《孙子兵法》在美国成为西点军校的教科书,孔子被美国人推崇为十大世界名人,《论语》《三国演义》在新加坡被作为企业经营与社会教育的方略。诸如此类的事例很多,这足以说明我们的文化在影响着世界。

炎黄二帝,奠定了中国文化文明的肇基。中国文化有无与伦比的包容性,虽朝代有更迭,国体有分合,但中国文化嬗变分明,涵盖广大,维系数千年而不湮灭,这未尝不是世界文明史一大奇观。虽然中国在长期的封建社会因重道轻器,导致了我们科学技术的相对滞后,甚至造成了近现代一个时期内国力的相对衰弱,但国力暂时衰弱,不应该影响我们对华夏文化自信心的坚守。

最近几十年来,西方文化及意识形态以软着陆的方式侵入中国。基于此,我们要对中国文化进行系统化,系列化的整理、弘扬和推广,这是时势所需。

弘扬推广，就是我讲的东学西渐。在欧风披靡之下，我们要有华夏汉文化强大的自信心和独立精神，还要有弘扬推广中华文化的远大抱负，这就是欧风汉骨。

“黾学”开宗

朱：作为一个新兴学派，“黾学”吸收了哪些传统学派的长处？有哪些区别于传统学派的特征？

王：我没有做哲学名家的想法，而作为一个人生有思考力自在之人，我必须讲述我的一部哲学，道出我生活历程中对哲学的思索。有人每天有哲学思维，装在脑子里没有写出来，这是道的损失。因此我从20世纪80年代开始，从日本的图书馆里写到中国的天津与北京。我归纳性地叙述了对人道、天道、神道和物道的认识而成《黾子》一书。

感谢这一美好的时代，我可以把我毕生的人生经验，写成一本独立思考的著作；也感谢我那产生孟子、墨子、荀子等诸多哲学家的故乡，所给予我哲学的启迪。自称所述为《黾子》是既不愿重复西方哲学的方程式般的机械性研究，也不陷于东方的心性方面的辨析，我想仍把它归之于中国之道的法门。至于其长处和特征还是留待他人评说吧。

“新文人画”应有新的内涵

朱：书法与绘画之间自古即有着密切的联系，也因此而形成了中国独特的文人画体系。当代中国也有不少人呼吁文人画，还形成了所谓的“新文人画派”，能否结合您自己的创作实践，谈谈您对文人画和“新文人画”的理解？

王：大概可以这样说，以陈衡恪、黄宾虹为代表的近代画家已成了最末一代的文人画家。在近半个多世纪以来，文人画的日趋衰落从各方面显露出来。在一个很长的时期内，文人画被视作反现实主义的艺术和封建主义的艺术，从而处于被抑制、被批判的位置。年轻的一代不是把这一种艺术淡忘，就是视之为淘汰物，还有的青年即使不认为文人画应该淘汰，基于所受的现代教育，得不到必要的诗、书、画方面的基础培养，也只能对文人画望而却步。可以说文人画的审美基础已几乎不复存在，文人画在现代中国的画坛已行将消失。

在外国艺术评论界，自19世纪以来，也不是一概对中国文人画视而不见、见而不论的。那么，他们对文人画的评价又如何呢？如奥地利学者弗洛伦斯·艾斯卡芙在其《中国诗书画的关系》这篇论文中，就曾对文人画的综合性及其分类作了分析，并注意到了文人画既可有书法、诗词、绘画综合成图的画面，也有以绘画独立体现诗、书意味而不必有诗词、书法出现的画面，二者都具有文人画之价值。应该说这些外国评论家的研究，对于帮助广大美术爱好者欣赏中国文人画之美是很有意义的。

朱：那么如何看待今天的“新文人画”？今天的“新文人画”是否还需要书法作为支撑？

王：今天随时代而产生的文人画虽不会是古代的《醉仙人》，但却可以创造性地运用文人画这种艺术形式，表现今日现实中具有隐喻哲理的山水与人物，使之成为现代文人画。面对现代工业社会烦嚣、污染着的自然环境和社会风气，现代文人画家要表现其热爱人生、热爱自然、热爱生物、净化环境的潜在心声，在绘画中将其纯真而雅谑的人品和艺品再度完善地统一起来，从而创造出现代文人画，不仅是可能的，而且是广大美术爱好者和社会所十分需要的。总之，文人画的回归与复兴在现在的社会条件下大有希望。

今天，文人画的题材是广阔的，在传统的命题下，理想与自然交互生辉的山水与隐士型的人物，都不妨在新的审美眼光照应下入画；对于当代的生活画面，也完全可以本着"街头巷语皆入诗"的精神，经过提炼，纳入现代文人画的题材范围。

现代文人画的创作不仅要在外在形态上有所创新，更重要的是要在画面中透出现代人的意识和新的机趣。文人画应是画家崇高人品的体现。做一个现代文人画家就须具有现代人类思想美化、陶冶众生之心灵的使命感，以及以人民的忧乐为忧乐的情感意识，在此基础上才能产生具有时代气息的新的灵感和新的机趣。

20世纪90年代以后，中国的艺术有了巨大的变化。古老的文人画艺术重新回归艺坛之际，将是中国艺术全面振兴之时。我们顺应着经济的日益发达、人文的昌盛、审美水平普遍提高的形势，对现代文人画发出呼唤，并不是出于某种怀旧的心情，而是为了适应和满足社会主义文明广泛的文化需求。未来的历史将可以证明：当现代文人画得到充分发展之时，文人画巨匠的作品将陶冶着、抚慰着那些渴望得到更高级精神境界的广大群众的心灵。在现代的艺术领域，文人画所充当的角色和任务，远非其他形形色色的昙花一现式的画坛流派所能充当和代替的。

一生不受古人欺

朱：您是西晋琅琊王氏望族之后，王氏望族曾出过王羲之、王献之等书法大家，您在诗文、小说、国画、书法、文艺理论、哲学研究等方面均取得极高建树，是当今艺坛诗、文、书、画集于一身的杰出学者之一。这些与您的家世渊源有多大关系？

王：决定我毕生从事于书画一道，并非偶然，这与我的家世有关。小时候，父亲取"黾勉从事，不敢告劳"中的"黾"作了我的"字"，以希望我勤勉努力。

在我们家族如果不擅写字，会觉得有辱先祖的风范。曾祖父是个秀才，一生专攻虞世南的《夫子庙堂碑》。祖父经商为主，把精力用在培养我父亲成才上。父亲王长祥受过私塾和师范学校的双重教育，能诗、善书。我们王氏家族，在书法上一向是尊王、虞二家为正传。

我五岁开始习字，父亲对我的启蒙教育不是让我临摹碑帖，而是为我写下二十五个楷体字的范本："上大人，孔乙己，化三千，七十四，尔小生，八九子，佳作人，可知礼也。"

小时候穿着肚兜，用柴棍在地上自由地画沙，是我的一大乐趣。我写字的欲望也正是由此而萌生的。自此，笔耕不辍，直至今日。

朱：您对我们今天年轻一辈的书法人有怎样的建议？

王：我从来主张法古不泥古，主张用怀疑的眼光看待学术问题，提倡充分发挥人的创造性。

数十年过来，我感到跟从我学习过的学生，凡学我者都难成功，凡以我言为谬者都有所成立，凡恭敬相信我者，都不能有所树立。“双眼自将秋水洗，一生不受古人欺”，“任他亲朋话交接，只当清风过耳边”等句，正是匡正的砭石。

大块自然

“黾学学派”创始人

——访著名书画家王学仲

李树森

金台记:

王学仲，既是“黾学学派”的创始人，又是“黾学”最好的践行者。他提出的学术主张，形成了包含有哲学、美学、书学、文学、诗词学和绘画学的完整而又科学的黾学学术体系，为现代学术体系的构建作出了突出贡献。

王学仲，诗、文、书、画四绝，著作等身。他不仅是一位诗文书画皆有建树的文化学者，还是一位具有独立见解和开拓精神的书画理论家、美学思想家。

他学养深厚、才华横溢；他淡泊名利、德艺双馨。他的言行、著作、艺术创作，处处体现着对中华民族传统文化发展的特殊使命感和崇高责任感。虽然他的部分绘画与理论还不能被人们所理解，但他已经为继承、发展、弘扬我国优秀民族文化，为中华民族优秀文化走入世界文化艺术之林，作出了不可磨灭的贡献。

“金台点将”栏目点之，是以为记。

对本民族文化充满自信

李树森：您于20世纪70年代总结提出了三则治学主张，即：二言——欧风汉骨，东学西渐；四感——文化的厚重感、历史的沧桑感、诗人的苍凉感、艺术的高贵感；四我——扬我国风、励我民魂、求我时尚、写我怀抱。并以“四我”精神为从艺知行合一的根本。这是您基于怎样的认识提出的？

王学仲：20世纪80年代初，我在日本筑波大学任教时，一位法国教授来访，当我问及他在日本最高兴的事时，他说：“最高兴的事是在一家日本旧书店里买到了一本《老子》。”这个普通事件显示了中国文化在国外的思想价值和独特魅力。

中国的《孙子兵法》在美国西点军校成为教科书，孔子被美国人推崇为十大世界名人，《论语》《三国演义》在新加坡被作为企业经营与社会教育的方略。诸如此类的事例很多，这足以说明中国的文化在影响着世界。

炎黄二帝，奠定了中国文化文明的肇基。中国文化有无与伦比的包容性，虽在历史的长河中朝代有更迭，国体有分合，但中国文化嬗变分明，涵盖广大，维系数千年而不湮灭，这未尝不是世界文明史一大奇观。虽然中国历经长期的封建社会而重道轻器，导致了我们科学技术的相对滞后，甚至造成了近现代一个时期内国力的相对衰弱，但国力暂时衰弱，不应该影响我们对华夏文化自信心的坚守。

最近几十年来，西方文化及意识形态以软着陆的方式进入中国。基于此，我们要对中国文化进行系统化、系列化的整理、弘扬和推广，这是时势所需。

弘扬推广，就是我讲的东学西渐。在欧风披靡之下，我们要有华夏汉文化强大的自信心和独立精神，还要有弘扬推广中华文化的远大抱负，这就是欧风汉骨。

一个热爱中华民族的有识之士，要有几根硬骨头把自己撑起来。艺术总是承载着一个时代的精神，艺术家要有与国家民族同命运共患难的精神。我们有责任在海内外大力传播，弘扬推广中华民族优秀文化，以励民魂，这是每一个中国人的责任。我们也有责任为全人类文化作出中华民族的一份贡献。

在外来文化面前，我们要做到不卑不亢，显示出我们泱泱文化大国的风采。

徐悲鸿："诗书画三怪"

李树森：您曾受业于徐悲鸿、齐白石、吴镜汀、黄宾虹、蒋兆和、叶浅予、容庚等前辈大家，被徐悲鸿先生誉为"诗书画三怪"，他曾挥笔称赞："呼延生方在少年，其书得有如是造诣，禀赋不凡，盖由天授，与之古人，在唐则近北海，宋则山谷，明则倪文正、王觉斯，而非赵、董世俗之姿可相并论。"如今，您已成为蜚声海内外的艺术大家，请问这些前辈对您哪些方面影响最大？

王学仲：1942年，我考入北京的京华美术学院。除在课上学习外，我还经常喜欢到容庚、吴镜汀、黄宾虹等老师寓所登门求教。

吴镜汀先生的教学方法是让学生们观摩他的作画过程，每周发给学生一张山水画稿，学生临摹后连同习作上交以换取新的画稿。

黄宾虹先生的画作，当时并不能为北方的画家和收藏家所认知，他很寂寞，但一直坚守自己的艺术主张不动摇。在落寞之中，他把全部精力都投入到了理论研究。他的艺术到了20世纪50年代以后才逐步为人所了解。黄宾虹先生对我启发最大的是怎样融合中西艺术。

齐白石给我们授课时，已七八十岁。在当时沦陷的北京，他隐居遁世，门上贴着"画不卖与官家"的字条。先生画案的笔池内养着活虾，水经常换，很清洁。1950年，齐白石九十高龄，我作为北平艺专的学生，随李可染老师去拜访他。他送我两幅画，其中一幅是虾。他说："为了画虾，直到现在我还在观察虾。"，"为万虫写照，惟鳞属之龙，未尝亲见，不敢大胆妄为也。"齐白石先生重独创、重实践的精神，对我的影响是巨大的。

我是一个学无专师的人，但对我影响最大的就是徐悲鸿先生。

1949年1月，我在北平国立艺专有幸成了徐悲鸿先生的学生。他对书法、国画的改革，都有自己的看法和主张。他的一些论见,如"文人画在产生时很有创造性","尽精微,致广大"等等,都很独到,他提倡个性与独创。

有一事对我的人生道路起了重要作用,当时我由于生病而辍学,甚至产生了悲观消极的想法。徐悲鸿先生多次指示工作人员给我汇钱,用于治病和继续上学,他亲笔写信说:"病症静养可愈,须具信心,多食葱蒜并节思虑,自易恢复。愈后仍需来院学习,以竟前功,所谓玉不琢不成器,鼓励勇气以奏肤功,望弟自爱。"

我已八十六岁,各位老师对我的教诲犹历历在目,他们的治学精神,优秀品格,影响了我一生。

"碑、帖、经"三派论 总结提出"五象"说

李树森:作为成就卓越的书画大家,在书法方面,您率先提出"碑、帖、经"三派论新学术概念,开创性地提出了视觉导向造型原则,推出书法艺术空象观,对中国书法的发展和延伸作出了重要贡献;在书画创作方面,提出了表象、意象、气象、空象、色象,即"五象"说。请您对这两方面简单地解释一下。

王学仲:书法艺术是中华民族传统艺术园林的一朵奇葩,是中华民族艺术特征最鲜明的一种艺术样式,她反映着每个时代的社会精神面貌和审美精神,至今仍有其强大的生命力。

同时,书法学又是一门亟待整理的学科。历史上书法理论非常丰富,使之体系化、条理化、科学化非常有必要。

在碑、帖原有派别之外,我经过大量研究考证,认为当增加"经"派,即"碑、帖、经"三派。

经派之所以可以自成体系,原因很多,大体有三点:一是石刻摩崖基于佛教不灭这一思想,由写经到刻经,进而刻石成为大型摩崖;二是其书体由经生体转化而为摩崖体;三是其书体阶层既不是帖学的贵族士大夫,也不是北碑的乡土书家,而主要是写经生、僧人和佛教信士,是一些佛教界的书法家,因此如果把六朝经派书加以概括,主要有经生体和摩崖体两种。

艺术是生活的再现与表现,其最基本的体现方式是表象。意象同灵感、意境、境界关联密切,体现出最为浓缩最为集中的美学意念。意象蕴之于内,气象发之于外。气象为内涵所派生,也为内涵所决定。"空"为"物"之相对体。艺术之空象指物象依存于空间所表现的艺术存在。色象是美在视觉上的显现。

世界美术思潮东移论

李树森:您以自己的作品,人品,大学问家的学养、才情与思想,为"现代文人画"作出了典范的诠释。您提出"欧风汉骨,东学西渐"的艺术思想,并把欧洲风格的绘画精神融入中国山水画中,形成了自己独树一帜的绘画风格及韵味独特的个人式样。您更大胆地提出世界美术思潮东移论,如此提法的根据是什么?

王学仲:"世界美术思潮东移"之说,是我在对日本及西方艺术作了若干年考察和认识之后提出的。

从19世纪东移就已初露端倪。1867年,日本浮世绘打入法国万国博览会时,著名画家马奈、莫奈、

高更等首先认识到了东方绘画的神奇，他们极力模仿其人物和线条，对日本安藤广重的色调佩服得五体投地。

日本从古老的民族文化遗产中找到了最纯净的艺术，诸如书道、茶道、花道、棋道等。继之，人们寻根溯源，终于发现“重道轻技”的中国艺术才是最理想的艺术形式，如中国文人画、中国书法、篆刻等。

到了现代，西方世界对中国艺术有了更新的认识，很多著名的大艺术家、美术评论家、美术理论家，在这方面多有论述。溢美之词，无以复加。毕加索曾对张大千说：“真正的艺术是在中国，令我困惑不解的是东方人为什么喜欢到外国去学艺术。”毕加索还用毛笔画中国画，其中仿齐白石的画就有五大册。常书鸿在法国的老师告诉他：“世界艺术的真正中心在你们中国，中国的敦煌艺术才是世界艺术的最大宝库。”

印象派的创始人马奈和莫奈与近代艺术的开山鼻祖毕加索，身居世界美术中心的法国，却都醉心于东方绘画之美，这说明已生发出一股地下潜流，其中心正涓涓地向东方渗透和移动。从 19 世纪中叶到现在，这种发展趋势已经愈加鲜明。世界美术思潮东移是历史发展的必然趋势。

大批作品愿捐不卖

李树森：数十年来，各种机构和团体授予了您很多荣誉，包括“俄罗斯美术研究院荣誉院士”称号、“第二届中国书法兰亭奖终身成就奖”。而您并不愿追求名利，依然坚持做“清流人士”，并一直按照自己的艺术理想和追求，特立独行、锲而不舍地开拓着自己的独特艺术世界，您的部分绘画与理论甚至不能为同代人理解和接受。这些使您的声名与卓越的艺术成就远不相符，作品也一直未投放过拍卖行和画廊，大部分自己的作品及自己收藏的珍贵作品都捐赠了。在如今的市场经济大潮之下，您就没有对金钱心动过吗？

王学仲：背负传统文化，面对商品社会，中国书画界同人该作如何选择？我有两句诗“纵使青史山岳厚，多少无名胜有名”。

我认为自己是个纯粹的艺术工作者，名、权、利都不是我所追求的，我每时每日所不能忘情的就是艺术。

人的生命是有限的，我不是一个时间上的富翁，在我的头脑中没有节假日、星期天。即使这样，我仍然感觉时间不够用。我不要求我的绘画与理论都能被同代人理解，学术的是与非，如天体望远镜，愈远则愈明，当不计较一时之名利得失。

我的大批作品，以及我收藏的老师及其他书画家的大量作品，我认为捐给有关机构，用于馆藏展示，有利于更多人观赏，这对艺术的弘扬、发展是有更多好处的。

王学仲艺术研究所“江北兰亭”

李树森：天津大学 1988 年就成立了以您的名字命名的“王学仲艺术研究所”，1987 年在山东滕州建起了“王学仲艺术馆”,“王学仲艺术馆”被书画界誉为“江北兰亭”。这为继承、弘扬中华民族优秀文化,尤其对中外文化交流起到了积极的推动作用。您对此有何感想?

王学仲:1984年秋,经日本友人安田熏先生等积极筹划捐资,在天津大学兴建了王学仲艺术研究所,我题额曰“黾园”。

黾园是我从事研究、教学、创作的地方,这里的“四我庭”是一个讲学传艺的杏坛。逢到节日,常举行诗词咏诵会,也是骚人墨客、俊彦名贤经常聚会之所。这里也经常举办国际学术交流会议,经常接待中外来客,进行心灵上的沟通。

我在这里的教学不拘一格,不给学生以固定模式,以启发其个人的心灵智慧为旨归。

王氏望族后裔

李树森:您系西晋琅琊王氏望族之后,王氏望族曾出过王羲之、王献之,您在诗文、小说、国画、书法、文艺理论、哲学研究等方面均取得极高建树,并出版了不少论著,是当今艺坛诗、文、书、画集于一身的杰出学者之一。这些与您的家世渊源有多大关系?

王学仲:决定我毕生从事于书画一道,并非偶然,这与我的家世有关。小时候,父亲取“黾勉从事,不敢告劳”中的“黾”作了我的“字”,以希望我勤勉努力。

在我们家族如果不擅写字,会觉得有辱先祖的风范。曾祖父是个秀才,一生专攻虞世南的《夫子庙堂碑》。祖父经商为主,把精力用在培养我父亲成才上。父亲王长祥受过私塾和师范学校的双重教育,能诗、善书。我们王氏家族,在书法上一向是尊王、虞二家为正传。

我五岁开始习字,父亲对我的启蒙教育不是让我临摹碑帖,而是为我写下25个楷体字的范本:“上大人,孔乙己,化三千,七十四,尔小生,八九子,佳作人,可知礼也。”

小时候穿着肚兜,用柴棍在地上自由地画沙,是我的一大乐趣。我写字的欲望也正是由此而萌生的。自此,笔耕不辍,直至今日。

双眼自将秋水洗 一生不受古人欺

李树森:您对学习书画的人有怎样的建议?

王学仲:我从来主张法古不泥古,主张用怀疑的眼光看待学术问题,提倡充分发挥人的创造性。

数十年过来,我感到跟从我学习过的学生,凡学我者都难成功,凡以我言为谬者都有所成立,凡恭敬相信我者,都不能有所树立。“双眼自将秋水洗,一生不受古人欺”,“任他亲朋话交接,只当清风过耳边”等句,正是匡正的砭石。

编者按:原文载于《人民日报》(海外版2011年12月02日 第08版)

何家英在王学仲艺术座谈会上的发言

看到王先生的画，实际上我们那个时候还很小，应该讲基本上是刚刚上学和毕业的那个时期，也就是20世纪80年代，看到王先生的画。有几张画，印象特别深，刚才又看了一下展览，当看到在我们小的时候看到的画，无比亲切。为什么印象会这样深，当时跟谁的画也不一样，我们就突出地感觉到，王老的画特别新，特别有一种发自内心的一种感悟，一种表达。他完全不是在重复一个什么样的体式。所以那个时候在社会上的影响就非常大，名字叫"呼延夜泊"，也觉得非常神秘。另外，我知道绘画基本上分两大类情形，一类的情形，属于描绘型，制作型的画，像我们的工笔画，主体性绘画，都是这样。还有一类，就是属于书法性的，书写性的，这一类，基本上是文人画。王老的画呢，属于后者，我觉得在他的作品当中，突出的一个感受就是创造性，而这种创造性，又不是简单的，在形式上的表达就够了，而是发自于他对自然的感悟，他对事物的感悟，通过他内心以及他的所有文化的滋养，感受出来的一种语言，一种趣味。有的画呢，鸿篇巨制，有的画呢，那种趣味极其巧妙。

我们中国的绘画传统具有着两大主体，一种传统，以师法造化为前提的，为核心的，创造性的。还有一种传统，以师法古人为能事的惰性传统。而这种惰性传统，常常会被我们后人当成我们的真传统，而忽略晋唐以前的那种创造性传统，或者我们说，元以前的，那种创造性传统。因为我们回头看一看，哪个时期，哪个大家的那些东西不是都具有他的创造性，他的创造性代表了那个时代。实际上，都是艺术家对自然，对生活，一种感悟升华以艺术的形式，艺术的语言来表达的一个结果，这才是我们文化传统的根本性的东西。从元以后，也就是说，我们前头所有的样式、感觉，全部地成立、存在着，后人对前人就剩下了膜拜了，这一膜拜，就不断地重洗。当然，实际上，也不能完全说，永远都在重洗，也还是有新的创造。总之，都是两种这样的传统交叉着，作为我们的传统，存在。那么我们后人在选择传统的时候，该选择什么，不该选择什么，就应该有所区别。那么自然的、大量的、明清的所谓传统，其实是一种很陈腐的传统。就是这样一种对古人的重复，特别是逐渐逐渐衰亡的，气度上的窄小。所以到了清代的时候，觉得很多东西，都很萎靡，当然跟时代也有关系，恰恰到了近现代，有了一个大的变化，碑学的出现，再加上整个国际上的每一种的审美观念的变化，才出现了像吴昌硕，齐白石，他们那样的一种博大的艺术产生，一扫这种萎靡之风。

王老正是秉承了这样的遗脉，他不仅仅是走在一种文人画的道路上。我觉得王老，真的是一种复合型的、综合多方面知识的人才。大家看他的油画，我觉得他的油画也是有相当高的水平，无论从形式还是他对近现代西方的油画，对现代派的油画，那种认识，那种追求，我们都看到了，那也是非常了不起的。我从他的油画身上，看到了王老是一个开放性的大家，他不是一个保守，一个唯唯诺诺的，亦步亦趋的，跪在古人的面前,按部就班的人。他对艺术的追求,那种真诚是在追求真理,并且对现代的艺术是领悟的。但是有意思的是,王老并没有,直接地把西画安到中国画里面来,恰恰相反,王老却用非常雄厚的中国的文化滋养了它,他真正落笔在水墨画上的时候,又完完全全地忘了所谓的西画技巧。他不是在形式上的一种直接的搬运,而是,实际上他把很多新的理念,新的思想,融入到新的创作中。他的创造不是人为的设计,我觉得王老的创造,是一种性情的宣泄,非常真诚,也非常睿智。所以从我们小时候,20 多岁的时候,看到的东西,到后来的东西,我们都感觉到,王老是真性情、率真的艺术家。尽管他有着这么厚的文化底蕴,但他仍然是一个率真的,可爱的画家。

到后来,在老了的时候的作品,更加突出地反映了一个什么东西?反映了王老的那种胸怀,能看出来他那种博大精深的,他的那个心胸,在艺术作品当中所反映出来他绝不是一个卿卿我我之人。拿白白庚延老师曾经说过的话,我觉得他的心中装有民族的命运,国家的胸怀,他的内心里有着一个强大的自我。所以,他才会在各种灾难的时候勇于地奉献,捐献给百姓,捐献给老家。他热爱人民,热爱国家,热爱社会,他饱含着对国家的一种责任,饱含着对"人"的一种奉献的精神,所以才有他那样的诗,所以这一切,你从他的诗,书,画,你都感觉到他那种博大的胸怀。我看到他晚年的巨幅大画,那真是相当感人,他上去,那种指点江山,完全不拘泥某种技法,他又有着一种通篇的,连贯的整体,这样的一种气息……所以我感觉,王老真的是位大画家,是位大师。

我们天津人啊,有个特点,天津人容易什么呢,满足现状,天津人好处是什么呢?天津人低调,不事张扬,这是天津人的优点。但它同时也是天津人的一个弱点,就是不敢往外头奋斗,满足于这点案头的东西,满足于现状,或者叫作小富即安,这是天津人的弱点。可是王老他真的不是个天津人,他是山东人!他是从有着文化底蕴的土地上走出来的博大的,开放的,现代的,性情的,这样一个了不起的大画家!他留给天津的、全国的乃至世界的这种文化上的贡献,是相当大的,需要我们深刻继承和发扬下去的。

好,谢谢大家!

编者根据录音整理于 2013 年 秋

霍春阳艺评节选

我在20世纪七八十年代的时候，对王老师接触比较多一些，可以说是王老师的学生。从年轻的时候，受他的思想影响。我记得那时是王老师挑头，搞全国性的现代派书法。我认为，因为王老师在诗、文、书、画这些方面那么全面，而且不光在中国画，在西画上面，油画、插图、漆书，也可以说是美术界，书法界，无所不有，在全面、综合、修养上，也可以说现在在艺术界，可以说找不出第二个来了。

我感觉王老是一面旗帜，是艺术界的一面旗帜。王先生他也举办过很多次座谈会，全国性的，包括世界性的座谈会，包括在人民大会堂，也搞过一些国际上的研讨会，王先生的影响是很深远的。在天津这块土地上面，我感觉就是说，多大的画家在这干得也不冷不热，也可以说是他的影响远远超出了天津市的，甚至我们国内的这样一个范畴，他的意义是很重大的。我认为他基本走的是一个文人画的这样的一条道路，而且文人画底蕴比较深厚。像他这样能画，能书，能作诗，能写文，而且在每一行里都有很深的深度，而且他有自己的见地，有自己的思想，在这一上面，有好多画家是不具备的。就是说他有很深刻的思考，对艺术来讲，他的造型，在绘画上面，无论是在书法上面，我主要讲是在绘画上面。我记得那时印象最深的那是在20世纪70年代末80年代初的时候，画的《垂杨野马》啊，《怀思》啊，出现的那一批作品，那印象非常深的，感觉他在他的绘画作品里面，能体现出来文人气，书卷气。

王先生他在继承传统上面，师古人而不泥古。他实际上是一个开拓性的一个大家，和他比起来，什么赵无极啊，什么吴冠中啊，他们这一代的大家们，我感觉比起他们这些个大家都更深，和他的中国这个味道，他开创有自己的语言，而且他有深刻的内涵，具备中国的文化底蕴，有中国的文化的这样的一个思想境界，在这上面，又是为数很少很少的。之所以说他是艺术界里的一面旗帜，也就是说他的深度，他的一种精神含量，也可以说今天我们有很多人是解读不了的。他下的功夫，他的文化底蕴，我们有时候自己不具备这种文化底蕴，有时候读不懂他的东西，和在这一点，也可以说今天他所获得的这样的一种地位，在美术界，在书法界，就是我们对他的认知，还远远不够。我认为王先生的东西，他的作品的精神含量，内在埋藏的东西是很深的，是很博大的，而且感觉他很有才气，从书法上面可以看出，说感觉现在搞草书的，没有一个能顶得上他的。我在场这么说这么一个大家，在我们天津市这个地方我感觉宣传的还不够，我们挖掘的还不够，这是我感觉的是应该更好的，在场我再说一句，要挖掘、弘扬，说现在我们弘扬，走出去，走出国界，我们要拿出有分量的东西来，现在就是说，我感觉王先生的东西来讲，他的这种精神含量，包括他的包容性，是超出了国界，这一点是很难得的，刚才老唐也讲了，一是吸收容纳了西方的这种一些价值，这一点来说他是博大的，而且是深沉的，而且自己在表达上面，像具备这样的一种表达能力，说有的人可能认知到，可能不一定能表达出来，而且从他的书法里头，和他的绘画里头，从这两样来看，就是说我可以看到他的表达力,有自己独到的语言,这样一点也是非常可贵的,是非常难得的。而且就是说一直到他老年了,还是有那么一种开创性,不保守,还有活力,这一点也是值得的,我自己,很好地向王老师来学习。

他站得很高,他的一些思考,他自己在自己的画论,他的理论基础上,他是站得很高的。包括在帖学上面提出来的关于碑学、帖学和经学,就是说他在书法这样的领域里面,研究是很深的,站得高,看得很远,看得很深刻,说这一点来讲也是很难得的,现在就从绘画界里来讲,说就技术而技术的人很多,就技法而技法的问题很多,说现在我们在教育上面,就是说存在着,就是说只谈技术,只谈表面,不是临摹,就是写生,这个三部曲,说是不挖这些技术、造型和立意的最根本,也可以说是在意识上面,在人格的培养上面没有下功夫,这是我感觉着的,我搞教育也几十年了,感觉在学校的教育里面,我们存在的最大问题,就是没有像王先生他们这一辈,在文化的底蕴上面,在养育自己心灵上面,来看成很重要的东西,和今天王先生所取得的这样的成就,跟他从小下的那种童子功,无论从文学上面,在书法上面,在绘画上面,都是很深的,在这一点,我们学院里面教育里面,我感觉着,在从基础上面的教育,这种养育人心灵的教育是欠缺的,所以说出不了大家,说王先生今天获得这样的成就,跟自己全面的这种修养和功夫是分不开的。所以说,他是一面旗帜。

王学仲与霍春阳(左一)、王双启

曹德兆在王学仲艺术研讨会上的讲话

王学仲先生是一位颇具影响力的大师级的书画家，他的作品可谓高诣不群究天人之际通古今之变征成一家之言，令人仰之弥高，钻之弥坚。下面我想结合王老在自序中的创作理念谈谈我个人的赏析所得。

一、我很欣赏王老的绘画，无论是传统的水墨大作，还是吸收西洋绘画优长的作品，乃至用王老讲的那种无象之象的作品，都保有我们民族独特的审美意蕴，保有我们民族的血脉，民族精神。

二、尊重优秀文化传统，我们欣赏王老大作都会深深感受到那种博大精深传统文化精神的律动，这也正如王老在自序中讲的艺术是人类长期性的历史创造，任何一位有才智的画家，只能对前人的创造有一点增益，而无法割断。

三、王老的作品具有非常珍贵的创造性。欣赏他的作品，你会被他那卓尔不群的艺术品格而感染，他不是那种似曾相识温如白水的套子话，如果用现代的讲法，他的大作总会给人一种陌生感，这也正如王老讲的，画家的智慧在与创造而不宜固守，从前人中再生一个自我，他的语言可以用色彩表达，也可以用水墨来表达，绘画艺术最忌的是重复，套写前人或自己的模式。

四、王老画路非常宽。他的国画涵盖了山水、人物、花鸟而且兼擅油画，一位画家能够驾驭这么多的画种而且都达到一个很高的境界，这谈何容易，我想王老之所以这样，用不同形式不同艺术语言去倾述思想感情寄托，是和他那高远的情志、渊博的学养、深厚的功底分不开的，这也正如王老讲的我以为应这样去画，而不应排斥那样去画，因为大自然的奥妙与精髓，在每个人的心灵世界都是千差万别的，至于选择用中国水墨还是用外国的油画色彩去表达，那是无关岩旨，东西方的思维应当融通，而不必加以排斥。

五、王老的绘画艺术，已进入一种心灵世界，他的作品对中国道家，与西方的抽象画所关注的无象之象有了一个深刻的心灵上的勾通，如他所画的《天体》《轮回》《多彩世界》油画及《汉家陵阙》《梵音》皆有别于固定传统的中国画，站在这些巨作之前，可以体验到天、地、人三才沟通，似乎这些大作更具有广泛的含义和包容性。这也正如王老讲的绘画应该是物理冲撞现象的火花，灵感所播下的种子，绘画没有不变的世界，为此王老讲他为之付出了70余年的艰辛岁月。

六、王老对祖国、对人民有一颗赤子般的真诚爱心，“扬我国风，励我民魂”的大爱融入到他的书画作品当中，让我们深刻感受到一位大艺术家品格、情操、精神的高尚和人格魅力。早在20世纪50年代王老就投身到祖国的社会主义建设当中，创作了《火红的十月》《造船忙》等作品后，就与他的挚爱的祖国山山水水紧紧连在一起，创作了一大批描绘祖国壮丽山河的精彩国画，如《垂杨饮马》《关山戎马》《江岸卓立》《盘山飞瀑》《战地黄花分外香》《百里漓江》《春江放排》等精品力作，我这里还要讲的王老的人物画创作在他的人物画作品中体现出以人为本的思想情感寄托的理念,充分揭示人物的内心世界和人生哲理,如《真假包公》《关羽立刀》《钟馗卖瓜》《秦王按剑》在总理逝去一周年之际,为了表现"人民总理人民爱"的主题思想,创作了为社会和专家高度赞誉评价的国画作品《怀思》。

最后,我要讲的是大学者专家对王老的艺术生涯,艺术成就都有极高的评价,如徐悲鸿大师,著名学者周汝昌,国学大师文怀沙,当代著名作家、诗人、书法家,周而复,贺敬之,沈鹏等。

以上几点是我肤浅的感受、体会和介绍,很不全面,谢谢大家!

编者按:作者为原天津美术家协会主席

黄山劲松

王书平在王学仲艺术研讨会上的讲话

作为王老的学生，加上工作的原因，我1975年毕业之后，从文化局到文联，包括在美术家协会，一直从事美术创作组织工作，接触王老师比较多，谈几点感受。

粉碎“四人帮”以后，中国画刚刚开始兴旺起来，我记得天津市当时组织了几次重大的国画创作，把几位老先生包括王老，请出来为天津市外事处，政府领导的出访活动及天津几个大宾馆作画。那时候有很多机会我接触到了王老师，王老师宽以待人，经常告诫我们年轻人，要在生活当中创造自己的个性，没有个性就没有艺术，个性来自于自己多方面的修养。我记得当时看王老师作品，他高尚乐观的精神和明净清新的意境深深地感染着我。

今天我特意来到展厅，拜读了王老师这些作品，使我震撼，当你站在王老师的画之前，让你沉思，更让你激昂。我觉得王老在诗文书画方面，为我们国家做出了巨大的贡献，他是杰出的书画大师，也是我们文人画的大师。从王老师这些国画作品中，让你感受到他有泥土的气息，有一种蓬勃向上的感觉，又有文人画的一种精华，更有一种民族精神，民族的力量。特别是看王老师那几幅大画，诗意纵横，用他豪迈的笔表达他的激情。我看了几幅山水画，我特别注意到，王老师这些山水画，从他这种写实性的骨架当中，注入了一种写意的意蕴，可以说王老师的画是潇洒自如的，从他每一件作品中，从他狂放的视野中，让我们感受到他这种文人画的气息、修养。

我记得大概在20多年以前，王老师书写了一幅“写我怀抱”，当时王老师特意给我写了这几个字，我现在还一直珍藏在身边，每当我拜读这几个字的时候，我都感觉到他不仅有一种文化深厚感，更有一种艺术感，从他的作品中使我们看到，他爱祖国，爱人民，看出王老师关注社会，感悟生活，关爱我们大自然。所以这次特意举办王老师书画展，我们天津美协、书协和王学仲研究所，我们天津美术界要学习王老的精神，王老师是我们的榜样也是我们的力量。

王老让我懂得了什么是中国画的精神，这种国画的魅力，所以我想，今后我们天津美协，包括我应该在全国范围内宣传弘扬王老的书画精神，特别是创新精神。我们这次展览，研讨，使大家更多地了解，更多地从王老身上获取精神养分，更多地激励着我们每一个画家向我们王老学习，这种对艺术精益求精，探索不息的精神，这是我们天津美协今后的任务。

如何面对王老的艺术体系

——对新闻媒体界朋友的一席话

唐云来

各位领导,各位新闻界的朋友们,今天咱们聚集一堂,为王学仲艺术展,举办这个媒体见面会,通报情况,交流心得,使我们能更好的宣传报导王老的这次艺术活动。

王老,从国立艺专毕业之后,那就是新中国成立后了,就到天津大学建筑系任教,一直到退休。他没挪过地方,简历很好写,是吧?两个单位,一个是学历,一个是工作。当然了,后来天津大学有称谓上的变化,叫艺术学院,建筑学院,后来单独成立了研究生院,王老一直在这个地方,生活、工作了60年。退休之后还继续担任这个研究所的名誉所长,为天津大学的文化艺术建设呕心沥血,做出了重大的贡献。

我和王老相识,分两个阶段。一是没见过面的相识,我年轻的时候喜欢画画,学画、临摹名人画、古人画,尤其山水画。20世纪60年代初期,“文革”以前,我们天津还是河北省的一个大城市,还不是省会,那时后来的天津美院,是几个学校合并的,叫天津艺术师范学院。孙其峰先生与一批老教授们都在那儿任教。他们办了一个刊物,叫《河北美术》,当时中国的美术媒体没有多少,除了中国美协的《美术》,《河北美术》是带有全国性的一个杂志。在那个上头是经常不断地看到呼延夜泊的山水画作,令我非常欣赏、仰慕。“文革”开始后,这个艺术学院就不知道变成什么学院了,我也没上过,《河北美术》就停刊了。

20世纪70年代初,天津被中央重新划定为直辖市,北京人民大会堂就各省的厅中就增加了一个“天津厅”。此前没有“天津厅”,只设置“河北厅”。有了“天津厅”之后,我们天津市当时的革命委员会,组织天津的名画家,在海河广场那个主席台下边的小屋子里头为人民大会堂画画。我当时听说,画家们都在那儿画画,就从我老家汉沽坐火车去看他们画画。被人引荐到那个画室之后,一看一个小屋一个画家,还有军管会的军代表在那儿连监督带服务。王老就在那儿给人民大会堂画画。通过我的同学杨景泰认识王老时,他给我介绍说:“这是王学仲,王老”,当时王老46岁。后来二宫搞美术学艺班,书法班,王老给我们教课,教山水,教花鸟,教书法。再后来他到日本筑波大学讲学,就改革开放了。回国之后,他被中国书协选定为副主席。此前的第一届是常务理事,二届是选的副主席,三届也是副主席。两届副主席还有学术委员会主任。依靠书法,王老就变成了全国知名的书法家。相比之下他的绘画艺术在某种程度上就不为大众所熟知了。不像我那时候看《河北美术》,看的天津市的一些展览,看王老的绘画多一些,人们认为他是书法家了。今天我们天津的大美术馆建成,给王老正式办一个郑重其事的艺术展,是我们研究所,天津大学,天津文联的领导共同和市委领导研究策划的成果。所以,我希望就这么几点与大家共同探讨。

第一点,请媒体的同人们,充分发挥各位的文笔、才智,全方位、多侧面、高角度地报道我们王先生的业绩,我们有一个参考稿件,大家一定要突破这个框框,根据你们的对王先生的感受,根据你们对艺术展举办的意义,成果、情况的感受,按照各位的视角,从不同的侧面来向全市人民介绍王学仲艺术展。各位我都很熟,特别晚报、日报的名记,我不希望这个通稿到晚报是高丽签名,到日报是周凡凯签名。我希望是各自有各自的角度和侧重。拜托各位,多侧面、全方位、多角度的、高角度的来宣传。

第二个希望,通过大家的宣传报道,来使我们广大读者、观众,全面解读王学仲其人,向社会阐发他的治学思想、文艺之道、创作成果、奉献精神、爱党、爱国、爱乡、爱民的高尚情怀。这个是王老很特殊的,他是有主题思想的,他的"两言""四我""五象",这是他为艺的主体思想,这是在他那一代的艺术家当中是很少见的,在天津更少见。他有自己的主体思想,艺术思想:东学西渐,欧风汉骨。他修正了五四运动以来的"西学东渐"的学术观点,他自己把它叫"东学西渐",我们中华民族的文化要向西方去渗透。欧风汉骨,中西结合。我说他是一个有主体思想的艺术大师,根据就在这儿。"四我",大家知道,叫作"扬我国风,励我民魂,求我时尚,写我怀抱";"五象","表象、意象、气象、空象、色象",这是一般的艺术家总结不出来的,而且他把"两言""四我""五象",贯彻进他的创作以及学术研究当中。在他的著作当中,教诲他的研究生,他的学生将其贯彻,这是全方面解读王老的一个方面。

再一个,大家要宣传他是一个有辉煌成就的文艺通才。他不是一个画家,也不是我刚才说的书法家,你说他什么家他什么家都是。哲学家,他有思想;作家,他有小说,诗歌,也有散文;理论家,他有论文,他有论著;教育家,他有学生,他有研究生;慈善家,他有公益的奉献,包括给美术馆的奉献,给家乡滕州,他们祖传的宋画,郑板桥的画,唐伯虎的画,都献给他的家乡了。现在滕州市,作为山东省鲁南的那么一个县级市,王学仲艺术馆的陈列成为他们县的一个亮点,是旅游点,是青少年爱国教育基地。那些画要收藏在自己手里,那价值万贯啊,王老就不至于天天上班坐三轮儿板车,起码宝马没问题吧,都拿出来了。自然灾害,下岗工人下岗,"非典",他主动的打着天津大发去工会给下岗工人捐献几万块钱。这些精神都需要我们媒体通过我们的文笔去宣传解读。

第三,希望大家全面地跟踪,采集我们这次艺术展活动的全部情况,注意搜集展出期间的观众的反映,铺作花絮,生动活泼地来宣传这次展览的整个活动。就是说,大家都是笔杆子,大家的文章在报纸上发表,电视上发表,在媒体上发表之后到网络上,我们看了之后,我们深感大家对书画艺术和你文笔的水平,我们看了之后,看到那些水平高的文章、报道,我非常赞佩。我们文艺界经常议论大家的,那也是作品,大家的各种作品。希望大家发挥自己的聪明才智。

第四,除去我刚才所说的全方位,多角度,另外还要抓住王老各个方面的特点,抓住他的与众不同的地方。比如说,徐悲鸿先生说他是个诗书画"三怪",究竟诗是怎么个特点,书法是什么特点,这还要专门的深入报道。比如说"诗",这个"诗"统称为"诗",要细分还分"诗、词、歌、赋",王老在"诗、词、歌、赋"

这个方面,他与众不同的是“歌”和“赋”,“诗”和“词”大家都很司空见惯,五律七律,五绝七绝以及如何填词。但是他的“歌”和“赋”,是一般的艺术家,很少做的,包括范曾先生他很少有“歌”和赋。而王老的诗词创作上的“歌”和“赋”表现了他大师级的水平。比如说,他的《麟游九成离宫歌》《游箱根放歌》《阿苏山喷火歌》,他的集子里都有,大家宣传中也可以写体会,读王老师的什么什么歌,读王老师的什么什么诗、赋的感悟。他最著名的草书赋读起来,我感受我水平很低,但不亚于孙过庭书谱。我可以给大家念一段,草书赋上的,“繄狂草之为状,实取象于风云。牢笼海岳,藻缋星辰。悬崖石坠,战鼓雷奔。芙蕖腾笑,杨柳摇春。兔起鹘落,有隙难伺,猛虎跳涧,无路可循。戏鸿点水,欲飞更舞;万缕百丝,一发千钧。出奇兵以制胜,麾鍪弧以立勋。恢乾坤之捭阖,辩向背于阴阳。五洲彪炳,八体驰张。著绝技于缣素,播艺林之兰香。”就这几句,那书谱和这个也就一水平。还有他在各地写的碑记,这个完全是韩柳的古文派,包括《宁园扩建碑记》,筑波大学的《大阪中日友好会馆记》《中原书法大赛记》《古楚淮阴碑文》,汕头市的《新修韩文宫碑文》,当涂的《太白墓文》等等。你看去吧,跟韩柳的散文能够相媲美,每一篇文章都可以有一个个很好的报导和评述。尤其是我们理论版,裕澄兄,还有满庭芳的文华兄,写点这个定会在文艺界、学术界产生深远的影响。有的媒体,登一些说诗人不是诗人,说词人不是词人,不会诗词,自称创新,不会诗词,自称突破,那些当了官完了退休还不过瘾写点所谓诗词,哗众取宠,狗屁不通的作品要好得多,放着我们大师级的作品……希望各媒体千万千万要谨慎,我们在编排版面,来介绍和评鉴某些艺术家的时候,一定要注意,这个艺术家是不是真正的艺术家。

以上我就建议这么四点思路,耽误大家时间,耽误各位领导,希望多多支持,谢谢!

编者按:根据会议录音整理,虽有口语,文情毕现,故飨读者。

唐云来与第九次访日期间的王学仲

何延喆在王学仲逝世周年纪念会上的讲话节选

音乐、书画有一种境界，这种境界是什么境界呢？引用古人的话来说："奏乐，以生悲为善音。听乐，以能悲为知音。故曰：读诗至美妙处，真泪方流"，这种艺术达到的至高境界，真是让人感动，让人流泪。体现了一种生命的自觉现象，不只让人好看，让人心情愉悦。我觉得王学仲先生的人生、王学仲先生的艺术，正体现了这样一种精神。这是（手拿王学仲先生题词）我们刚才带的王学仲先生写的字——是给文史馆建馆六十周年的题词，这个题词是在王学仲先生过世之前十天写的，也就是生命的蜡烛即将燃烧殆尽的时候，在这个时候写的！但是，依然能体现铮铮大气，这种风骨震撼人心！所以我看完之后，我真是要流下眼泪。王学仲先生是我非常尊重、非常敬佩、非常景仰的一位学者、画家、书法家、诗人。

编者按：何延喆教授对王学仲先生的学术评述详见《王学仲艺术国际研讨会论文集》。

何延哲在王学仲周年纪念会上讲话

寇士恺在王学仲书画展研讨会上的讲话

各位专家,各位学者,同志们,朋友们:

刚才,王学仲先生的家属代表王学仲先生,向天津美术馆捐赠书法精品。再次彰显了一位德高望重的艺术家高尚的情怀和无私的奉献精神,我很受教育也很受感动。

王学仲先生是我们十分敬重、十分崇拜的国学泰斗和艺术大师。他在天津工作、生活了整整60个春秋。为社会、为学校留下了大量的艺术精品和文化财富。可谓著作等身、名满天下。今天,各位要进一步研究他的艺术思想、学术品格、人格魅力、时代精神,以及具体的作品形式、创作方法,你们是专家,最有发言权。我希望在研究他的同时,还要进一步学习他。

一是要学习王学仲先生孜孜不倦的敬业精神。他从艺80多年,始终把传承中国传统文化,继承和发扬中国精神,担当历史使命,作为自己一生的奋斗目标。他对文化的热爱,造就了他如今的文化成就。

二是要学习王学仲先生公而忘私的奉献精神。作为一位影响海内外的艺术大师,他始终把自己的命运,与这座城市的未来和人民的福祉,紧紧地联系在一起。无论何时何地,有需要他奉献的时候,他总是毫无怨言地站在最前沿。

三是要学习王学仲先生奖掖后学的扶持精神。他的学生、弟子,数不胜数,名家辈出。孙伯翔、唐云来等,在全国书坛影响广泛,与他点拨后学,甘做台阶,大力提携不无关系。

四是要学习王学仲先生不计名利的淡泊精神。他在天津生活、工作、学习60年,却很少在天津的媒体上炒作自己,包装自己,完全凭借自己的艺术作品、学术水平和文化价值,站稳脚跟。他淡泊名利、远离浮躁,才有了他的著作等身,才有了他的成果卓越。

我们将把这次展览,当作一次对艺术家特别是对中青年文艺家的一次教育契机,一次学习的最佳过程。

谢谢大家。

编者按:根据天津文联党组书记寇士恺会议录音整理而成

商移山在王学仲书画展新闻发布会上的讲话

各位记者，媒体界的朋友们：

大家上午好。

首先感谢各位记者朋友们在采访工作繁重、时间紧张的情况下，拨冗出席今天的新闻发布会。

王学仲先生是我们大家非常熟悉、非常尊敬的国学泰斗和艺术大师。他的情况，相信媒体记者们都基本掌握了，我在此就不再赘述了。我只想讲两点意见或叫建议吧。

一是，王学仲先生这样的国宝级人物在我们天津生活了60年，培养和造就了一大批文化名人和艺术家，是我们天津的骄傲和荣幸，也是我们天津文艺界的骄傲和自豪。我们过去宣传得不够，服务得不够。应该加大宣传力度，给更多的版块、字数，宣传他的艺术，宣传他的人品。宣传他，就是宣传天津，就是宣传天津文化。

二是，王学仲先生多年来，把自己早就融在天津文艺界的大家庭中来了，把天津作为他的第二故乡，参与天津的文化建设和文艺创作。天津文联无论是组织文艺家创作采风，还是组织会员进行公益善举活动，他都积极参与，指导工作。从不计较个人得失，勇于奉献。王学仲先生的人品、艺品，应该大力宣扬。

这次展览，是他集毕生精力创作的结晶和最大规模的展示，希望记者朋友们不惜笔墨，用你们各自的视角，各自的风格，宣传好、报道好王学仲先生的展览和学术活动，让更多的读者、观众、网民能够进一步了解他的艺术，他的事迹。让更多的文艺家、书画家，从他的展览和学术中，获得知识，感受魅力，启迪人生。

最后，还是拜托各位记者，拜托大家了，谢谢。

编者按：根据天津文联秘书长商移山会议录音整理而成

张颀在王学仲先生逝世百日纪念会上的发言

尊敬的各位来宾,大家下午好。

今天,我代表建筑学院参加王学仲先生逝世百日纪念活动,首先对王师母、对先生的家人表达建筑学院的慰问,同时表达对王学仲先生的敬仰和怀念。

先生逝世那段时间我正在日本访问,因此没能参加悼念仪式与先生作最后的道别,真是特别遗憾。

先生仙逝的消息让我感觉很沉痛。

王学仲先生之于我,可谓高山仰止。先生是一代国学大师、书画大师,造诣极高。虽然建筑学院与先生的研究所距离如此之近,但我见先生的机会并不是很多。忆起王先生,我的印象总是定格在几个感觉特别亲切的时间节点上。

最初的印象。王先生,那时我们称王老师。可以说,先生是我学习美术的启蒙老师。我1979年入学天津大学建筑系,二年级的水彩写生有幸亲耳聆听先生的指导,当时的场景现在还历历在目。30多年前,记得是在现在的天大游泳池那个地方,水彩写生。一栋小房子一片白杨树。先生坐在池边,教我们一群初学的孩子怎样画杨树。他说杨树与别的树最大的区别,是杨树有眼睛,并亲自在画纸上示范。先生他用特有的亲切口音说出的"杨树眼睛",至今,是我们79级建筑系几乎每一个同学都能回忆起来的。现在想想,一代宗师,面对初学者,用他对事物的细心观察和形象描述,开启了学子们对自然对未来的兴趣之窗。

第二次。是一晃近20年后,就是在这里,在先生的艺术研究所——黾园举行的先生书画作品展开幕式上。那时,我从日本留学回来刚任建筑学院院长,在这里听先生娓娓而谈他的艺术创作之路……。在先生的支持下,我们还在这里还举办过天大建筑学院和日本神户大学、日本九州产业大学的学生设计作业展,在当时天津大学国际交流极少的背景下,设计展影响广泛而深远。

再后来,就是我们代表学院去家里看望王先生,那也是若干年前的事了,不知师母是否还记得。王先生,作为誉满国内外的书画大师,那种豁达淡定、亲切朴素、身藏绝技又淡泊名利的大师风范让我记忆犹新。

先生,永远是我们学习的榜样。先生的造诣、先生的贡献、先生的为人需要我们后人认真总结、深刻理解、好好学习，并发扬光大，以告慰先人。

天津大学建筑学院院长张颀　2014 年 1 月 8 日

王学仲创作天大八景之一：科馆绚银

王振德在黾翁追思会上的发言

1961年,我有一个同学是保送天津大学土木工程系的,跟王先生来学习,1961年我去看他的时候,第一次跟先生接触,先生的平易近人、朴实成了我终生的榜样,后来我到天津美术学院以后,又跟霍春阳先生和贾宝珉先生一起,我们多次聆听王先生对我们的教诲和他的讲座,特别是讲学文人画,当时对我们产生很大影响,一直到现在,受益终身。因为王先生的生活60年都在天津,所以他首先是我们天津的书画大家,也是影响国内外的书画大家,是天津的光荣也是滕州的光荣……这是第一个观点。王学仲先生博学多才,胸怀全人类,他是中国文化史上,特别是现当代文化史上少见的文化通才、全才、奇才和怪才。

编者按:王振德教授对王学仲先生的评述详见上编学界评述中《王学仲述评》一文。

王学仲创作天大八景之一:黾园修竹

赵士英在黾翁艺术座谈会上的讲话

今天，我们在这里举办研讨会，研讨恩师黾翁在文史哲、诗书画等方面的成就，自己感到万分高兴和荣幸。黾翁不同于那些泛泛的书画创作者：他们只是在单一领域、狭小的层面进行拓展，并未达到把艺术提升到哲学的高度。

黾翁的治学主张“扬我国风、励我民魂、求我时尚、写我怀抱”以及“东学西行、欧风汉骨”对我们这些后学影响很大。黾翁在书法理论上提出的“碑、帖、经”三论，尤其是振聋发聩，开拓了现代书学理论上的先河。他的书画“五象”之说，正确地指引了我们在书画创作上所要遵循的方向。

黾翁是当代具有深厚文化底蕴的书画家，但又集诗人、小说家、散文家、哲学家于一身。是当仁不让的国宝级巨匠，真正的艺术家、思想家，只有黾翁才能担当得起。近年来，一些名宿大儒都先后仙逝，使我们失去了问道的机会。不学无术的所谓大师的作秀、喧嚣，使艺术节变得浮躁混乱，斯文扫地，误导了大批书画粉丝。但是，不幸中之大幸，我们有黾翁健在，是硕果仅存的真正大师之一，是我们的求知欲望更加强烈。黾翁的思想、理论、艺术是一座文化宝藏，继承弘扬黾翁的艺术思想已是当务之急。需要我们这些莘莘学子们深入宝山，辛勤挖掘，争取能把黾翁的思想继承下去并发扬光大。

我们在学习黾翁艺术思想的同时，亦要学习他的为人：黾翁慈心慈面，待人宽厚，恂恂若不言。他提掖后学，心胸豁达，堪称师表。这让我想起一段往事：在20世纪80年代初，我和几位书画朋友在和平文化宫联合举办一次书画馈赠展，那时人们生活都不富裕，想通过展览卖些买纸墨钱。黾翁知道后，骑着车，带着钱，从天津大学赶到和平文化宫展览厅。当时，正巧我们几人有事不在。当我们知道后，十分感动。当晚就去黾翁府上致谢。黾翁再三鼓励，其殷殷之心，悾悾之貌，几十年过去了，仍在心中萦怀。

行笔于此，纸短情长，自诌一俚，以贺恩师艺术展大获成功！

三怪宏达赞黾翁，卓然四我泰山雄。

煌煌五象谐三论，不愧文林化度功。

黾园门人 赵士英于

2013年5月25日

张宪依在王学仲先生追思会上的讲话

各位领导、同志们:

2013年10月8日,当代著名书画家、学者、诗人、黾学创始人王学仲先生与世长辞。从此,文学艺术界失去了一位导师,滕州人民失去了一位令人敬仰的老人,我们倍感痛惜。今天,我们怀着沉痛的心情,在此追思这位德艺双馨的艺术大家。我谨代表滕州市委、市政府及家乡百万人民,向各位朋友的前来表示衷心的感谢,向王学仲先生的家人致以亲切的慰问!

王学仲先生学贯中西、享誉中外、德高望重,却始终保持着宽厚、谦卑、平和的秉性,一生从事艺术创作与研究,成就卓越,著作等身。他一生为人低调,不慕虚名、不慕奢华,专心致志研究学问,教育学生,做一个纯粹的学者。"融汇"与"贯通"贯穿其治学之道,敢于突破前人,敢于创新立我。先生自号"黾翁",一生黾勉从事,在艺术创作、学术研究的道路上下求索,以超人的韧性,走过了艺术创造的漫漫长路,将现实人生、自然风物、眼前世界、梦里家山汇为笔底波澜,织成心中锦绣。终以"诗文书画,四美俱臻"之称享誉于世,在艺术领域攀上了至高之境、开创了独造之域。

王学仲先生在学术上的大成之象,更表现在他博大的胸怀和历史的担当。先生首倡的"扬我国风、励我民魂、求我时尚、写我怀抱"的"四我"主张,是他崇高人格和伟大心灵的回声,展示的正是先生的全球视野和天下胸襟。

王学仲先生出生在滕州市鲍沟镇宁家村,客居津门几十载,对家乡却始终怀着深切的眷恋之情,时刻关心着家乡的经济与文化发展建设。1987年先生将毕生佳作及珍藏历代名家精品,捐献家乡艺术馆收藏,义举轰动华夏,给家乡人民留下了巨大的精神财富。滕州王学仲艺术馆也已成为滕州重要的文化地标,常年接待来自海内外的艺术家和学者,让人们在这座艺术的殿堂里,欣赏王先生的精品佳作,感受先生的人格魅力,探究艺术与人生的哲理。

王学仲先生离我们去了,走过了他伟大而不平凡的一生。先生超乎常人的人格力量,对艺术的执着追求和无私奉献,高尚的精神品格和独到的艺术思想,必将激励家乡人民。我们将以先生为榜样,继往开来,奋发有为,开拓创新,弘扬王学仲先生的艺术、传承黾学思想,努力建设文化滕州,以慰先生的在天之灵。

王学仲先生是滕州人民的骄傲和自豪，先生之风，山高水长，先生的传世之作，将会继续为千家万户带来文化的回望与艺术的温暖，并将长久地守望于大地、行走于天下。先生的精神和艺术品格将垂范今世，长存青史！

谢谢大家！

（2014年1月8日）

编者按：发言者时任山东省滕州市人民政府副市长，本文根据会议录音整理。

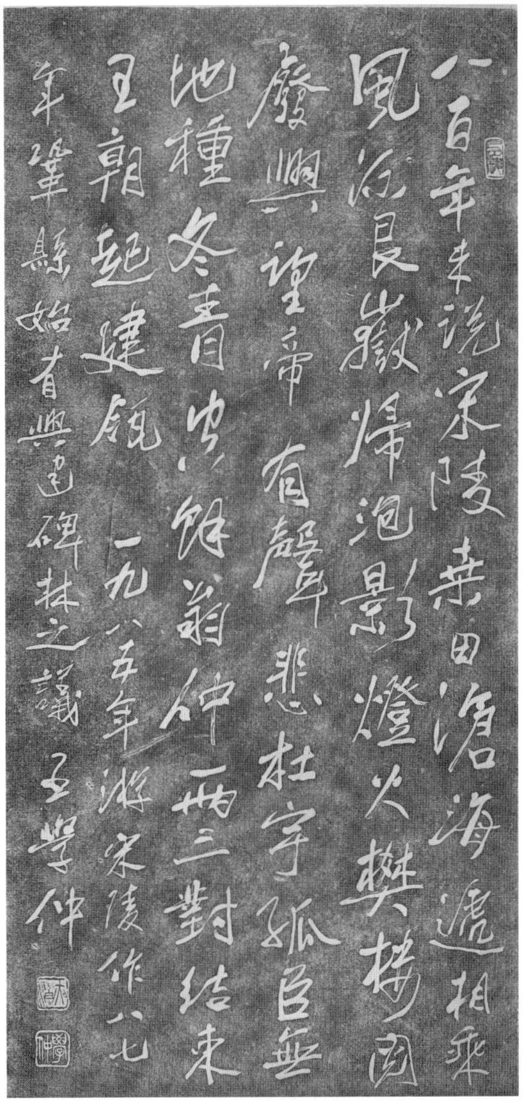

王学仲书宋陵诗拓片

贾福军在怀念“黾翁”座谈会上的讲话

尊敬的各位领导、各位艺术家:

2013年10月8日,当代书画艺术大师王学仲先生驾鹤西去。一年过去了,我们仍在追思、怀念。今天我受家乡滕州市委市政府和家乡人民委托来参加纪念座谈会,和各位领导、艺术家一同缅怀先生卓越的学术成就和艺术贡献,追思他高尚的道德风范和人文情怀。

先生为中国传统文化事业的繁荣和发展奋斗了一生,作出了巨大贡献。家乡人民无不以先生为骄傲。先生一生情系桑梓,始终关心支持家乡发展建设,并将毕生创作佳作及珍藏历代名家精品,无偿捐献家乡艺术馆收藏,这是先生留给家乡人民珍贵的精神财富。

先生辞世一年来,家乡人民在市委、市政府的正确领导下,大力弘扬王学仲先生的艺术、传承黾学思想,努力建设文化滕州。无论是王学仲艺术馆场馆发展,还是展览策划,学术研究等工作都取得了显著成绩。2014年5月30日,滕州市美术馆依托艺术馆挂牌成立,成为鲁南地区首家专业美术馆。馆名由先生生前题写,一馆两牌,为弘扬王学仲先生书画艺术,开展学术研究,促进艺术交流提供了更广阔的空间。良好的展馆条件,浓郁的艺术氛围,吸引了国内众多书画名家前来联系办展,进行艺术交流活动,艺术展览,公共教育常态化,平均每月1场精品展览。品牌展览项目“王学仲艺术馆馆藏精品巡展”继在上海、北京、天津、江阴、金华、无锡、日本东京、京都等国内外城市举办后,今年8月5日又在深圳关山月美术馆成功举办,展期半个月。在岭南书画艺术界引起强烈反响。滕州市拨出专款,正在编辑《王学仲艺术馆馆藏精品集》,使丰厚的馆藏资源得以充分体现。配合全国第一次可移动文物普查,我们对馆藏品的翔实信息进行了采集、录入,为更好地保护、利用馆藏资源打下了坚实的基础。

在10月8日先生逝世一周年纪念日,滕州市筹备了系列纪念活动,深刻缅怀一代艺术大师。在我市发行量最大的《滕州日报》特辟专版刊发了纪念报道,同时在王学仲艺术馆展出王学仲先生“四大成就”展板,展现先生作为书法家、诗人、学者、画家在各领域取得的卓越成就,回顾先生辉煌的艺术历程。举办“王学仲艺术回顾展”,精选馆藏王学仲先生名胜碑刻书法拓片近20幅、以及在深圳关山月美术馆展出的先生的精品水彩、油画作品16幅。前来参观的群众络绎不绝,无不为先生的才学、艺术成就所叹服、为其严谨、执着的治学精神所动容。

今天的座谈会，重温了先生的诗篇，书画。先生为振兴国学、厚望学子设立的“王学仲人文教育基金”首次颁发，我们一同纪念缅怀了王学仲先生。纪念缅怀王学仲先生，就是要学习他对祖国、对人民、对家乡无限热爱的高尚情怀；学习他在艺术创作中执着探索、勤勉敬业的可贵精神，以此激励后学，并深入挖掘王学仲先生丰厚的艺术资源，为传承中华优秀传统文化而不懈努力。

（2014 年 10 月 14 日）

编者按：发言者为滕州市文广新闻局长贾福军，本文根据会议录音整理。

王学仲创作天大八景之一：荷塘缀柳

啸傲江山一笔箱

悼念纪实

【讣告】沉痛悼念王学仲先生

我国著名书画家、诗人、作家、艺术理论家,中国文联荣誉委员、中国书协顾问、天津文史研究馆馆员、九三学社成员、天津市文联主席团成员、天津市书法家协会名誉主席、王学仲艺术研究所名誉所长、天津大学教授王学仲先生因病医治无效,于 2013 年 10 月 8 日 7 时 17 分在天津武警后勤学院附属医院逝世,享年 88 周岁。

王学仲,父为之命名"黾",谱名学仲,表字黾子,别号夜泊(呼延夜泊),晚年又号黾翁。1925 年 9 月 23 日生于山东省滕县(今滕州市)。1953 年起在天津大学任教。先生书法功底深厚,善行草书,绘画以山水为主,被徐悲鸿誉为"诗书画三怪",是第二届书法兰亭奖终身成就奖获得者。王学仲先生长期深入地继承了中国画的优良传统,借鉴了西洋画的长处,自觉地将诗、书、画熔为一炉,大胆革新,成功地开创了中国新文人画派。先生从艺六十余年来,一直有着坚定的艺术思想,正确的艺术理论和崇高的美学追求。一直主张诗文书画的创作和发展要做到"四我"和具有"四感",即"根植于民族土壤,放眼于当代意识。扬我国风、励我民魂,求我时尚,写我怀抱"和"文化的厚重感,历史的沧桑感,诗人的苍凉感,艺术的高贵感"。

按照先生遗嘱及家属意愿,不设灵堂,不接受花圈、花篮和挽联,后事一切从简。先生的遗体告别仪式将于 10 日上午 10:30 在北仓殡仪馆仙苑厅举行,请前往悼念的同志于上午 9:30 在王学仲艺术研究所门前集合乘车前往。

王学仲先生的逝世,是我国文化艺术界的重大损失。天津市硬笔书法协会全体同人沉痛悼念、深切缅怀王学仲先生。

王学仲先生千古!

书画艺术大师王学仲 因病逝世享年 88 岁

新华网天津 10 月 8 日电（记者周润健）书画大师、天津大学教授王学仲 8 日因病逝世，享年 88 岁。

王学仲，号夜泊，字黾子，晚号黾翁，1925 年生于山东省滕州市。1942 年，王学仲入北京京华美术学院国画系学习，后在中央美术学院受业于徐悲鸿、黄宾虹、吴镜汀等前辈名家，被徐悲鸿誉为“诗书画三怪”。1953 年起，在天津大学任教至今。

王学仲书法功底深厚，善行草书，绘画以山水为主，是第二届书法兰亭奖终身成就奖获得者。其生前为中国文联荣誉委员、中国书协顾问、天津书协名誉主席，并任俄罗斯艺术院荣誉院士、日本筑波大学客座教授。

据了解，天津大学等单位目前已经成立了治丧小组，根据王学仲本人遗嘱，不设灵堂、不搞吊唁、不接受花篮，只在天津大学王学仲艺术研究所设立接待站。

王学仲生平

当代艺术大师、中国文联第八届全委会荣誉委员、中国书法家协会顾问；九三学社社员、天津文史研究馆馆员、天津市文联主席团成员、天津市书法家协会名誉主席；天津大学王学仲艺术研究所名誉所长、天津大学教授王学仲先生逝世于2013年10月8日7时17分，享年88岁。

王学仲曾任联合国世界教科文卫专家组成员、国家文化部国画创作组成员、中国书法家协会第二届、第三届副主席、学术委员会主任、现代书画学会名誉会长、中华诗词学会顾问、第十一届天津市人民代表大会常务委员会委员，第十一届、十二届天津市人民代表大会代表；兼任南开大学、广州美术学院和日本国立筑波大学客座教授、俄罗斯美术研究院荣誉院士等职。

王学仲原籍山东滕县(今滕州市)，别号夜泊(呼延夜泊)，晚号黾翁。1925年9月

追悼会纪念版《王学仲生平》

联合国世界教科文卫专家组成员证书

第二届中国书法兰亭终身成就奖证书

世界和平艺术宝鼎奖授赏通知书

23日出生于山东滕县（今滕州市）宁家村。自幼在父亲履安公、表兄张寄庵、苗君实熏陶下习字识文。1943年，考入北京京华美术学院国画系学习；1949年，到北京国立艺术专科学校墨画科学习；1951年，转入中央美术学院绘画系，受业于当代绘画大师徐悲鸿等先生，也得到齐白石、黄宾虹、张伯英、李可染等人的指导，被徐悲鸿誉为“诗书画三怪”。1953年起在天津大学任教至今，整满六十载。

在他勤勉的一生中，不仅创作了大量的国画、油画、书法、篆刻作品，出版了《夜泊画集》《王学仲美术、书法、文艺论文集》《王学仲画集》《王学仲书艺》《中国画学谱》《书法举要》《墨海四记》《黾勉集》《王学仲散文集》《三只眼睛看世界》《王学仲短诗选》《王学仲书画旧体诗文选》《王学仲诗词选》《吼哈》等近百种诗歌、辞赋、散文、小说、文论和书画作品集，并培养了一大批在全国文学艺术界享有盛誉的弟子门生，把毕生心血都献给了新中国的文学艺术事业和教育事业。王学仲长期深入地继承了中国书画的优良传统，提出“碑、帖、经三派论”，这是继明代董

第四回世界和平艺术宝鼎奖证书

世界美术文化交流特殊贡献奖

俄罗斯国家艺术院院士证书、徽章

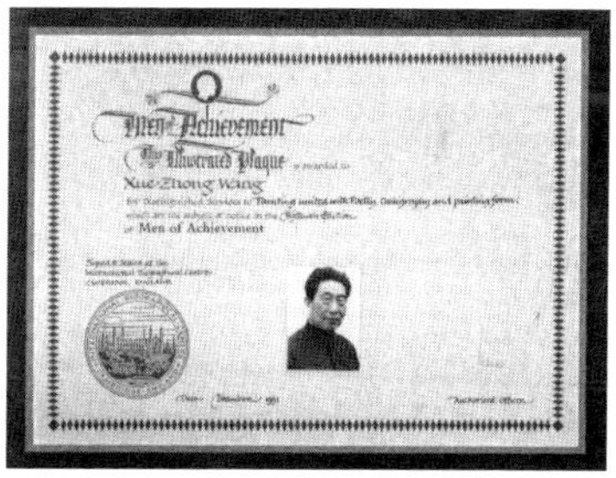

《英国剑桥世界名人录》金质证书

中华成功者杰出贡献奖证书

其昌“南北宗论”，清代康有为“南帖北碑论”之后，对中国书法理论的卓越贡献；他借鉴了西洋艺术的诸多营养后提出“世界美术思潮中心东移刍论”，横亘于中西艺坛的广阔视野之上，提出“扬我国风、励我民魂、求我时尚、写我怀抱”的“四我精神”；自觉地将诗、书、画熔为一炉，大胆革新，成功地总结出“表象、意象、气象、空象、色象”的“五象论”，开创了中国现代文人画派，创立了囊括哲学、伦理学、美学为一体的“黾学”学派，并阐释“蔽明论”、“归衡说”学旨。

王学仲曾获鲁迅文艺奖、世界文化和平大奖、中国书法兰亭奖终身成就奖、中国文联第七届造型艺术成就奖，这也是我国当代文艺界的最高奖。在天津大学王学仲艺术研究所、山东省滕州市王学仲艺术馆、山东省曲阜市王学仲绘画馆、江苏省徐州市王学仲艺术展览馆（黾学书院）等地建有多处收藏、研究王学仲艺术、黾学弘旨的馆所，传道授业、恩泽后学。他多次在国内各地和日本、俄罗斯等国举办大型个人艺术展。

心怀祖国、意守炎黄是王学仲的精神持操。他的一生经历了国内革命战争、抗日战

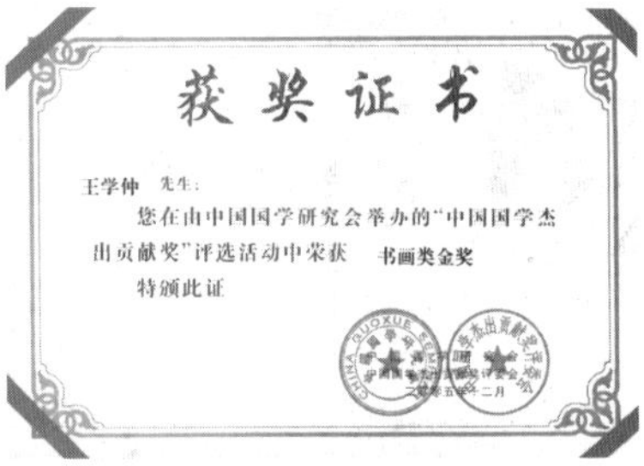

中国国学杰出贡献奖证书

美国名人传记颁发证书（美国名人传记研究所颁发）

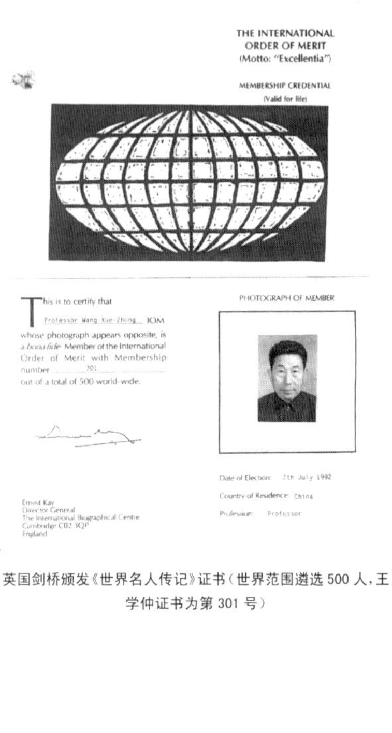

英国剑桥颁发《世界名人传记》证书（世界范围遴选 500 人，王学仲证书为第 301 号）

争、解放战争和共和国的各个发展时期，每当国家、民族陷于危难，他总是不顾自身的境况，勇于尽一己之全力，或文赋、或书画、或钱物、或践行，奉献于大众。直至病逝，他的义举不为家人、门生所知者，难以计数、计量。他自身则自足于极低的生活消费。自血栓病发后，王学仲辞退一切公职，不为单位、社会增加负担，秉承一贯的勤俭之风；在他的遗嘱中要求不设灵堂、不接受吊唁、花圈等繁文缛节，为的是节省友朋、门人的时间和物资。与之相映，对待学术，他则表现出啸傲江山、江湖意冷的孤傲与清高，爱吾师更爱真理、言必己出、我自清风过耳边、一生不受古人欺等逸事把他的光泽体现得淋漓尽致。

王学仲教授无疑是当代“德艺双馨”的大师级典范。先生虽已远行，遗志尚存；化悲痛为力量，认真继承先生的治学理念，精研先生的黾学体系，为祖国的文化艺术和教育事业做出更大的贡献。

天津大学王学仲艺术研究所

2013年10月

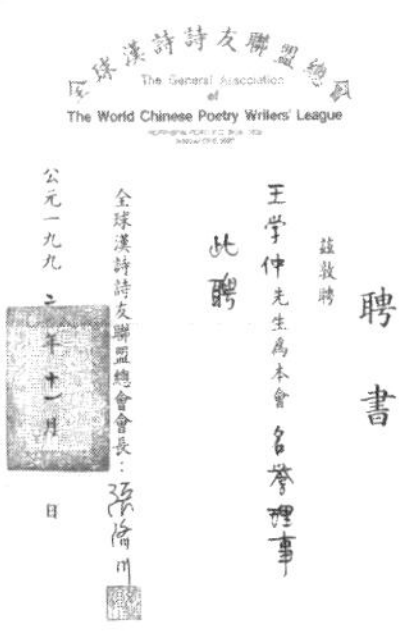

全球汉诗诗友总会聘书

中国国学杰出贡献奖奖像

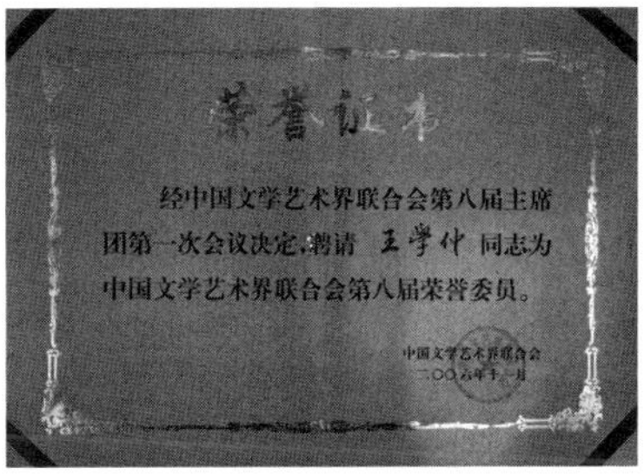
荣誉证书

经中国文学艺术界联合会第八届主席团第一次会议决定，聘请 王学仲 同志为中国文学艺术界联合会第八届荣誉委员。

中国文学艺术界联合会

中国文联第八届荣誉委员证书

《王学仲生平》封三书法作品

唁电　唁函

设在天津大学的治丧接待站

王学仲治丧小组筹备会

南开大学校长龚克吊唁王学仲先生

孙伯翔 王成纲 韩永盛到站吊唁王学仲

天大党委书记刘建平慰问家属曹凤珍

致伟大的艺术家王学仲先生的哀悼信

委托中俄文化艺术交流中心顾问 乌利亚诺夫，将此信转交予中心主任王秀玲

得到王学仲逝世的消息后，我感到十分悲痛。

请向这位伟大的画家、中国民族艺术——国画的捍卫者和传承人的家属转达我的哀悼。

他在北京举办的画展，给我留下了非常深刻的印象，并使我有机会与这位杰出的大师相识。

与他相见的情景，将永远留在我的记忆中。

俄罗斯画家协会原主席　瓦连京·西多罗夫

2013 年 10 月 8 日

九三学社中央韩启德主席、邵鸿副主席来电代表九三学社中央对王先生逝世表示沉痛哀悼，并向王先生亲属表示深切慰问。

陈永川

2013 年 10 月 8 日

天津大学王学仲艺术研究所：

惊悉王学仲先生因病医治无效仙逝，悲痛万分！谨向王学仲先生的亲属转达我们深切的慰问。

王学仲先生的去世不仅是书法界的一个重大损失，也是日中文化交流的一个重大损失。我们为此感到深深的遗憾与惋惜。

回顾自 20 世纪 80 年代以来，今井凌雪先生与王学仲先生的相识相交，为推动日中书法事业的发展呕心沥血，不遗余力地做出了有目共睹的突出贡献。虽然如今他们已经先后离开我们，但是，我们雪心会全体成员要将他们所开创的日中书法文化交流事业继续发扬光大，为进一步促进书法艺术的发展而努力。

王学仲先生千古！

2013年10月9日
日本 书法研究雪心会
书法研究
全体同人敬悼

天津大学校长李家俊慰问王学仲先生夫人

天津大学王学仲艺术研究所 治丧接待站徐 小荣 女士：

惊悉王学仲先生不幸逝世，深为悲痛。谨表衷心吊唁之意。王学仲先生一代国学大师艺术大师，人书正大，俱是后来典范。德业光明，永留千古佳风。晚生不胜心痛，谨致哀悼之情，王学仲先生的逝世不仅是书法界的一个重大损失，也是日中文化交流的一个重大损失。我们为此感到深深的遗憾与惋惜。

王学仲先生为推动日中书法事业的发展呕心沥血，不遗余力地

做出了突出贡献。

衷心祈祷王学仲大师九泉之下得到安息。

并请王学仲大师的亲属节哀。

王学仲大师千古

2013年10月10日
日本善邻书院 院长
宫岛咏士大八孙子 宫岛吉亮

钟登华院士到站吊唁

冯骥才赴站吊唁并慰问家属

孙列老师您好！

值津门临沂同悲之际，特向您及您的同事致以亲切问候！并与您一起向黾翁再致哀悼！望今后与您一起弘扬黾翁遗志，为光大国学作出贡献。为表悲痛之忱，特将挽黾翁联及唁电再发于您，聊表哀悼并请转黾翁家属，一同节哀。顺致

大安！

临沂大学王瑞柱于黾翁圆坟日

冯亚青慰问王学仲夫人曹凤珍

天津大学王学仲治丧小组：

惊闻诗文书画大师黾翁仙逝噩耗，甚为哀痛！先生毕生献身于国学的发展与教育事业，诗文书画四美俱臻，在哲学及书画理论诸领域都有开拓性建树。书画流芳，著述等身，独创别具一格之黾学，在中华民族文化史上留下光辉的篇章，为学界仰慕的泰斗。

先生不为世俗所累，品行高洁，懿德墨宝泽及临沂，诚为我辈永远之楷模。先生辞世，乃学界之重大损失，其空白将难以弥补。值津门传悲之际，特致专电，深表哀悼！

八八人瑞，几人可及。先生奋斗一生，坦荡磊落。遗大美于社会，已达人生之化境，虽驾鹤而不朽。望转致家属，请节哀顺变。

临沂琅琊王氏研究会

二〇一三年十月十日

余建星（右三）、汪瞒（右二）赴站吊唁

乌里扬诺夫、王秀玲（女）致悼

王学仲艺术研究所 治丧接待站　徐 小荣 女士

我是杭州人，是日本书象会的朋友；受日本书象会田中老师的委托，将他们发送给贵所的吊念文转发给您们。敬请查收！

遥祝王学仲老先生安息！

此致

杭州海外旅游有限公司日本中心　洪益良 合掌

2013.10.10

九三学社陈永川致唁

王学仲艺术研究所 治丧接待站：徐 小荣 女士

惊悉王学仲先生不幸逝世，深为悲痛。谨表衷心吊唁之意。

王先生一代国学大师艺术大师，人书正大，俱是后来典范。

德业光明，永留千古佳风。晚生不胜心痛，谨致哀悼之情，

衷心祈祷王学仲大师九泉之下得到安息。

并请王学仲大师的亲属节哀。

王学仲大师千古

2013年10月10日

日本书象会董事长　田中节山

张海赴追悼会吊唁

王学仲艺术研究所 治丧接待站：徐 小荣 女士

惊悉王学仲先生不幸逝世，深为悲痛。谨表衷心吊唁之意。

王先生一代国学大师艺术大师，人书正大，俱是后来典范。

德业光明，永留千古佳风。晚生不胜心痛，谨致哀悼之情，

衷心祈祷王学仲大师九泉之下得到安息。

并请王学仲大师的亲属节哀。

王学仲大师千古

2013年10月10日

上条信山夫人

上条贞子

天津美院教授霍春阳赴追悼会送别黾翁

天津大学王学仲艺术研究所：徐小荣 女士

惊悉王学仲先生不幸逝世，深为悲痛。谨表衷心吊唁之意。

王学仲先生的逝世不仅是书法界的一个重大损失，也是日中文化

交流的一个重大损失。我们为此感到深深的遗憾与惋惜。

王学仲先生为推动日中书法事业的发展呕心沥血，不遗余力地

做出了突出贡献。

全日本书道联盟要日中书法文化交流事业继续发扬光大，

为进一步促进书法艺术的发展而努力。

衷心祈祷王学仲大师九泉之下得到安息。

并请王学仲大师的亲属节哀。

王学仲大师千古

2013年10月11日

公益社团法人 全日本书道联盟 董事长 樽本树邨

张建会 喻健十 冉繁英寄哀思

天津大学 王学仲艺术研究所：

突然接到王学仲先生去世的消息，会员一同感到惊讶与悲痛得无法以言语表达。对于王学仲艺术研究所的各位与王先生的家族的所有家人，我们心中尤感到哀悼。

至今约三年前，2010年9月下旬，我们在奈良迎接王学仲先生与同行者时，王先生来探望在生病疗养中的今井凌雪先生。虽然只是短暂的时间，但却能与先生很亲密的面对面谈话。另，

孙伯翔 权希军赴站吊唁

想起在能远望若草山的餐厅里与王先生相聚一起的餐会，当时的回忆就如同昨日才发生的事。那时，王先生非常开心与健康的容姿，我们至今无法忘记。

王学仲先生的逝去，不仅是中国书法界与绘画界的损失，更是对于日本与中国文化交流事业的一大损失。

执笔于我们书法研究雪心会，1981年的秋天后任职于国立筑波大学的外国人教授，展览会的特别展出作品与研究会时的演讲等等，王先生慷慨与不吝惜地指导。能够接受中国真正出身著名的书法家的指导，对于我们会员来说，真的是兴有荣焉。

另外，我们与现在已去世的今井凌雪先生，在过去到中国时，接受了王先生非常亲切的照顾。王先生开朗与正直的性格，每一次满面微笑与温暖的接待，是我们每一个人，刻在心底无法忘却的记忆。

先生作为一位代表现代中国的艺术家，其所留下的业绩，特别是被称之为诗、书、画三绝的伟大艺术家所留下的丰功伟业，绝对可成为永远不灭的事实。

我们全体会员们必将先生伟大的丰功伟业与其意义于心底再一次的思考，更进一步更努力的学习。哪怕这仅仅只是唯一能报答先生恩惠的唯一方式。

王学仲艺术是对于书法研究雪心会会员而言，永远不灭的存在。

2013年10月18日

日本 书法研究雪心会会长 藤冈都逐

徐様 先ほどお送りしました弔文を下記に訂正いたします。

王学仲文人書画大師、教授のご逝去に対し、謹んで哀悼の意を表します。

教授は日本での芸術活動を通して、日中友好の架け橋となった芸術家であり、教授の日本での足跡は、上野駅の巨大な陶板壁画を始めとして様々な形で残されています。偉大な文人書画家を失ったことは非常に残念なことではありますが、教授の作品は永遠の財産として、人々に受け継がれていくことでしょう。

杨德树 崔玉龙赴站吊唁

宋华平 李强 毛鸿雁赴站吊唁

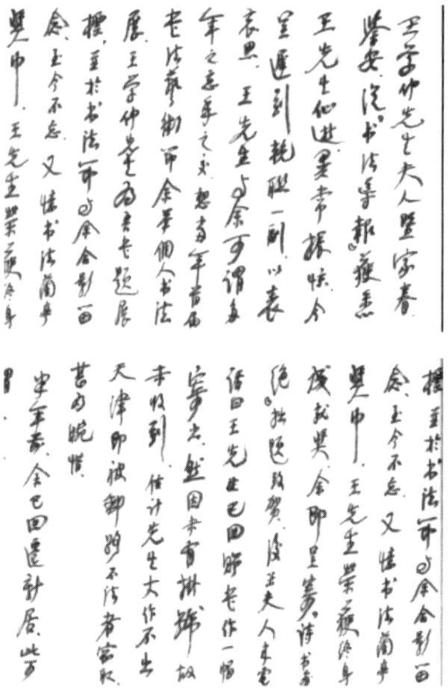

章月樵唁函

王学仲教授の外国での展覧会としては、2010年日中友好芸術協会主催「王学仲教授書画作品展」が最後になりましたが、大きな反響がありました。大芸術家の展覧会に寄与できましたことを誇りに思います。

日中友好芸術協会及び日中友好芸術協会主催水墨画交流会、水墨彩画教室 一同ご冥福をお祈り致します。

日中友好芸術協会会長：陳 蘭琦

理事長：辻 勝久

日本東京都三鷹市美術連盟会長：伊藤正一

王学仲先生夫人及家眷 鉴安

从《书法导报》获悉王先生仙逝，异常震惊。今呈迟到挽联一幅，以表哀思。

王先生与余可谓多年之忘年之交。想当年首届书法艺术节余举个人书法展，王学仲先生为吾书题展标，并于书法节与余合影留念，至今不忘；又忆书法兰亭奖中，王先生荣获终身成就奖，余即呈寄“诗书画绝”拙题致贺。后王夫人来电话曰，王先生已回赠书作一幅寄出。然因未有挂号故未收到。估计先生大作不出天津即被邮路不法者窃取，甚为惋惜。

半年前，余已回迁新居，此可谓终身、永久住址了。今特来函问候，望请王夫人暨家眷节哀、保重。

即颂

大安

墨音道人章月樵再拜

二零一三年十月廿四日于杭州

天大人 1895 网友

又一位大师离去！正如静静坐落在天津大学里他的工作室一样，不求大气恢弘，不求声名显赫，但他的艺术至真至美，他的为人至诚至善，于繁华之中求淡然，这就是一位大艺术家追求的物我两忘的境界，向王学仲先生致敬，先生走好！

泰山摧兮 梁柱折兮 哲人萎兮

此时此刻 星沉月落天降泪 正为滕邑哭斯人

此时此刻 只有北斗光耀中天 照先生魂兮归来

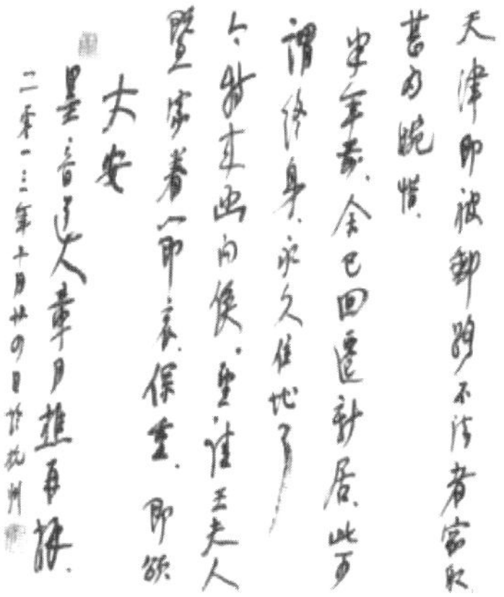
天津即被邮路不法者窃取
甚为惋惜
半年前，余已回迁新居，此可
谓终身、永久住址了
今特来函问候，望请王夫人
暨家眷节哀、保重。即颂
大安
墨音道人章月樵再拜
二零一三年十月廿四日于杭州

章月樵啥函

天津第一殡仪馆仙逸厅外不断赶来参加遗体告别仪式的各界人士

中国书法家协会 天津大学 天津文联领导参加追悼会

先生，魂兮归来

滕州吧网友 花信风来麦浪寒

为学，他学富五车、淡泊名利；为师，他为贫困生捐资，桃李满天下。

滕州吧网友 红色石头 668

第一殡仪馆逸仙厅王学仲追悼会现场

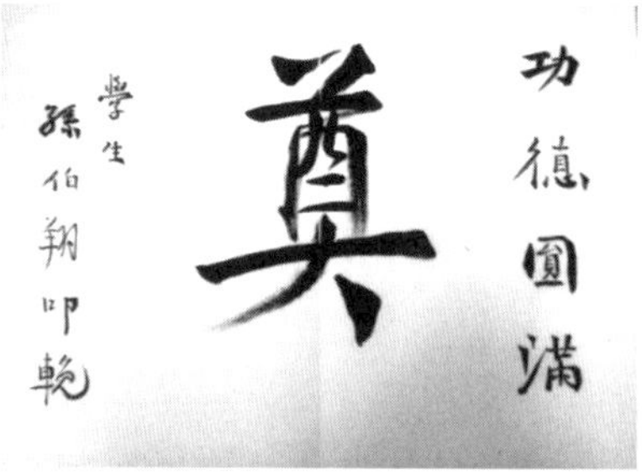

孙伯翔 挽辞

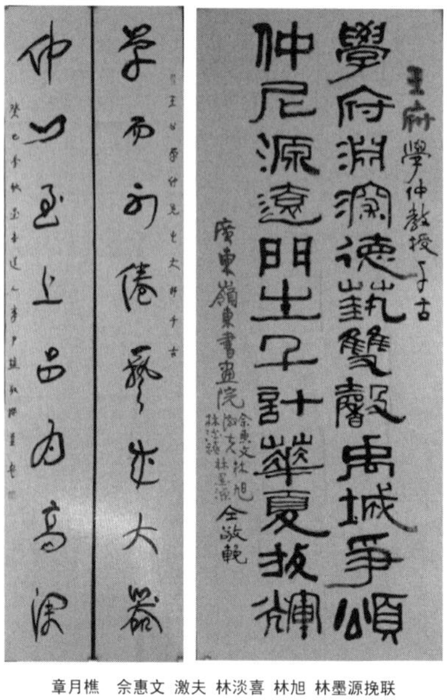

章月樵 佘惠文 澈夫 林淡喜 林旭 林墨源挽联

尊敬的各位领导、师友、黾翁门人：

今年的 10 月 8 日清晨，我们崇敬的王学仲先生永远离开了我们。

虽然我们遵从先生一切从俭的遗愿，“不要惊动领导、组织和弟子们，不设灵堂，不要吊唁，不接受花篮”；但承蒙诸位厚爱，不断发来唁电、手书挽联、莅临泣拜……

先生对于家属，就像是一位大家长，对于研究所师生，就像是一位大学长。一生追求艺术，得到社会各界赞誉，先生当之无愧，这离不开大家的支持。

在此请允许我代表先生家属，感谢多年来诸位同人的尊崇，感谢各级领导的关爱。千言万语并作一句“谢谢”！

谢谢大家！！！

王学仲家属代表 徐小荣 2014/1/8

致唁函友人名单

朱关田	孟鸿声	赵长青	吴震启	龚　克
刘建平	李家俊	冯亚青	钟登华	许　海
孙伯翔	陈克昌	曹秀荣	张金芳	王山岭
张　海	寇士恺	董　雅	霍春阳	韩文来
王书平	唐云来	杨凤兰	史振岭	贾福军
姜　陆	胡小唐	贾宝泉	王　磊	彭志扬
刘　欣	赵鸿友	赵兴菊	孙　越	王成纲
陈玉圃	钟明善	王岳川	邹德忠	聂邦瑞
徐明祥	自　牧	慕　琪	宋华平	李　强
贾宝珉	史如源	阮克敏	郭书仁	邓金城
言恭达	马建钧	张永敬	黄忠邦	李　琴

况瑞峰　王德和　王欣荣　段　华　于立军
陈冬至　吕大江　刘运峰　扬德树　崔玉龙
张汉英　刘洪祥　王继超　谢景田　胡琐柱
张改琴　张　飙　冯骥才　尉天池　蔡树农
赵士英　韩永盛　丁玉来　安　旭　刘怀章
许丽娟　邱建强　杜仲华　刘平礼　李金圃
佟有为　刘宗石　张桂芳　汪　菲　李庆刚
孙　浩　徐伯全　王素云　孙士华　于　皓
华露香　任宝平　王栩根　慕　琪　孟令刚
张　戈　周志高　张陆一　牛进义　王宗琪
房向红　崔　恺　赵洪俊　商移山　刘宗武
马培鑑　邓白城　张　澎　刘　波　王建中
刘　璐　张　瑶　马春有　张文斌　徐学胜
闫　勇　王孝俊　李金城　唐仕文　王瑞柱
李湘云　徐敏才　李广达　韩茂林　赵伯光
李广兰　李新明　刘　冰　周　竟　邓英彪
曹德兆　梁　雪　张一楼　杨士勋　彭庆涛
刘志永　顾志新　于志建　黄振宇　王宝贵
高守民　李新刚　赵玉森　陈启智　黄鸿程
张贺泽　葛凌辰　徐　坤　曹　昱　于秀兰
穆　强　马　競　张书心　刘卓立　陈家驹
张正春　朱　懿　胡若隐　张俊艳　王顺生
王秀玲　高宝发　王　伟　李长春　王小昭
陈　晶　牛振霞　窦宪敏　袁　斌　贾文杰
毛鸿雁　马运文　谢无敌　王一建　曹铁娃
王　鑫　孙奎祥　刘兴武　王成君　张　博
陈永川　黄骁卓　严建伟　东书静　张凤宝
宋雪峰　章又新　杨永祥　袁大昌　邱景亮
陈学文　白建树　韩云芳　范超英　周　艳
黾新我　赵　项　王齐凯　徐　玫　杨文训
魏挹礼　张　兵　马俊英　谭海忠　路怀中
赵兴菊　王建强　谢　梦　曹周来　王海龙
袁　源　刘文中　王咽石　权希军　王庆新
黄忠邦　李　琴　刘毓其　邱宣怀　史君慧

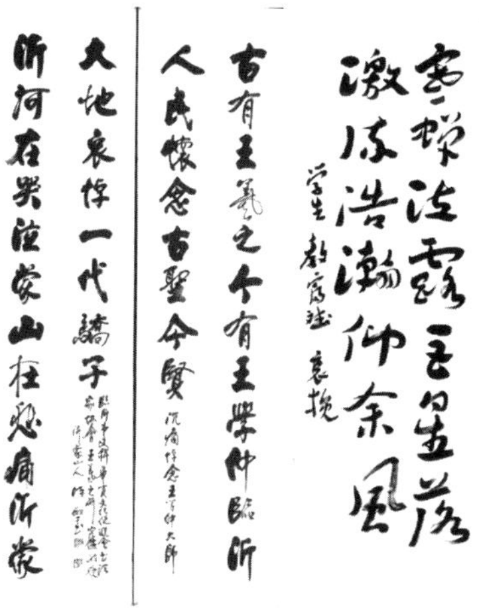

华夏文化促进会、王羲之研究院　教富斌挽联

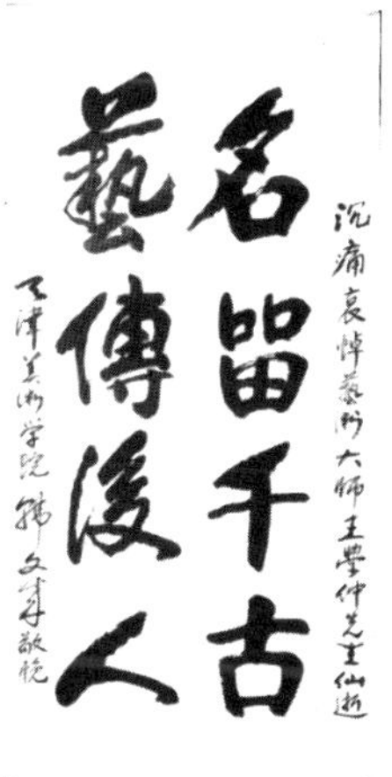

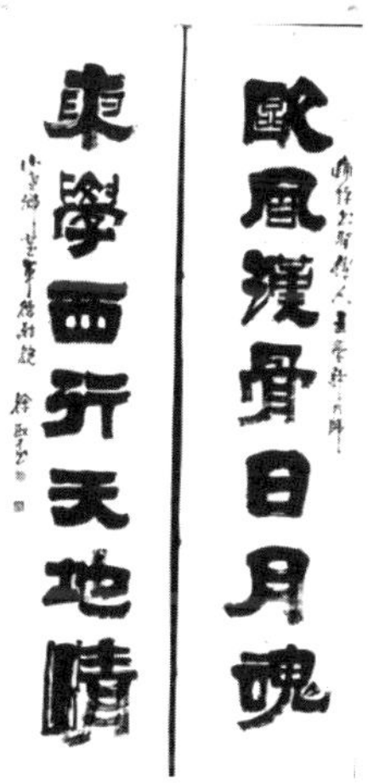

韩文来　翟军德　徐敏才挽黾翁联

黄战华　何明霞　唐　蒙　宋光德　崔寒柏
谢媛媛　闫福生　李月萍　姜子意　赵　均
陈聿东　贾广健　李　同　古松暹　吕延安
张素清　哈　珮　哈　敏　李　文　王良虎
陈瑞生　胡瑞刚　王　毅　教富斌　张海莹
刘　磊　董润生　赵　朔　徐义航　徐义杰
曹　阳　杜宇航　张崇浩　高秉正　何小荣
柴凤岐　李泽之　王成维　李建东　高文新
聂玉敏　郭学忠　兰　力　刘　栋　车永仁
马小宝　阎秉会　张汝阳　范永庆　逯　彤
张荫洲　马顺义　郭庆龙　邢永刚　庞永平
王玉林　孔维新　杜　耕　张　鸾　李　娜
周兴华　窦金祥　张桂元　杨喜发　崔智禹
刘建华　唐颖明　丁修杰　张寒朗　衡　轩
王　强　刘　俭　韩金山　刘天华　袁桂兰
孙贵璞　兰国梁　张　鹏　王天亿　郝卫国
叶　武　运迎霞　宫晓玲　孔令文　李士侠
卢果如　陈洪武　张建才　韩华民　陈连羲
卢俊才　于广琳　王正迪　何延喆　张淑荣
王全德　黄　欣　孙志鸿　王顺生　王世震
尹是程　李浪木　艾　华　黄为隽　徐小龄
王金魁　姜国斌　张春华　赵桂中　郭金鸿
邓国源　张宪依　王振锁　卫建强　李兰春

凤凰网讯(记者 朱宝琳)2013年10月10日上午,王学仲先生遗告别仪式在天津市第一殡仪馆仙逸厅举行。天津市有关单位领导、中国书画界领导、王学仲先生弟子、生前友好、学校师生代表300余人为王学仲先生送行。王学仲先生弟子、中国书法家协会主席张海,中国科学院院士、天津市第十二届政协副主席、九三学社中央常委、市委会主委陈永川,天津大学校长李家俊,天津市委宣传部副部长赵洪友,天津市委统战部副部长、天津民委主任刘民选,天津市文联党组书记寇士恺,天津市政府参事室文史研究馆党组书记刘志永、副馆长马竞,九三学社天津市委秘书长张玉芳,天津市美术家协会主席王书平、秘书长史振岭,天津美术学院院长姜陆,教授邓国源、霍春阳,河南书法家协

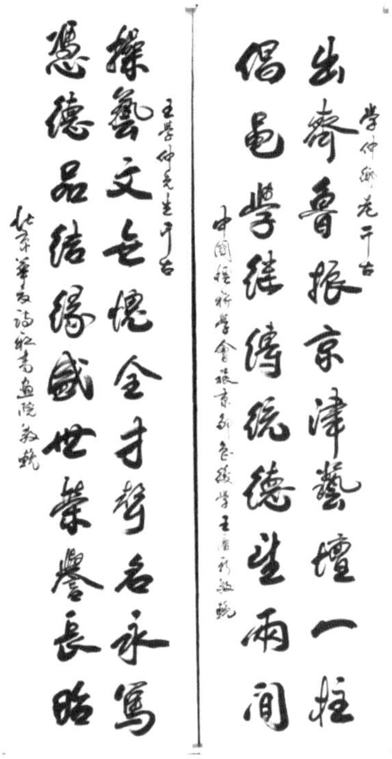

中国楹联学会王庆新、北京华夏诗社挽联

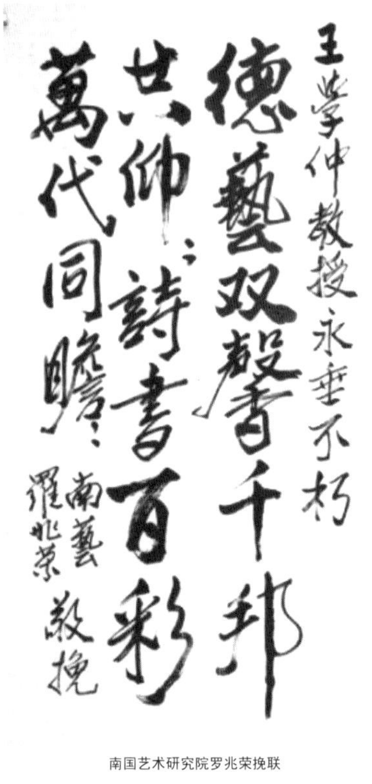

南国艺术研究院罗兆荣挽联

会主席宋华平，天津大学校长助理张力新等参加告别仪式，向王学仲先生作最后告别。上午10时30分，告别厅布置得庄严肃穆，大厅正中端放着王学仲先生的遗像，两旁悬挂着“恭宽信敏惠义仁和永垂懿范　文史艺哲诗书画印长著华章”的黑色挽联，大厅两侧排列着有关单位领导、生前友好、弟子、亲属等送的花圈。哀乐低回、哀思绵绵，各界人士怀着沉痛的心情，向安卧在花丛中的王学仲先生作最后的告别。李家俊等向王学仲先生遗体三鞠躬，并向家属表示慰问。天津市书协陈克昌40多年前成为王学仲先生的弟子，恩师的教诲还萦绕在他的耳边。陈克昌说：“王老师经常说的一句话是——要学我所学，切莫学像我。王老师十分开明，他说书法有性情，因而不让我们模仿他的字。后来我又学习章草，王老师特意写信建议我同时练习竹木简书，对我大有裨益。”中国曲协会员佟有为还记得，他在向王学仲先生行拜师礼时，师父送给他一本诗词类的书籍，寓意“功夫在字外”，勉励他多读书，做博学多识的人。而当王先生晚年身体欠佳时，面对来拜访的客人提出的合影要求，王先生从不拒绝，总是打起精神配合拍照，十分谦和。佟有为说：“我们虽然不学老师的字，但是学习了他的精神。我相信黾学一定会在弟子这一代更加发扬光大。”

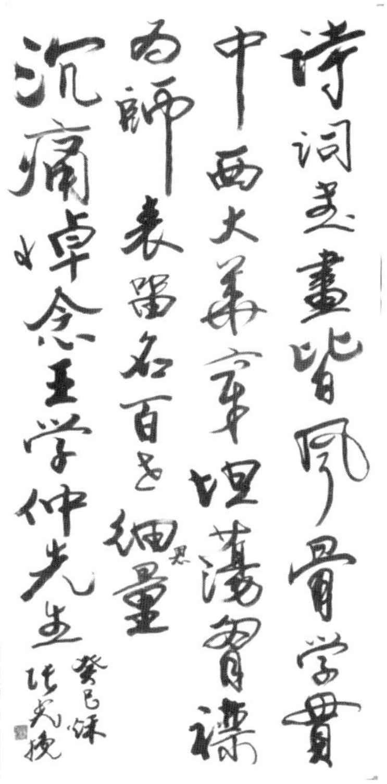

张光　悼黾翁诗

王学仲追悼会现场

悼诗 挽联

祭黽翁夫子
天涯短制八首

王成綱

天津大学接待站内悬挂的挽联

四季村中慣叩門，白雲深處足銷魂。
天涯萬里空凝望，猶有鄉音潤淚痕。

曾經護駕走南疆，雲自飄飛水自香。
海角天涯奈何路，琅邪夫子在家鄉！

鄉音無改似龍吟，笑傲江湖一寸心。
我在天涯望北斗，但教老淚濕前襟。
黽翁書房懸“笑傲江山一黽翁”之横幅。

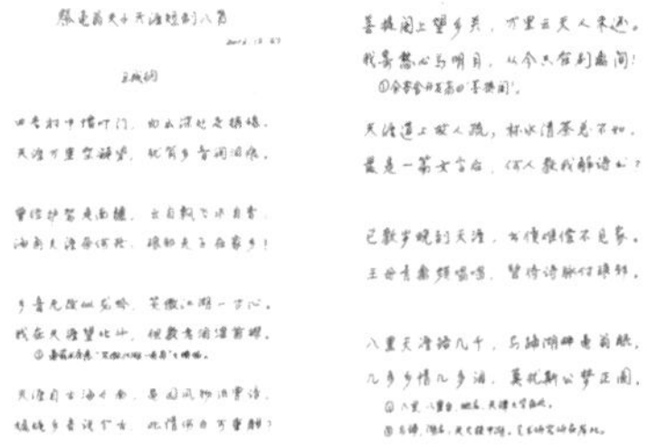
王成纲《祭黾翁夫子》手稿

天涯自古海之南，黽園風物舊曾諳。
娓娓鄉音說今古，此情何日可重酣？

菩提閣上望鄉關，萬里雲天人未還。
我寄愁心與明月，從今只在別離間！
余客舍，開發商曰“菩提閣”。

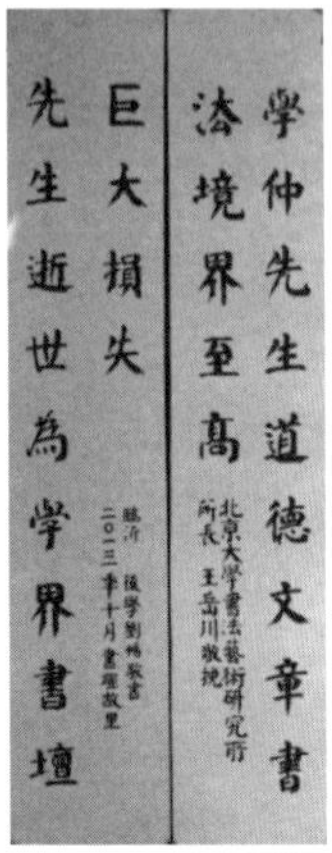

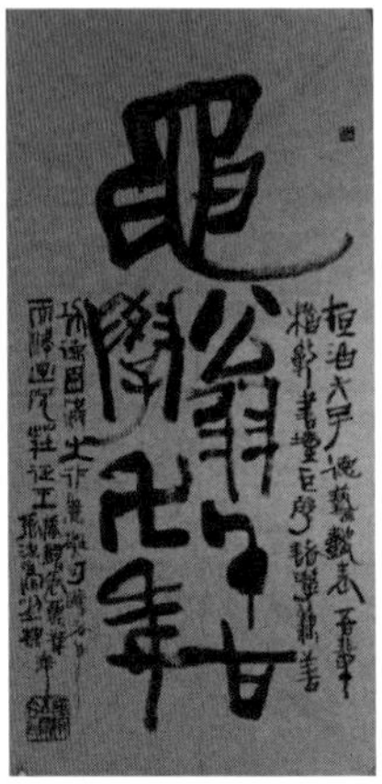
北京大学书法研究院王岳川、临沂刘畅挽黾翁联
天津画院庄征、王振锁、张汝为、张福龙、刘栋挽黾翁联

天涯道上故人疏，杯水清茶總不如。
最是一篇文字後，何人教我解詩書。

已教歲晚到天涯，書債難償不見家。

王母青禽頻唱唱，暫將詩脈付琅邪。

八裡天涯路幾千，馬蹄湖畔黽翁眠。
幾多鄉情幾多淚，莫擾斯公夢正圓。
八裡，八裡台，地名，天津大學在此。
馬蹄，湖名，天大校中湖。藝術研究所在岸北。

挽黽子聯

源在琅琊，生於齊魯，津門高臥六十載；
詩文書畫，四美俱臻，獨創黽學一萬年。

山東臨沂市望族文化研究會
琅琊王氏文化研究會會長王瑞柱敬挽

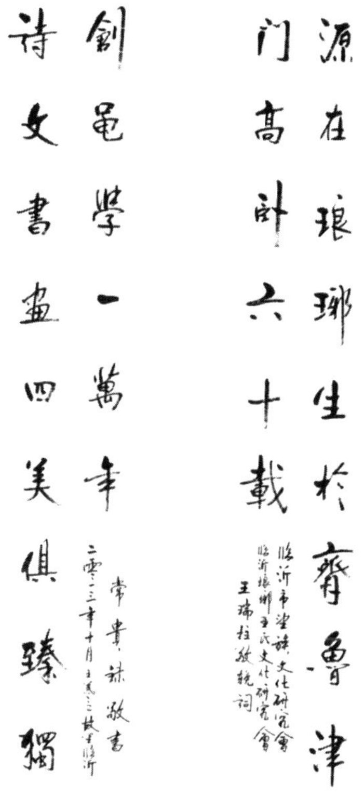

临沂琅琊王氏文化研究会王瑞柱、常贵录挽联

黽翁恩师千古

黽園月冷　夫子恩深

弟子唐云来泣叩

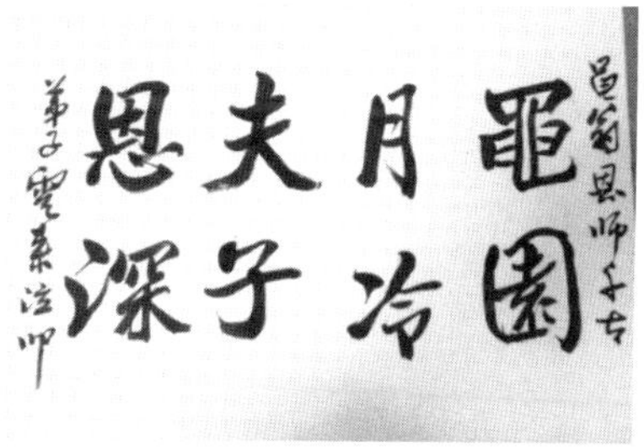

唐云来挽黾翁联

痛悼王学仲老师

恭宽信敏惠义仁和永垂懿范
文史艺哲诗书画印长着华章

学生唐云来 敬挽

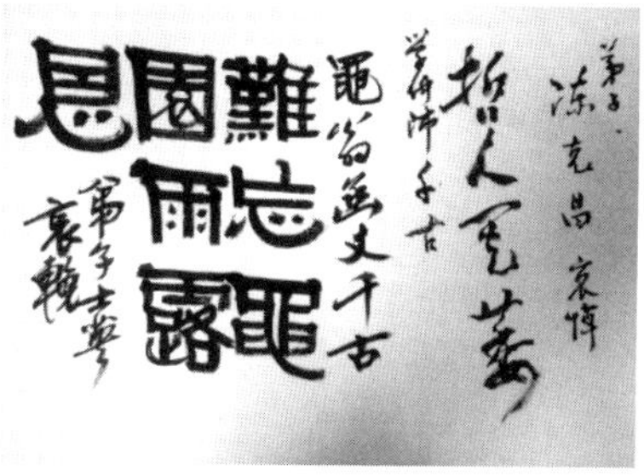

赵士英 陈克昌挽黾翁联

悼王學仲大師

崔以泰

詩書畫，
凝集成晶瑩，
古今中外鳴絕唱，
千秋萬代永傳頌，
舉世皆敬重。

觀作品，
博大氣若虹，
龍飛鳳舞走筆端，
山水人物妙趣濃，
天地任縱橫。

論意境，
精深長輝映，
沁人肺腑享美感，
椽筆一揮鬼神驚，
豐碑立心中。

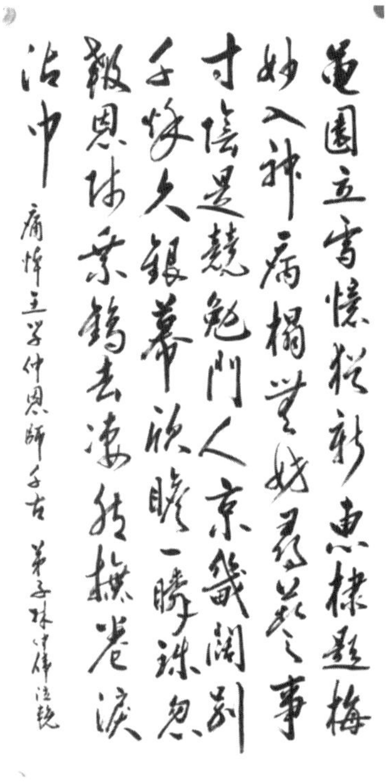
林仲伟悼王学仲诗

悼學仲先生

烏雀哀鳴淒秋林，忽聞夜泊駕青雲。
詩文年少即特立，筆墨終生卓不群。
傳道正身堪師範，治學敬業最淳真。
上天欲覽好書畫，且為先生漫鼓盆。

晚生陳冬至凭吊

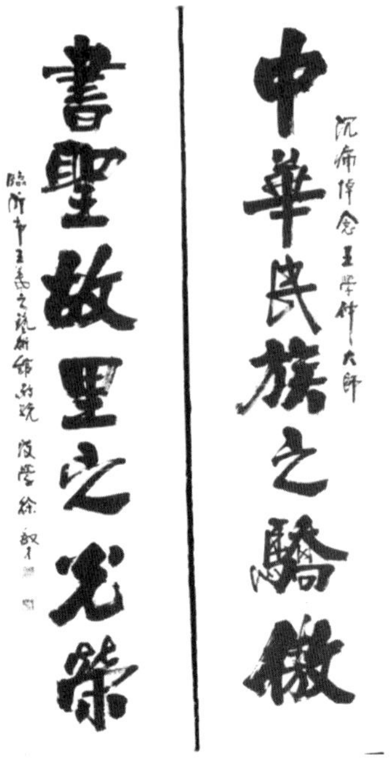

临沂王羲之艺术馆挽联

緬懷恩師王學仲先生

陳聿東

之一
飄飄暮雪籠哀容，翠柏蒼松憶黽翁。
腕底龍蛇凝四象，
心頭詞賦寄孤忠。
門牆忝列多親炙，
愧我無才少用功。
曲水流觴今已矣，
高山仰止沐宗風。
之二
先生控鶴月華明，回顧河山無限情。

訪古尋碑遺履跡，
著書立論慰平生。
濃醇每感師恩重，
淡泊遙看霧靄輕。
一瓣心香何處遞，
今來祭奠淚雙盈。

王玉林挽黾翁辞

王老學仲先生周年祭

中國書協吳震啓

先生人磊落，文生動，藝精湛，堪稱大家。余曾與先生同訪扶桑，出席紀念中華人民共和國成立五十周年”中國二十世紀書法大展”赴日展開幕。一行談詩論藝，唱和酬答。又念津門重聚，先生坐輪椅參觀並題字，感銘在心。先生駕鶴西遊周年，詩以祭之：

雨霽驚眸葉正紅，京華祭酒動霜風。
扶桑論藝詩猶在，悵望津門念黽翁。

歲在甲午深秋震啟大筆寫小字也

《书艺》刊载廖静文悼文
《金秋》刊载崔以泰悼诗

悼王學仲先生

黨　禺

昨日得知，愚的新授恩師——徐悲鴻先生得意門生，當代詩、書、畫三絕的大師，原中國書法家協會副主席王學仲先生，因病醫治無效，不幸於2013年10月8日駕鶴西歸！悲慟萬分之際，而北涕零悼曰：

立雪曾記守津門，北洋學子孜莘莘。
文史哲藝諄諄教，畫印詩書日日熏。
情深更仰高潔志，恩重豈止繞梁音。
北斗忽隕吾何計，慟天痛地淚雨涔。
誓立東土厚萬丈，敢鑄芳草隨師魂。
再論千載經綸事，神鐵百煉定海針。

《青少年书法报》刊载党禺悼黾翁诗

徑向西天送經去,尊師笑迎黄鐘新。

痛悼王學仲恩師千古

黽園立雪憶猶新,惠棣題悔妙入神。
病榻無妨尋藝事,寸陰是竟勉門人。
京畿闊別千秋久,銀幕欣瞻一瞬珍。
忽報恩師乘鶴去,淒然撫卷淚沾巾。

弟子林仲偉泣挽

江城子 軫念黽翁王學仲

劉平禮

驚悉文曲隕晨空,淚朦朧,痛填胸。卌二往來、公去恁匆匆?四我庭前難自已,心不舍,黽園風;

恍惚閬苑探仙蹤,夜泊,古橋楓。三怪四絕、全在己出功。自由黽學澤後輩,先生願,鑄心中。

驚聞先生駕鶴去 藝苑痛心失黽翁

劉平禮叩挽

昔答黽翁
"霜鬢已添三五絲"之句

盧小如

斗室頻遷仍在鄉,
十年求藝尚餘狂。
枕邊臥品右軍跡,
腕底唯雕醒世章。
檀板刀尖屑盈袖,
獨燈殘夜汗如漿。
古今求教師三百,
何慮衣寬兩鬢霜!。

《华人美术报》2013年第8期
刊载党禺执笔 纪念王学仲专版

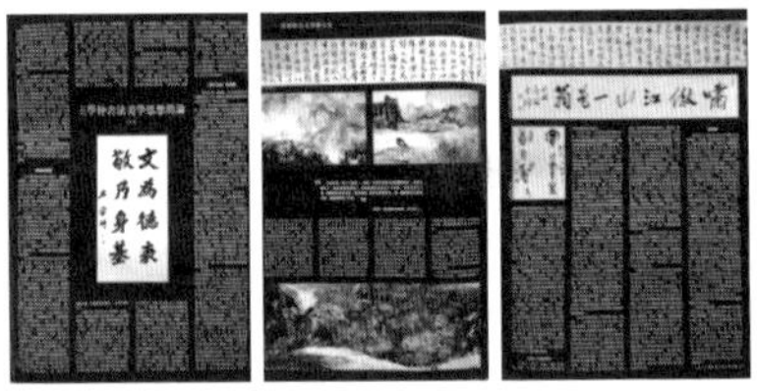
《华人美术报》2013年第8期刊载党禺执笔 纪念王学仲专版

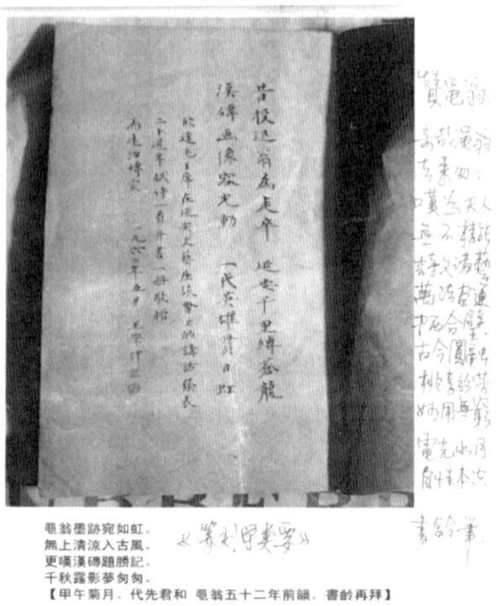

马达之子 书龄挽黾翁诗手稿

贊黽翁

奇哉黽翁，去來匆匆。
歎為天人，無不精能，
詩文諸藝，萬法畫通，
中西合璧，古今圓融，
桃李芬芳，妙用無窮，
電光水月，自性本空。

書齡筆

篆刻學類要

黽翁墨蹟宛如虹，
無上清涼入古風。
更歎漢磚題勝記，
千秋露影夢匆匆。

甲午菊月
代先君和黽翁五十二年前韻
書齡再拜

憶黽師王學仲先生

李　強

二十世紀八十年代，黽翁自東瀛築波大學講學歸來，應張海先生邀為河南書界講學，後又襄拜師儀式，宋華平、毛鴻雁及餘有幸忝列門牆。癸巳秋，黽師仙逝，為祭先師，依長歌憶之

書法之鄉龍蛇走，八方風雨會中洲。
躬請黽師自津門，書壇一派贊許聲。
中原本是魏碑地，一見黽師殊正宗。
縱筆遒勁兼婀娜，規矩卻出始平公。
非獨魏碑得真趣，漢碑氣象類蔡邕。
薊北新出鮮於璜，黽師八分擅其長。

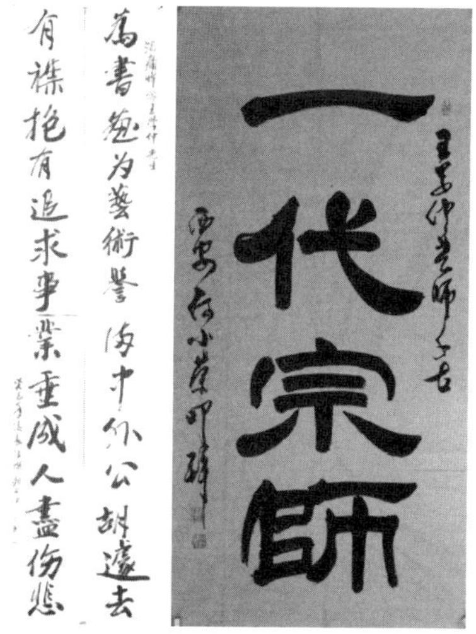

刘文中　何小荣挽黾翁联

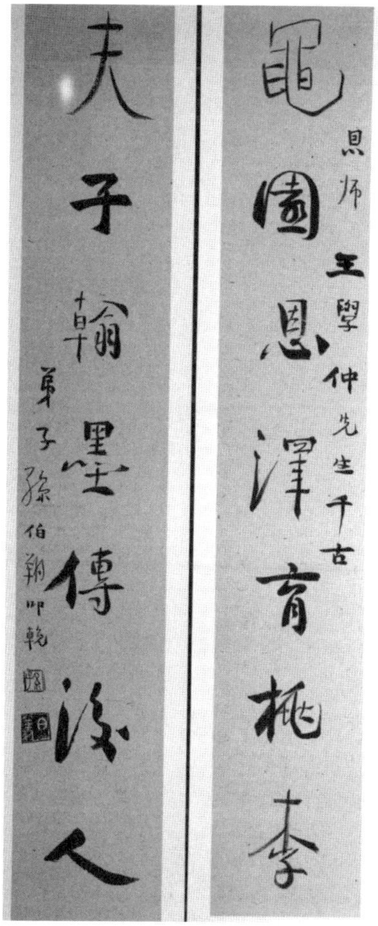

孙伯翔挽黾翁联

開宗明義贊北碑，中原弟子學端詳。
北齊榜書經石峪，魏碑聖手見鄭公。
天真爛漫是汝師，鐵山摩崖及雲峰。
卻道南海康夫子，睥睨書壇真不同。
追根溯源阮雲台，書分南北有安吳。
更喜江浙趙悲庵，兼融碑帖真功夫。
黽翁書法堪巨匠，中原書壇有旆帳。
北碑之風倡中原，南帖未忘擬山園。
書譜一冊尚在手，循循善誘解疑難。
黽師攜卷赴南粵，吾亦有幸忝其列。
鴻篇巨制示嶺南，人頭攢動譽校園。
中有一介老夫子，緇衣輕杖意翩翩。
此翁原是商蠖公，筇杖揮舞展廳間。
出言不遜且矜持，黽師恭然趨近前。
商翁本是嶺南王，訓詁聲韻最擅場。
書道中興走羊城，未拜碼頭亦失當。
畢盡校長郭紹剛，禮數不周我擔當。
商翁意足柱杖去，斯文如斯方散場。
文寬老夫數前事，當年悲鴻亦楚愴。
寬懷敦厚黽夫子，吩咐諸位勿牽腸。
書藝本是書家事，尊老重學多思量。
聊提往事猶在昨，黽師雅量堪頌揚。
古人學問無遺力，詩書畫印皆擅長。
黽師著述可等身，勤勉篤學冠主張。
碑系帖系加經系，書道邃密宜弘揚。
黽師桃李遍天下，中原書風首推倡。
於今書學彌漫甚，黽師風範曷敢忘？

驚聞噩耗憶師恩。絳帳慈顏笑語溫。
從此再無塵俗擾，文星華彩滿乾坤。

——毛鴻雁敬寫

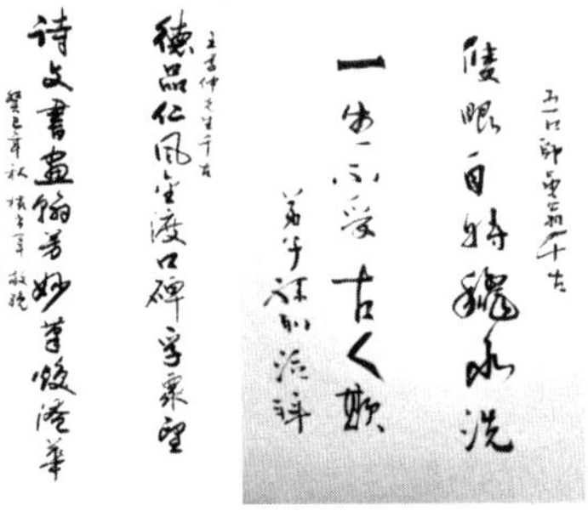

权希军　孙列挽黾翁联

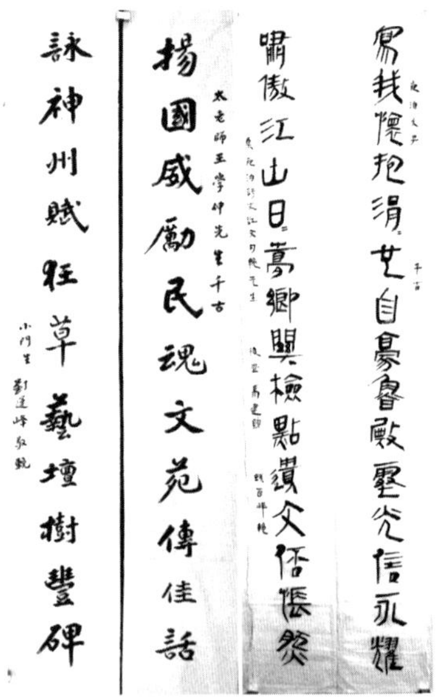

刘运峰　马建钧挽黾翁联

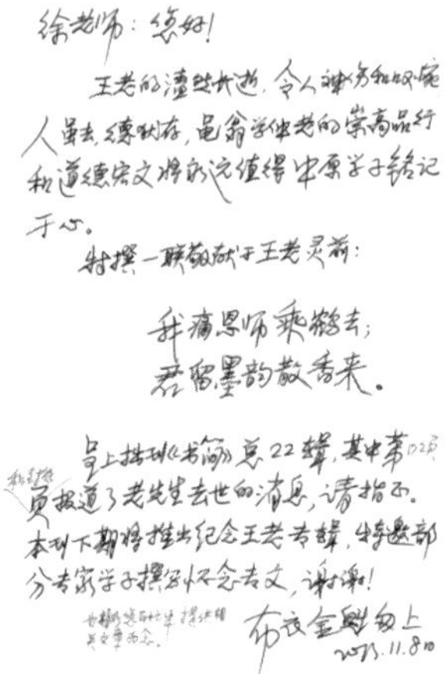
徐老师：您好！

王老的溘然长逝，令人悲痛和惋惜。人虽去，德业存，黾翁学伸老的崇高品行和道德宏文将永远值得中原学子铭记于心。

特撰一联敬献于王老灵前：

我痛恩师乘鹤去；
君留墨韵散香来。

呈上拙刊《书简》总22辑，其中第102页报道了老先生去世的消息，请指正。本刊下期将推出纪念王老专辑，特邀部分专家学子撰写怀念文章，谢谢！

布衣金魁匆上
2023.11.8

金魁挽黾翁辞

詩悼書畫大師王學仲

姚三石

寒窗酷好畫丹青，
漫捲詩書落墨聲。
四壁清風邀明月，
一生筆陣起雄風。

哀悼吾師 感念吾師

津門俗氣重，奇崛不能賞。
吾師大文雅，孤絕深且長。
一生高臥此，知音可憐少。
所以詩書畫，只寫自懷抱。
我從少年時，骨裡崇敬師。
廿年後問學，幸得二字箴。
如今半世過，感念尊師誨。
接續傳心燈，靜流大河水。

閻秉會聞吾師過世噩耗
寫于黃河北岸

徐老師，您好！

王老的溘然長逝，令人神傷和歎惋，人雖去，德猶存，黽翁學仲老的崇高品行和道德宏文將永遠值得中原學子銘記于心。

特撰一聯敬獻于王老靈前：

我痛恩師乘鶴去；

君留墨韻散香來。

呈上拙刊《書簡》總 22 輯，其中第 172 頁和封底報導了老先生去世的消息，請指正。本刊下期將推出紀念王老專輯，特邀部分專家學子撰寫懷念專文，也期盼您百忙中提供相關文章為念。謝謝！

布衣金魁匆上

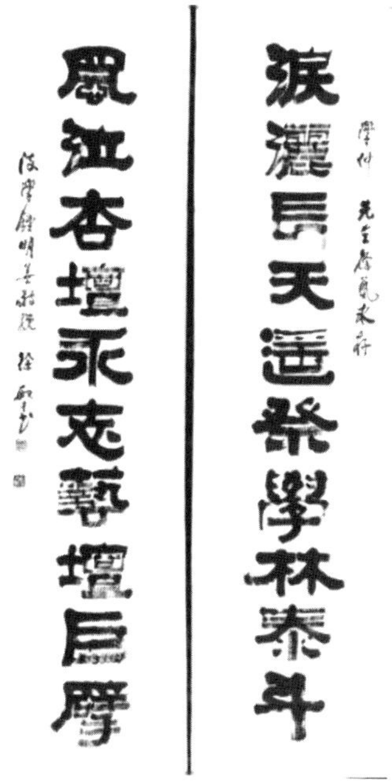

钟明善、徐敏才挽联

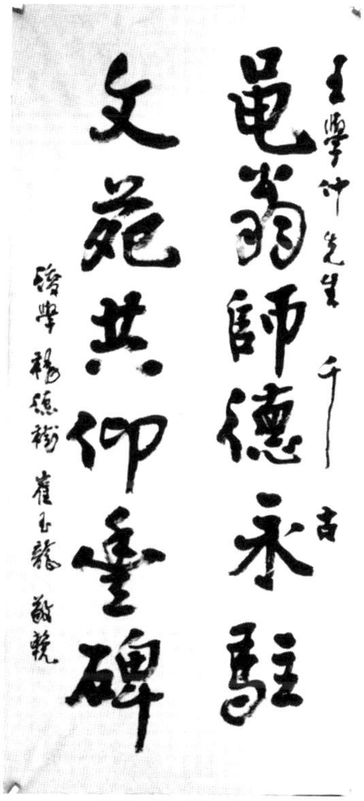

杨德树　崔玉龙挽黾翁联

2013.11.8

王学仲先生千古

黽翁師德永駐　文苑共仰豐碑

晚輩楊德樹 崔玉龍敬挽

敏學廣辨 慎思獨行

上世紀九十年代，予為先師黽翁王學仲先生整理《墨海四記》書稿，此四言為其自箴。今日拈出，當為師訓雲耳。

曆下後學王欣榮

沽上黽園住雅人，終自所求美善真。
二言四我示五象，三於一重照寸心。
彩筆劃來啟靈性，妙手詩成傳古今。
宮牆千仞誰攀越？飛雪所願立程門。

答夜泊師春日有懷原韻，三四兩句欲概況其美學理論。

曆下後學王欣榮

悼黽師王學仲先生

王欣荣 2013 年 10 月

夜泊恩师夫子千古
書藝畫藝，才藝衍教無國界，流脈澹蕩傳佳話；
文學哲學，黽學築基有奧旨，典型終成垂不朽。

哀黽園

王欣荣 2013 年 10 月·濟南

沽道悠悠，看黽園足染香塵，

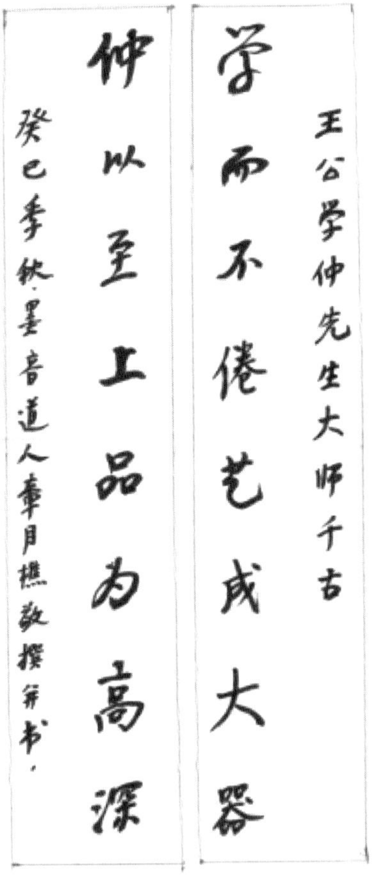

章月樵挽联

章月樵悼文

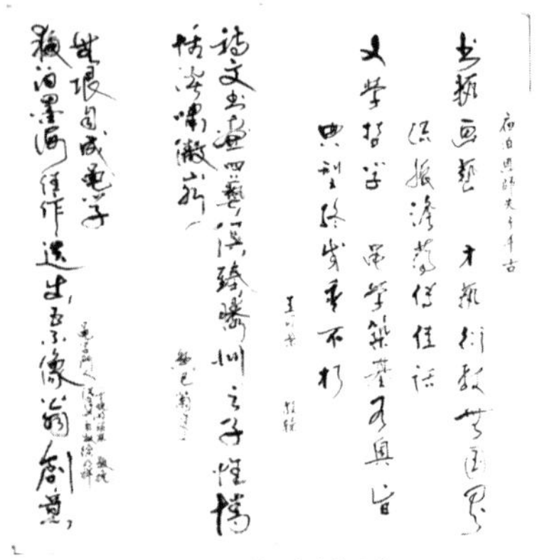

自牧 王欣荣挽夜泊夫子联

學子歌傳禹甸，世事憾長留，園中妙趣靜中思；
予懷渺渺，聽夫子揮送雅操，
著述載譽華夏，遺響人不見，弦外餘音象外想。

余自 1984 年向王学仲先生磕头拜师以来，向一座书画大山靠拢，缘于异地求知寥寥。曾著文《道路与开拓》《现代文人画的辉煌》两篇，均已被王学仲先生研究会刊用，今有三首诗，以表衷情。

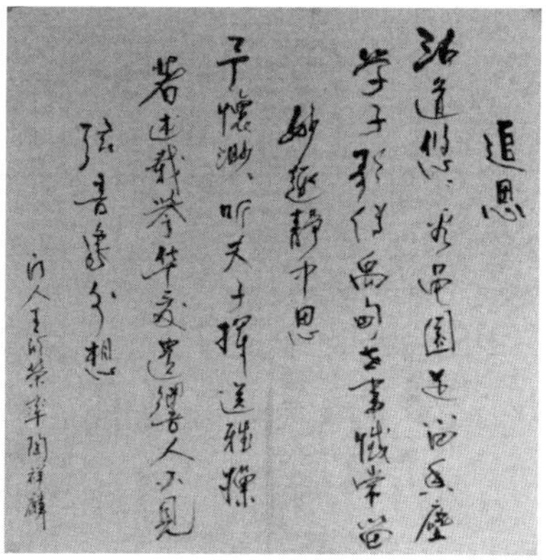
追思
学子歌传禹甸 世事憾长留
妙趣静中思
予怀渺渺 听夫子挥送雅操
著述载誉华夏 遗响人不见
弦外余音象外想

王欣荣、陶祥麟悼毛翁文

思变
拜李可染、王学仲先生归

1984 年 10 月
艺道再求师，壮哉北国松。
莽原揭真谛，塞上识巨峰。
齐楚文略地，生身乡义通。
淋漓大写快，羞作低唱工。
吾意非名世，痴心缘艺梦。
常思飞蛾变，人老画境丰。
注：夜泊师的大写书画、漆书，气势强烈地给我震撼，归后刻“镕魂铸胆”一印。

如梦令
自京华经沽上返宁，夜泊师赠砚

1992 年 12 月

南下毛园留步，恩师厚情深悟，端砚雕金瓜，水痕墨香永固。常赋，常赋，期望一腔倾注。

隨師散曲

2013 年 12 月
驚聞恩師去，猶如冰雨淋，
詩書畫三絕，全才無一人。

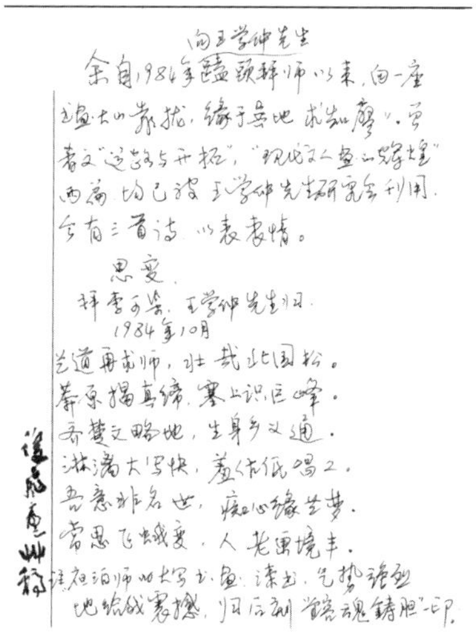
向王学仲先生
余自1984年磕头拜师以来，向一座书画大山靠拢，缘于异地求知寥寥。曾著文"道路与开拓"、"现代文人画的辉煌"两篇，均已被王学仲先生研究会刊用。今有三首诗，以表衷情。
思变
拜李可染、王学仲先生归
1984年10月
艺道再求师，壮哉北国松。
莽原揭真谛，塞上识巨峰。
齐楚文略地，生身乡义通。
淋漓大写快，羞作低唱工。
吾意非名世，痴心缘艺梦。
常思飞蛾变，人老画境丰。
注：夜泊师的大写书画、漆书，气势强烈地给我震撼，归后刻"镕魂铸胆"一印。

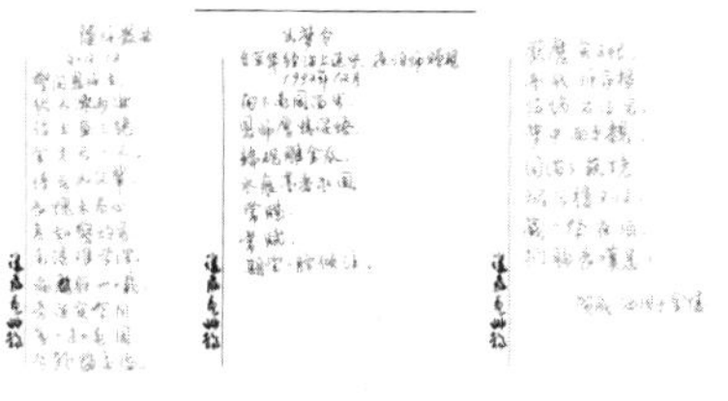

贺成　悼毛翁文手稿

待吾如父輩,長愧未盡心。
真知警灼見,尾隨難學深。
病軀廿十載,奇跡實罕聞,
年年叩黽園,今朝悔未臨。
病魔實可恨,夺我师命根。
临终不得见,梦中面更亲。
圆满了意境,魂兮复又归。
岁岁祭夜泊,扪胸长叹息!

贺成洒泪于金陵

名垂千古　藝接萬載

癸巳年金秋藝壇巨星隕落津門朱懿小輩敬挽

驚聞噩耗,心情沉重,感念仲尼三千弟子,七十二賢人,望研究所能把王老精神發揚光大、瓊園葉茂。

仙翁書骨隨雲客,玉殿承香繼墨緣。

晚生吳崇義 敬挽

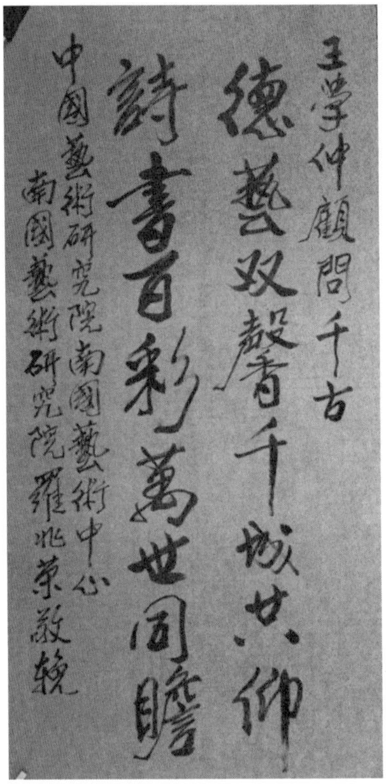

中国艺术研究院南国艺术中心罗兆荣挽黾翁联

悼念纪实

编者按：

王学仲先生逝世的消息引起社会各界、新闻媒体的广泛关注。相关采访、纪实报道数量巨大，因篇幅所限，不能一一存录；此处选登的几篇新闻特写，旨在呈现予读者彼时彼地之情状。

王学仲：一代大家在眼前

2013-10-15 新华网 陈欣然 靳莹

10月8日早上7点17分，中国当代著名书画家、诗人、作家、艺术理论家、天津大学教授王学仲先生辞世，享年88岁。

王学仲先生留遗愿“丧事一切从简”。他交代：不要惊动领导、组织和弟子们，不搞封建迷信那一套，不设灵堂，不要吊唁，不接受花蓝，只在天津大学王学仲艺术研究所设立接待站。

高山仰止 音容宛在

设在研究所的接待站陈设简单而肃穆：墙上悬挂的王老照片笑容慈祥，弟子敬献的对联“夫子翰墨传后人 黾园恩泽育桃李”列于两侧，旁有“恭宽信敏惠义仁和永垂懿范 文史艺哲诗书画印长著华章”的黑色挽联追忆这位蜚声中外的艺术泰斗。唯一没有遵守老人愿望的是，天津大学、天津画院、天津市文史研究

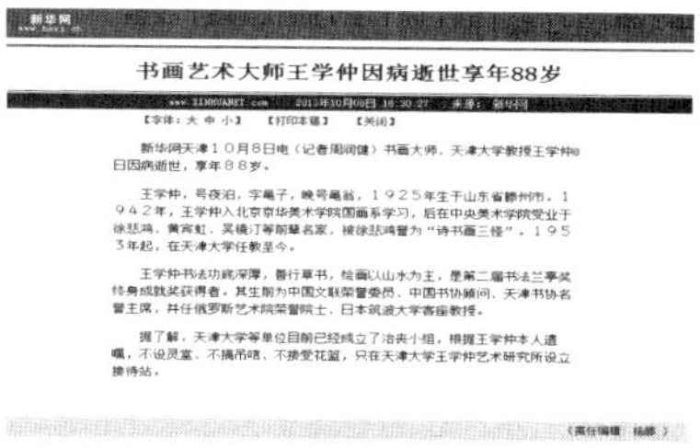

书画艺术大师王学仲因病逝世享年88岁

【字体：大 中 小】 【打印本稿】 【关闭】

新华网天津10月8日电（记者周润健）书画大师、天津大学教授王学仲8日因病逝世，享年88岁。

王学仲，号夜泊，字黾子，晚号黾翁，1925年生于山东省滕州市。1942年，王学仲入北京京华美术学院国画系学习，后在中央美术学院受业于徐悲鸿、黄宾虹、吴镜汀等前辈名家，被徐悲鸿誉为“诗书画三怪”。1953年起，在天津大学任教至今。

王学仲书法功底深厚，善行草书，绘画以山水为主，是第二届书法兰亭奖终身成就奖获得者。其生前为中国文联荣誉委员、中国书协顾问、天津书协名誉主席，并任俄罗斯艺术院荣誉院士、日本筑波大学客座教授。

据了解，天津大学等单位目前已经成立了治丧小组，根据王学仲本人遗嘱，不设灵堂、不搞吊唁、不接受花篮，只在天津大学王学仲艺术研究所设立接待站。

（责任编辑：杨略）

新华网发布讣告

文化新闻 07

欧风汉骨 东学西行

——追记著名书画家王学仲教授

《大秦帝国》之《纵横》传播正确历史观

辽宁舰首次迎来文艺家慰问演出

不制播暴力失度语言粗俗动画片

《光明日报》发表缅怀王学仲先生文

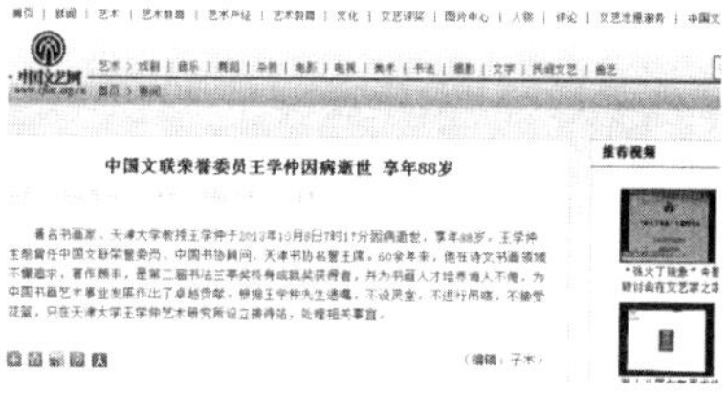

中国文联荣誉委员王学仲因病逝世 享年88岁

中国文联官网 发布王学仲逝世报道

“群众路线话语”有奖征集

灵魂若有在 凯歌唱未休——怀念王学仲教授

中国共产党新闻网 发布张海悼念王学仲报道

馆、九三学社、天津文联、天津大学建筑学院等单位及中国文联副主席、天津大学教授冯骥才还是敬献了花篮,以寄托哀思。

8日,前来拜祭的人还不多,“王先生住院的消息只有两三个人知道,他叮嘱我们,谁也不要告诉,他说大家都很忙,不想惊动,直至今天先生逝世,很多弟子都还不知道。”王学仲弟子、天津市书法协会主席唐云来说。10月6日,王学仲先生住进了ICU病房,唐云来和天津大学王学仲艺术研究所所长孙国喜前去看望,医院破例允许他们穿上防护服,进到病房。“先生意识还清醒,看到我们来了,用眼神示意我们坐,虽然说话有些含混,但是我听得出来,先生是说谢谢我们。我摸着先生的手,很暖。”唐云来回忆说,眼睛有些湿润。

8日下午,天津大学校长李家俊到王学仲艺术研究所吊唁,慰问家属。他说,王先生的逝世是天津大学的重大损失。冯骥才特意从北京赶回来吊唁。他与王先生在天津大学共事多年,是好“街坊”,“王先生的故去,毫无疑问是天津市和中国书法界、文化界的一个重大损失,我心里很难过。”

民族风骨 德艺双馨

王学仲曾受业于徐悲鸿、齐白石、吴镜汀、黄宾虹、蒋兆和、叶浅予、容庚等前辈大家。在大师前辈的悉心指导下,王学仲踵武前贤、勇于探索、自出机杼、标新立异,之后成为了蜚声海内外的艺术大家,在绘画、书法、诗文等文艺领域的造诣都很深。他还于20世纪90年代,创立了“黾学学派”,为现代学术体系的构建作出了突出的贡献。

王学仲的言行、著作、艺术创作,处处体现着对中华民族传统文化发展的特殊使命感和崇高责任感。他曾说:“在欧风披靡之下,我

中国日报网 发布王学仲逝世报道

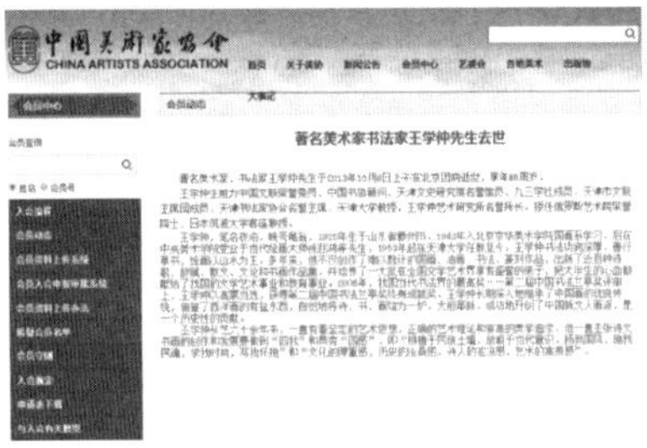

中国美术家协会网 发布王学仲逝世报道

中国书法家网 发布王学仲逝世报道

中国新闻网 发布王学仲逝世报道

们要有华夏汉文化强大的自信心和独立精神，还要有弘扬推广中华文化的远大抱负。”“一个热爱中华民族的有识之士，要有几根硬骨头把自己撑起来。我们有责任在海内外大力传播、弘扬推广中华民族优秀文化，以励民魂，这是中国人的责任。”

在天津大学王学仲艺术研究所——“黾园”的一块巨石上，镌刻着“四我庭”三个大字，何为“四我”？一问方知是王学仲的16字箴言：“扬我国风，立我国魂，求我时尚，写我怀抱。”

然而，八旬高龄、崇尚传统民族文化的王学仲“古朴”却不“迂腐”。他的学生刘珺回忆说：“网络、奥运、金融危机甚至是博客、微博这样的时尚话题，我们经常听王先生谈起。”翻看王学仲先生的作品集，会发现除了中国传统风格的水墨作品外，还有很多与西画相结合的艺术创新之作。在王学仲的油画作品中，有很多都属于印象派，在现在看来，依然十分前卫，而这些作品其实都是他二三十年前创作完成的。

“平时，王先生还十分关注新闻，常常要我把当天的网络新闻讲给他听，甚至在医院治疗期间还每天要我给他念《参考消息》等报纸，并常和学生就某个事件展开讨论。”刘珺说。关乎国家、社会、民生的事件都会牵动王学仲先生悲天悯人的真善之心。新闻中每每有慈善活动，他便会站出来捐款、捐画。捐助非典、汶川地震灾区，扶助下岗工人、贫困学生，几乎都能看到王先生的身影。“我们曾带着王先生捐助的几万元善款，乘坐出租车挨家给下岗工人送去生活补助，王先生反复叮嘱一定要送到。”弟子唐云来感念起先生的善举，至今印象深刻。

中华文化交流网 发布王学仲逝世报道

美术中国网 发布王学仲逝世报道

中国城市文化网 发布王学仲逝世消息

新浪新闻中心网 发布王学仲逝世报道

淡泊名利 桃李芬芳

当很多艺术家在市场经济的大潮中迷失方向时，王学仲却固守着他心中的一块纯净的艺术圣地。曾有同行问他："人家都画钱，你怎么还画画呀？"他只是淡然一笑：人各有志嘛！多年来，他向各大艺术馆、博物馆捐赠了珍藏的名人字画700余件。"我认为自己是个纯粹的艺术工作者，名、权、利都不是我所追求的，我每时每日所不能忘情的就是艺术。"王学仲如是说，"我的大批作品，以及我收藏的大量作品，我认为捐给有关机构，用于馆藏展示，有利于更多人观赏，这对于艺术的弘扬、发展是有更多好处的。"

雅昌网 发布王学仲逝世消息

"他一生没有什么特别的嗜好，只是一心教书育人，一心吟诗作画。"王学仲的儿媳徐小荣说。2013年是王学仲在天津大学执教的第60个年头。"我在这里的教学不拘一格，不给学生以固定模式，以启发其个人的心灵智慧为旨归。"王学仲曾这样表述。在多年的教书育人中，他不仅教治学之道，还教做人之道。他再三叮嘱学生静下心来，潜心做学问，切忌浮躁。"当时，先生身兼中国书协副主席等职，社会活动繁忙，但先生把他的时间调配得很好，无论早晚，总是把他的渊博学问和书画心得循循善诱地传授给我们"刘珺说，"他教导我们一定要把时间用在画画和学术研究上，要努力，要勤奋。"

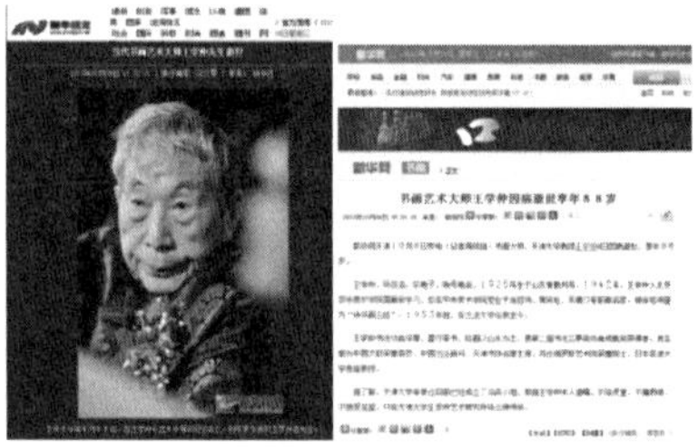

新华网书画网 《视觉》发布王学仲逝世报道

雅昌论坛发布王学仲逝世报道

在天津大学幽静、朴素的"黾园"中，王学仲先生创作出了许许多多佳作，著述了多部艺术专著，同时也培养出了一批又一批学生。

冯骥才回忆起王学仲先生，感慨道："我20多岁就认识了王学仲先生，他那时已经是一位非常出名的画家了。中国的艺术界需要拥有巨人气质的人物来支撑，王先生就是这样

凤凰网 发布廖静文悼念王学仲报道

的人，他的离世是中国乃至世界艺术界的重大损失。希望王学仲艺术研究所的学生们能够继承王先生的艺术、学术精神，把先生未竟的事业继承下来、发扬光大。”

廖静文：他是书画界的“孤种”

天津日报 周凡凯

王学仲是徐悲鸿之弟子，他逝世后，记者在第一时间采访了其恩师徐悲鸿先生的夫人、徐悲鸿纪念馆馆长廖静文。她说，王学仲是一位才思横溢的诗人、画家、书法家。正是他能将三者集于一身，才开辟了现代文人画的蹊径。王学仲生长于诗书之家，幼年即受父亲熏陶，其诗极具才华，自然成章，与他的画一样，含蓄蕴藉。他的书法，功底深厚，徐悲鸿曾谓“其书得有如是造诣，禀赋不凡”。

从王学仲年表中，我们可以了解到，他在1949年也即24岁时，考入国立北平艺专（即如今的中央美院）学习，师从徐悲鸿等书画名家，王学仲生前也常常谈及这段不凡的经历，还有他对师长的感恩之情。对此，廖静文也深有同感。她说，仅从艺术上论，王学仲画，题材广泛，无论是山水、人物还是花卉，均有涉及，并能联系生活，具有生活情趣和时代感，这就打破了传统文人画题材单调的界框。他的作品在造型上采取了多种方法，或夸张，或变异，能驭繁以约，用简练的笔墨，描绘自己的观察所得，并以精心锤炼的手法，表现心中的所感、所思、所示，极富韵味。廖静文说：“王学仲的画，最重要的一点，是具有浓郁的民族特色，在诗情画意中，表现了中华民族的美，也即含蓄、深沉、恬静、简洁。他在《招我画魂》一文中写

人民网 发布王学仲逝世报道

美术圈网 撰文深切缅怀王学仲

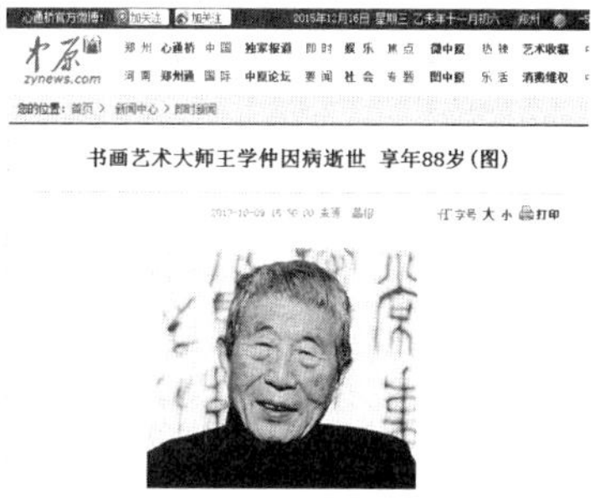

中原网 发布王学仲逝世消息

中国滕州网 发布王学仲逝世报道

道:‘我们每写一个字,画一幅画,都应力求体现民族风格的气派。’这是多么动人的爱国情怀!世界著名童话作家、丹麦的安徒生曾认为,人们赞扬一个艺术家有丹麦精神,是最高的奖赏。当我从外国的观众中,听到他们赞赏徐悲鸿的画作有民族特色和民族气派时,我认为这是最高的荣誉。同样,王学仲也以他对艺术上的个性、气质和民族风格,为我们拓展了一个充满人生哲理、情趣和内涵的诗人意境。我一向说,他是书画界的‘孤种’,如今他去了,让我万分感伤!”

冯骥才评述节选

冯骥才说:“我20多岁时第一次认识王学仲先生,他那时的笔名是‘呼延夜泊’,他已经是一位非常出名的画家了。那时候王先生风华正茂,几十年来他的书法绘画诗文的影响都非常大。他是一位全才,是一位非常出色的、具有中国文化传统精神的文人,也是一个学者。当然他是书法大家,后来中国书法协会邀他做中国书协的主席,他在中国书法界有着很高的威望,大家都很敬佩他。”

冯骥才回忆,天津大学王学仲艺术研究所正式落成的时候,他来剪彩,那天是老舍的夫人胡絜青为王先生作的演讲。后来中国文联、中国书协给王先生颁发了“终身成就奖”,充分肯定了王先生在中国书法界、文艺界很高的地位。冯骥才说:“王先生的故去,毫无疑问是对中国书法界、文化界,对天津市文化界的一个特别大的损失。城市、艺术界需要一个巨人气质的人物来支撑,所以少这样一个人是重大的损失。”

冯骥才说:“中国的艺术界需要拥有巨人

月雅书画中国网 发布王学仲逝世报道

书画纵横网 发布王学仲逝世报道

深圳特区报网 发布王学仲逝世报道

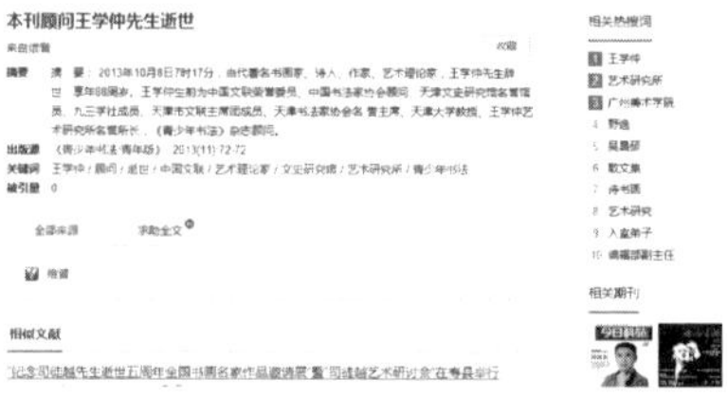

青少年书法 发布王学仲逝世报道

气质的人物来支撑，王先生就是这样的人。他的离世是中国乃至世界艺术界的重大损失。让人稍感安慰的是王学仲艺术研究所现在有很多学生。希望他的学生们能够继承王先生的艺术、学术的精神，把先生未竟的事业继承下来、发扬光大！”

枣庄网
著名书画艺术大师王学仲因病逝世

枣庄网 发布王学仲逝世报道

博宝资讯网
书画艺术大师王学仲因病逝世享年88岁

博宝资讯网 发布王学仲逝世报道

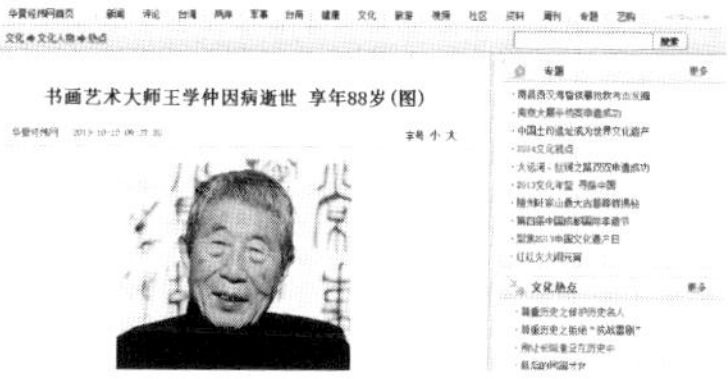
书画艺术大师王学仲因病逝世 享年88岁(图)

华夏经纬网 发布王学仲逝世报道

兰亭
追忆恩师王学仲先生

《书法报 兰亭》刊发孙伯翔悼念文章

山东文化界追思王学仲

2013 年 10 月 11 日　记者 李红军

王学仲老先生作为书画大师，学养丰富，对美术理论，书法理论颇有研究，是全国不可多得的实力派画家，王学仲先生以花鸟画为主，他对国学的认识，都有独到之处。我第一次和王学仲先生见面是在七八年前。那次在天津举办的一次画展，王学仲老先生有幸应邀参加。他给我的印象是为人谦和、平实，没有架子。这与当下的一些名人动辄摆谱形成了鲜明的对比。鉴于王学仲先生的艺术成就名扬中外，我与他会面时特意作了一幅对联赠于王学仲先生，并与之合影。上联是：德艺并举学仲尼。下联是：书画双修垂范宽。看到对联后，王学仲先生谦虚地说：岂敢，岂敢，盛名之下其实难副。王学仲先生谦和的为人由此可见一斑。

——孔维克（中国美术家协会理事，全国政协委员，山东画院院长）

王学仲先生不仅在全国，在世界上也享有一定的知名度，颇具影响力。王学仲先生为中国文化的传播做出了重要贡献，他曾是联合国科教文卫专家组成员，俄罗斯美术研究院院士，获得过世界和平文化奖。他治学严谨，诗、书、画三个领域颇有建树，在文学方面也成就突出。

有一次，孔子博物馆找我题写“少昊陵”三个字，我觉得自己分量不够，便找到王学仲老先生。已在病中的王学仲老先生，连写三遍，最后选定了一幅中意的交给孔子博物馆，治学严谨的态度由此可见。

王学仲先生擅长行书、他写的行书苍劲有力，透露出一种凛然之气。如今的“寿丘碑”就是王学仲先生题写“寿丘”二字，碑文则是由我书写。如今斯人已去，只能化作一种记忆长留于脑海中。

——张仲亭（中国书法家协会理事、济南兰亭书院院长）

王学仲先生去世时我已在天津，亲眼目睹了王老先生的安详离去，我深感悲痛，可以说，我就像失去自己的亲人一样，心里十分难受。我和王学仲先生相识于1988年，和王老先生可谓是忘年之交。我由一个不谙世事的小姑娘，成长为王学仲艺术馆馆长，与王老先生的谆谆教诲是分不开的。王老先生对文物保护的态度，对艺术的追求，对艺术的创新，深深地感染和激励着我，亲眼耳闻目睹了王学仲老先生的为人与从艺。

2006年，年事已高的王学仲先生患病，这时候，我专程陪他看病。王老先生虽然抱病在身，可他乐观豁达，对生活体现了一种积极的人生态度。我先后陪王老住院治疗一个多月，从此结下了深厚的师生情谊。30多年的交往，王学仲先生对我可谓恩重如山，他是我的恩师。2009年9月，王学仲老先生在日本东京和京都两地举办了个人画展，我全程参与了这次画展活动。王学仲先生的书画艺术不仅

《天津日报》《书法报》刊发徐明祥、王宝林悼念文章

追悼

王学仲氏逝く

追悼・王学仲天津大学教授

《朝日新闻》刊发鱼住和晃悼王学仲文

天津網
tianjinwe.com

“黾学学派”创始人王学仲辞世 曾获徐悲鸿赞赏

“黾学学派”创始人王学仲辞世

天津网 发布王学仲逝世报道

在国内久负盛名，在日本书画界评价颇高，许多日本朋友都以收藏他的书画为荣，王学仲老先生为中日文化交流做出了自己的贡献。

——李广兰（滕州王学仲艺术馆馆长）

我与王学仲老先生虽然没有深交，但是，王老先生的为人随和还是给我留下深刻印象。那是七八年前，我与几位山东老乡专程去天津看望王学仲先生，已有 80 高龄的王学仲先生亲自出门接待，与我们几位山东老乡聊天，气氛轻松自然，丝毫没有名人的架子。他秉持了山东人热情好客的优良传统，为人敦厚、平和，有一种天然的亲和力。这次会面让我久久难以忘怀。

一代书画大师王学仲驾鹤西去，他留给人们不仅是丰富的文化遗产，还有他那清纯质朴的高风亮节。作为滕州人，人们感念他对家乡的无私奉献；作为山东人，人们感念他对齐鲁文化道德的传承与弘扬。

齐鲁大地，人杰地灵。齐鲁大地不仅孕育出了孔子、管仲这样的思想家和教育家，更有王羲之这样的文化大家，现代的欧阳中石、王学仲这样的文化传承者，山东人引以为豪。如今，王学仲老先生虽然离我们而去，但是他的艺术之火永远不会熄灭，他的风范将长留于世。

——朱全增（山东美术家协会驻会副主席）

04 城市快报 城事

9条休闲农业精品线任你选

9条线路都有哪好玩的

一代大师王学仲昨晨悄然离去

假期矛盾爆发节后扎堆离婚

昨天285对夫妻“劳燕分飞”

《城市快报》刊发王学仲逝世消息

2 今晚报 要闻

管理服务跟上 才能无碍畅行

王学仲先生今天凌晨病逝

十万秋菊 争奇斗艳

邮政代收电费 方便

《今晚报》刊载王学仲逝世消息

纪念活动

编者按:

纪念活动在王学仲先生逝世后,在各地以各种形式自发组织进行。此处撷取三项,以飨读者:一、2014年1月8日,王学仲先生艺术座谈会暨天津大学王学仲人文教育基金启动仪式;二、2014年10月14日,王学仲逝世周年纪念会;三、2015年4月5日,海棠花开黾园清—乙未清明纪念恩师会。

雅昌艺术网 建立王学仲纪念网站

王学仲先生艺术座谈会暨天津大学王学仲人文教育基金启动仪式

一代艺术大师王学仲先生于2013年10月8日与世长辞。消息传出,引起了国内外知名人士和文艺界的极大震惊。他们纷纷来电、来函,撰写诗文、挽联,全国和天津市的媒体,长时间地刊载相关纪念文章,深切哀悼和纪念这位享誉海内外的艺术大师。

为满足广大界内外人士的切望和思念,进一步弘扬王学仲先生的崇高品德和治学精神,缅怀他的艺术成就,给后学者以更深刻的教益;在王学仲先生逝世百日前,由天津大学、天津市文学艺术界联合会、天津市文史研究馆、山东省滕州市委市政府联合主办的"王学仲先生艺术座谈会暨天津大学王学仲人文教育基金启动仪式",在天津大学王学仲艺术研究所召开。

大津书法家协会主席唐云来主持仪式

右起:孙伯翔 徐小荣 寇士恺 刘建平 张宪依
启动王学仲人文教育基金

会议将尊重王学仲先生遗愿,并在王学仲先生家人的倡导下,发起并捐赠首笔资金200万元设立

“天津大学王学仲人文教育基金”。

“天津大学王学仲人文教育基金”为留本基金，由捐赠的本金和利息增值两部分组成，并随时接受王先生弟子、学生及社会各界心诚自愿的捐赠。该基金主要用于在卓越联盟高校（天津大学、同济大学等9所）设立优秀学生奖学金，在天津大学人文社科领域设立优秀青年教师奖教金，以及支持天津大学人文社科类学术交流、艺术活动、大型展览等项目。以期达到弘扬中华传统文化，倡导人文教育理念，培养卓越人才的高等教育目标。

受王学仲先生家人委托，设立天津大学王学仲人文教育基金管理委员会，分别由王先生家人、校办、艺术研究所、北洋基金会负责人组成，负责制定“天津大学王学仲人文教育基金管理办法（实施细则）”和该基金的具体实施。天津大学北洋教育发展基金会将负责该基金的资金管理和发放监督工作，并每年公布该基金的使用情况。

沈鹏先生2014/1/7下午致电王学仲逝世百日纪念会：

对于王学仲先生的纪念会表示衷心支持，希望把纪念活动做深入，給后学以更丰富的学习和研究资源。我是在80年代在人美工作时，到天津来组稿，拜会王学仲老师的，他为《当代人》、中日书法展做出了很多贡献，后来我担任《中国书法》杂志主编，从出版角度和王学仲老师的接触很多，我担任书协代主席后，从书协的工作角度，和他接触更加频繁。他的学识和品格，令人敬佩。对于天津大学湖畔的那座园林式黾园，我记忆犹新，希望后学能够把王学仲老师的学问和精神深入研究，发扬下去。

张海先生得到会议召开的消息后，致电表示因身体原因不能亲临，深感遗憾。但他第一时间发表

刘建平致辞　崔锦发表纪念感怀

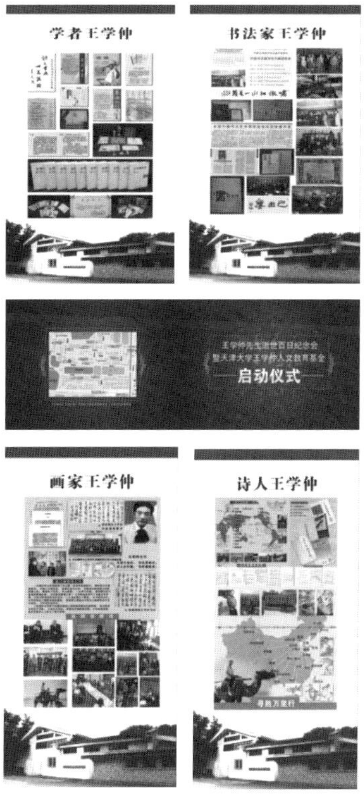

纪念仪式上的王学仲艺术展品

张颀　张宪依 王振德　何延哲发表怀念讲话

纪念文章,并慷慨捐献"王学仲人文教育基金项目"20万元,"聊表一个学生对王学仲老师精深的艺术造诣、严谨的治学态度、谦恭的为人和高尚的艺德之敬意"。

孙伯翔先生不顾年高,在家人搀扶下走进会场。得知建立王学仲教育人文基金的信息时,当即宣布捐赠十万元。

张海 向王学仲人文教育基金捐资20万元

恩师百日祭

恩师王学仲,贫寒书香门。
自幼习诗书,聪慧冠滕州。
两度入京华,博中又通西。
津大育桃李,东瀛播友谊。
书法舞蛟龙,丹青写乾坤。
诗文明哲理,书画诗一体。
驾鹤赴瑶池,俄顷已百日。
常念恩师情,庇佑后世人。

学生杨永祥拜祭

与会嘉宾寇士恺 孙伯翔 张建会 王书平 葛玉莹 霍春阳 孙建中等

与会嘉宾合影留念

王学仲艺术座谈会暨天津大学王学仲人文教育基金启动仪式现场

王学仲先生周年纪念

暨

王学仲馆藏精品展
“怀念黾翁”座谈会
王学仲人文教育基金颁奖礼
王学仲新旧体诗词吟诵会

2014年10月14日下午14：30，天津大学教授王学仲先生周年纪念会暨馆藏王学仲精品展、“怀念黾翁”座谈会、王学仲人文教育基金颁奖礼、王学仲新旧体诗词吟诵会在天津大学王学仲艺术研究所举行。活动由天津大学、天津市文学艺术界联合会、天津市文史研究馆、山东省滕州市人民政府主办，天津市美术家协会、天津市书法家协会、天津大学王学仲艺术研究所、天津大学北洋教育发展基金会、滕州市王学仲艺术馆、滕州市美术馆、《春秋》杂志社承办。王学仲的生前好友、弟子门生、天大同事以及来自家乡山东滕州的文化部门负责人共数十人齐聚一堂，怀念“黾翁”王学仲，回顾了他的治学理念和艺术体系。

纪念会共分五个单元进行，包括“杏坛恩泽”“周游寰宇”“狂伯性情”“北洋情深”“天堂人间”。王学仲先生的学生、弟子通过吟咏先生各个历史时期的新旧体诗词表达追思，缅怀这位刚刚故去一年的艺坛大家。整个活动新颖独特，气氛庄重。

遵照先生遗愿所设立的王学仲人文教育基金，在九校联盟中遴选出第一届获得者，先生周年纪念之际由天津大学副校长冯亚青为获奖师生颁发了证书，活动同时展出王学仲先生书画精品50余幅，涵盖了先生在艺术上不拘一格的多种面貌，以及书画笔墨间所流露的大家气魄和深厚内涵。师德永馨，师恩永铭，会议虽然在门人弟子的深切怀念中落下帷幕，但黾学文脉必将在新时期的文化大发展中枝

王学仲先生周年纪念海报

黾门弟子重聚于天津大学黾园

滕州日报网 发布纪念王学仲逝世一周年活动报道

与会嘉宾陈洪 孙伯翔 冯亚青 王书平 贾广建等

苏菲的主持使活动现场回荡着高雅与深情

繁叶茂。另据记者获悉,《王学仲纪念诗文集》正在紧张编纂中,“黾园雅集“书画精品展、第五届黾学研讨会 ---- 王学仲文艺理论专题将进入筹备阶段。

首届王学仲人文教育基金获奖师生全体合影

王学仲先生逝世周年纪念会

(现场录音摘要整理)

世界永远处于轮回的高速运转而思力滞后的状态——这是事物发展的永远的矛盾。王学仲先生在他的哲学著作《黾子 - 天道篇》中由此论述,引出了人类的低思力造成对自然之蔽明学说;当人的低思力不接近“道”时,即以归衡的尺度重归旧章。

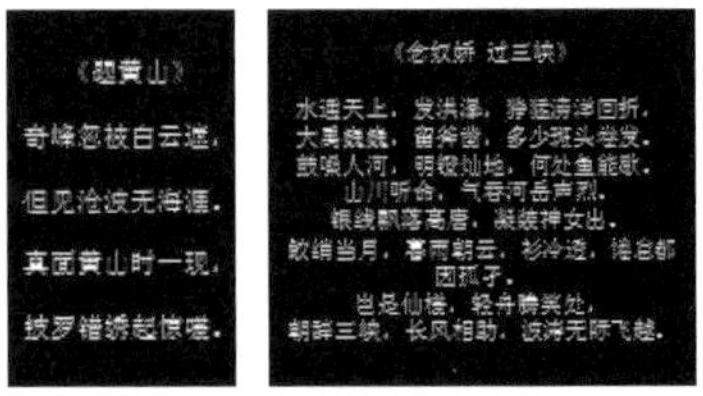

诵读会背屏

这使我们想到了著名的霍姆斯马车理论:传说上帝造了一架完美的马车,它的所有部件都能相互匹配且恰到好处。当马车的使用寿命终结时,它的车轮、车轴、车蓬、底盘……所有的部件同时解体报废,对于物质资源的利用达到了完美的最高境界。曾经有多少杰出的思想和伟大的艺术随着创作者的肉体衰亡而灰飞烟灭,文明与人们失之交臂,令人扼腕长叹……

天津大学北洋诗社学子诵读黾翁诗作

克隆技术将来或许会把智者的大脑放入一个新生的复制体,让“他”继续生存、创作;但是文明的延续与发达,需要把杰出的人格、不朽的艺术、独特的思想传播到更多后来者的心田中。

中国佛教协会常务理事、天津佛教协会副会长、天津大悲禅院方丈智如大和尚发来致会信,由谭海忠先生诵读。

王学仲周年纪念会活动现场

大悲禅院方丈智如和尚的发言

尊敬的王师母、尊敬的各位领导、各位嘉宾:

听闻各界举行王学仲先生逝世周年纪念活动。衲本应亲往代表佛教协会、大悲禅院表示敬意赞颂。因赴西安参加中国佛教协会会议,不能到会,谨表歉意!

谭海忠代大悲禅院方丈智如发言

王学仲先生是我国具有重要影响的一代书画、文学大家。王学仲先生品德高尚，热心公益事业，乐善好施，助弱扶贫。王学仲先生为天津佛教、大悲禅院也都给予过鼎力支持，并曾亲临大悲禅院参访。题赠匾额墨宝，画册典籍，财法二施，为道场增色添光！一切至今历历在目。王学仲先生是书画文艺界的骄傲！是天津的骄傲！

值此先生往生周年之际，衲谨代表天津佛教协会、大悲禅院僧俗大众表示深切怀念及崇高敬意！谨以心香一瓣祈愿先生净土安养、愿王学仲先生黾学艺术之树常青！

祝王师母健康长寿！

衲子智如合十于大悲禅院直指轩

二〇一四年十月十二日

第一单元：杏坛恩泽

“四我庭”是一个讲学传艺的杏坛。于焉赋诵三都，堂开二酉。豹鼠究心，花鸟在手。经帖换鹅，汉书下酒。器罗周鼎商盘，文辨乙彝辛卣。笺楚辞之芰荷，析易象之丰蔀。叠韵召魏方三千，联吟媲秦七黄九。四我之庭日扫，高卧之松长青，喜山川亦订为知己，看桃李齐展其笑口。从上世纪50年代以来的六十载春秋中，曾幸得学仲先生亲炙之弟子门生中，有执艺坛牛耳之煌煌大家，也有翩翩青年俊彦。天津文学与艺术界联合会主席陈洪追忆了王学仲的艺术成就和其为人、为艺、为师的崇高精神。陈洪说：“王学仲先生的学问和艺术有深度、有广度，是天津市文学艺术界的光荣，让人心向往之；先生还热心提携后学。这些崇高品格值得我们学习和发扬。”北洋诗社的青年学子刘传泽朗诵《巍巍北洋》。

“扬我国风、励我民魂、求我时尚、写我怀抱”是学仲先生所立之“四我”精神，这无疑是挚爱着神州大地上生生不息的华夏民族的艺术家，从心底里发

天津文学与艺术界联合会主席陈洪发言

弟子孙伯翔感怀黾翁

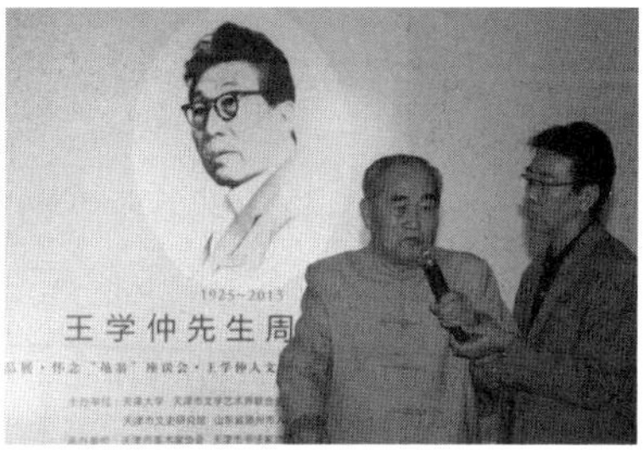

孙伯翔在家人搀扶下发言

唐云来讲述半世纪师生情

出的宣言。作为王学仲的高徒，80岁高龄的著名书法家孙伯翔腿脚不灵便，却坚持站着发言。他说："40余年的师生之情难以忘怀。我钦佩先生的学识渊博，更钦佩先生是当代书法界的脊梁。我的老师只画画，不画钱。他一生都没有忘记探索，并叮嘱年轻人要多写小楷。我愿以不停息的脚步告慰恩师。"天津市书法家协会主席唐云来向大家展示了王学仲写给自己的词句："句联石鼎；墨写羊裙。"黾翁弟子、著名书画家赵士英先生展示为黾师周年撰并书的《怀黾翁先师》，天津著名古词咏者傅长吉先生为大家献上王学仲先生诗作《黾园赏月》。

赵士英展示《怀黾翁先师》

古词咏者傅长吉吟诵《黾园赏月》

第二单元：周游环宇

"一生好入名山游"是学仲先生平素最爱用的图章之一。从幼年干粮、水袋、拓团、宣纸作伴游铁山、岱宗算起，到晚年使用相机、诗草、速写本这"三只眼"的玉门、东瀛、欧洲之行，他的一生游遍祖国南北，寰球西东，"屐齿磨穿"何止八千里？其间的辛酸甘苦，从千余首律诗、绝句、长歌，未计数的匾额楹联，等身高的写生手稿、百余幅山水巨制、无可计数的尺牍书画作品、散文中，我们或可窥得先生的苦苦追索的足迹。天津市文史研究馆党委书记刘志永讲话，北洋诗社的青年学子为大家献上《念奴娇 过三峡》《题黄山》《仙台鲁迅之碑》。著名美术评论家王振德先生讲起他与王老的点滴往事……青年学子为大家献上散文诗《霎那莱茵河上(德国)》。

评论家王振德 黾翁弟子王欣荣发言

第三单元：狂伯性情

"双眼自将秋水洗，一生不受古人欺"是学仲先生早年的性情写照，面对"任尔友朋话交接"，他摆出"我自清风过耳边"的姿态。但是他并不一味的叛逆，取"陈言务去，言必己出"之旨，为自己的书房铭

天津美协主席王书平发言

为“己出楼”。与王老有四十年师生情缘的全国政协委员、天津美术家协会主席王书平道出了一段常人未知的师生情。天津大学焦德芳老师诵读《我画我画歌》。天津美术学院教授何延哲从王老的最后一幅书法作品分析了老人的艺术境界，傅长吉先生为大家吟诵学仲先生早年词作《神州咏叹调》。

何延哲教授发言 焦俊芳老师吟诵中

第四单元：北洋情深

从 1953 年入校任教至学仲先生去世，整整六十春秋，他为天津这座第二故乡，写下数百首诗篇，为天津大学创作《天大十景》，他写到“黾园是个方寸之地，我在这里每天接待中外来宾，进行心灵上的沟通。这使我每日处于一种精神上的青春亢进状态……”

孙国喜所长宣布首届黾园书画作品展征稿

天津大学副校长冯亚青讲话并为王学仲人文教育基金获奖师生颁奖。孟玉环同学成绩优异，笃志励学，代表获奖师生致辞。获奖师生精心准备的鲜花代表着感恩、祝福之情，敬爱的师母接收他们的心意。王学仲艺术研究所所长孙国喜宣读《首届黾园书画作品展征稿函》。

王学仲艺术研究所毕业生琴者 崔静为吟诵会即兴演奏

第五单元：天堂人间

“天堂是人类灵魂的最后最高的寄宿所，剥夺去这一美妙幻想，人类将无所皈依。它有胜于一切哲学与圣经教义，是社会人体的高级圣殿，”学仲先生在蔽明论中阐述着心灵天堂的含义：“天堂是人类心灵的住所，那里既是艺术之圣殿，也是哲学的天堂，天堂无法拒绝一切美与善，仁与爱，因为这是造成天堂的建筑材料。”

遵照学仲先生遗愿，其骨灰将安放在养育他的故乡山东滕州，愿满载着美与善、仁与爱的心灵有一个天堂般的住所。

冯亚青 贾福军发言中

北洋诗社的青年学子为大家献上《可爱的故乡古滕城》节选，山东省滕州市文化广电新闻出版局局长贾福军同志讲话。

冯亚青 孙国喜为首届王学仲人文教育基金获奖师生颁奖

第五单元“王学仲周年纪念会”结束篇

获奖师生代表向敬爱的师母曹凤珍表达敬意

《百年》

百年一纪几晨昏，盘礴解衣自吐吞，
濠濮观鱼识碧海，娲皇遗石见昆仑。
身无官符却知政，语涉六韬未籍军。
高卧黾园还自笑，麻姑得阅几乾坤。

答谢辞

注目于颁奖礼的与会嘉宾

尊敬的各位来宾：大家好

2013 年 10 月 8 日，那是一个静静的秋日，爷爷王学仲永远地离开了我们。

遵从他的遗愿一切从俭，这正如他的为人，低调而不张扬，宁静而淡雅，他的一生努力追求艺术，热爱他的职业——教育工作。社会各界给了他很高的赞誉，对于所有的赞誉，我深信爷爷是当之无愧的，我也深信他的荣耀是属于我们这个国家的，我们民族的，也是属于世界的。

活动结束时参会人员合影

尽管如此，我还是愿意褪去他所有的荣耀，首先把他看作一位慈祥的爷爷，悲天悯人，关爱着我们，也关爱着这世上每一个生命。

再次请允许我代表全体家属，感谢多年来诸位的尊崇，感谢各级领导的关怀。也感谢今天出席纪念会的各位来宾，千言万语并作一句“谢谢”。

天津大学师生清明时节缅怀王学仲先生(图)

北方网 发布天津大学缅怀王学仲先生报道

王腾

2014 年 1 月 8 日

乙未清明祭师辞

2015年4月2日海棠花开黾园清
乙未清明感怀恩师活动现场

王学仲夫人曹凤珍与参会人员合影

维公元二0一五年四月二日，岁次乙未清明之即，北洋学堂师生、黾翁门人、艺坛友好，满怀崇敬之情，共聚于四我庭中，祭缅我夫子贤德。其辞曰：

海右山东，岱南奎星。垣墙环抱，岸柳梳拢。
阙里卧碑，善国画沙。京华三度，徐公三叹。
玉树攀云，紫叶吟虹。水含苔浦，草铺莺鸣。
设帐开坛，薪火传承。春秋之笔，诗礼趋庭。
植桧葳莛，灵石鸿蒙。高山景行，杏坛筵盈。
文脉緜延，海域再兴。三馆一所，有黾命名。
九州儒流，中外汇通。四大嘉誉，与时偕行。
仁者爱人，和而不同。智者和谐，执两用中。
黾子恩泽，惠及后学。人文学科，代有才隆。
和生万物，中兴盛景。黾学文脉，鹏登蟾宫。
天道和运，地势和行。继往开来，待我后生！
伏维尚飨！

乙未清明孙列撰于黾园

后记

这个秋风高起、满地黄花的季节，见证了黾子的降世，也目睹了他的离去……在纪念王学仲先生诞生九十周年的时候，这本集子的出版，也许只能为后人解读他时打开一扇小窗。但愿人们可以通过这扇窗，追寻到他毕生打造的壮阔愿景。

承蒙天津大学、天津市文学艺术界联合会、山东滕州王学仲艺术馆、江苏徐州黾学书院的鼎力资助与支持，本书得以刊行，借此致以衷心谢忱。天津市书法家协会唐云来主席、山东社会科学院王欣荣教授拨冗审校，不胜感激。肖松山、刘宗武、张闯、孙士华、李广兰、陈兰琦、邵佩英、孙翼、段新培、刘兵、李新明、王卓鹏、司马行、黄宙、刘晓琛、吕大伟、江紫媛、王芃橙等各界同人的睿智与学识，也凝结在本书中，一并表示深切谢忱。感谢雅昌艺术网、凤凰网、人民网、天津美术网、中国书法家网、新浪网等媒体的支持，同时也向未及注明称谓但为文集提供大量资料的媒体表示衷心感谢！本书也是天津市艺术科学规划项目“黾学学派文献资料的整理与研究”（A12041）的工作之一，得到了有关部门的支持与帮助，在此表示感谢！

囿于编者水平、资料缺失、选编思路、见闻偏狭等原因，除却书中收录的人物、文章外，遗珠之憾，无计量从。敬请读者、作者见谅并正之。我们会在此后的黾学整理工作中，完善之。

《王学仲纪念文集》编委会

2015 年 10 月